D1933749

Zu diesem Buch

«Müssen sich die Ministerpräsidenten eine solche Kritik hinter den Spiegel stekken? Sie könnten es sich leichtmachen, indem sie Grosser darauf hinweisen, daß er und seine Familie 1933 möglicherweise nicht aus Frankfurt vertrieben worden wären, wenn es in der Weimarer Republik schon einen Radikalenbeschluß gegeben hätte, wenn es also damals gelungen wäre, all die ungetreuen Richter, Lehrer und Regierungsräte abzuweisen, die die Republik von innen her zersetzten und wehrlos machten.» Dieses war die Antwort Günter Zehms in der «Welt» auf den leidenschaftlichen Appell des Friedenspreisträgers in der Frankfurter Paulskirche.

Weimar ist kein Argument dafür, daß Hunderttausende junger Lehrer, Ärzte, Eisenbahner und Krankenschwestern einer hochnotpeinlichen Prüfung ihrer Gesinnung unterworfen werden, auch wenn der Untergang Weimars als rhetorische Warnung immer wieder herangezogen wird. Weimar ist vor allem daran zugrunde gegangen, daß es eine Demokratie ohne Demokraten war, daß die Republik auch von den höchsten Spitzen des Staates nicht nur nicht verteidigt, sonder geradezu untergraben wurde. Die Beamten jedenfalls waren weder schuldig noch unschuldig, sondern nach 1933 in ihrer Mehrheit schlicht opportunistisch.

Die Herausgeber des vorliegenden Bandes haben Texte aus der Fachliteratur zusammengestellt, die wohl eindeutig klarstellen: Für die Praxis der Radikalenfrage in der Bundesrepublik ist die Warnung vor dem Untergang Weimars das denkbar schlechteste Motiv: Die Duckmäuser und Anpasser, die die derzeitige Praxis erzeugt, wären jedenfalls zur Verteidigung der Republik weder willens noch befähigt gewesen: «Ein Berufsbeamtentum, das keineswegs von Kommunisten und Hitlerianern unterwandert worden war, wenn es auch, nach schneller und gründlicher ‹Säuberung›, den Weg der meisten anderen Deutschen gehen sollte, nämlich den des Mitläufertums. Vielleicht hätte es allerdings weniger Mitläufertum gegeben, wenn es zunächst einmal mehr Demokraten und Republikaner gegeben hätte. Nicht unten, nicht beim jungen Anwärter auf eine Stellung im öffentlichen Dienst, sondern oben, an der Spitze des Staates und der Parteien.» (Alfred Grosser)

Hinweise auf die Autoren finden sich am Schluß des Bandes.

Weimar ist kein Argument oder Brachten Radikale im öffentlichen Dienst Hitler an die Macht?

Texte zu einer gefährlichen Geschichtsdeutung

Herausgegeben von Freimut Duve und Wolfgang Kopitzsch

Mit einem Vorwort von Alfred Grosser

rororo

Rowohlt

rororo aktuell – Herausgegeben von Freimut Duve

ERSTAUSGABE

Veröffentlicht im Rowohlt Taschenbuch Verlag GmbH,
Reinbek bei Hamburg, März 1976
© Rowohlt Taschenbuch Verlag GmbH, Reinbek bei Hamburg, 1976
Quellen- und Copyrighthinweise befinden sich am Schluß des Bandes
Redaktion Klaus Humann
Umschlagentwurf Werner Rebhuhn (Foto: Ullstein)
Satz Aldus (Linotron 505 c)
Gesamtherstellung Clausen & Bosse, Leck/Schleswig
Printed in Germany
580-ISBN 3 499 14002 0

INHALT

Weimar ist kein Argument 7
Vorwort von Alfred Grosser

Zur Einführung
1. Freimut Duve: Wer schreit hier «Haltet den Dieb!»? 15
2. Wolfgang Kopitzsch: Sich wehren können gegen Fehldeutungen 18
3. Die gesetzlichen Grundlagen 29

I. Weimar übernahm die monarchistischen Beamten
1. Wilhelm Hoegner: Staatsbürokratie – ein Fremdkörper der Republik 34
2. Wolfgang Runge: Die alte Oberklasse – die neue Beamtenschaft 38

II. Integration der Beamten oder Distanz zur Republik? (1919–1932)
1. Karl Dietrich Bracher: Die Panik des Mittelstandes 58
2. Wilhelm Hoegner: Justiz gegen die Republik 61
3. Gabriele Hoffmann: Gewerkschaft, SPD und Berufsbeamtentum 64
4. Gotthard Jasper: Die gescheiterte politische Bildung 67
5. Wolfgang Runge: Die neue Oberklasse 72

III. Wo blieb das «aktive Eintreten» oder Die stille Passivität der Beamten
1. Karl Dietrich Bracher: Die enthaltsame Bürokratie 94
2. Karl Dietrich Bracher: Die Auflösung der Republik 112
3. Gotthard Jasper: Wer schützt die Republik? 130
4. Erich Matthias: Der Untergang der alten Sozialdemokratie 149
5. Rudolf Morsey: Das zerriebene Zentrum 153
6. Wolfgang Runge: Das Schicksal der demokratischen Beamten 158

Anmerkungen 167
Quellen- und Copyrightvermerke 203
Die Autoren 205

Alfred Grossers Schelte

Von GÜNTER ZEHM

Das Radikalenproblem darf nicht so verharmlost werden

Der Friedenspreisträger des Börsenvereins des Deutschen Buchhandels, Professor Alfred Grosser aus Paris, hat seine Dankesrede in der Frankfurter Paulskirche dazu benutzt, vor der Gefahr eines neuen deutschen „Obrigkeitsstaats" zu warnen, und er hat in diesem Zusammenhang ziemlich unverblümt Kritik geübt an dem sogenannten Radikalen-Beschluß der Ministerpräsidenten der Länder. Es sei schwer zu begreifen, meinte er mit mildem Spott, daß sich junge Menschen einer Gesinnungsprüfung unterziehen sollten, nur um später Briefträger oder Eisenbahnschaffner werden zu dürfen. Auch könne ja niemand wissen, wie sich diese jungen Menschen einmal entwickeln würden. Die Vergangenheit habe immerhin gezeigt, daß einer, der als Interpret der Nürnberger Rassengesetze begann, es nach 1945 doch noch zum Staatssekretär im Bundeskanzleramt brachte.

Müssen sich die Ministerpräsidenten eine solche Kritik hinter den Spiegel stecken? Sie könnten es sich leichtmachen, indem sie Grosser darauf hinwiesen, daß er und seine Familie 1933 möglicherweise nicht aus Frankfurt vertrieben worden wären, wenn es in der Weimarer Republik schon einen Radikalen-Beschluß gegeben hätte, wenn es also damals gelungen wäre, all die ungetreuen Richter, Lehrer und Regierungsräte abzuweisen, die die Republik von innen her zersetzten und wehrlos machten. Das Thema der Radikalen im öffentlichen Dienst ist wahrhaftig zu ernst und politisch zu wichtig, um im Stile typisch liberaler Harmlosigkeit mit einigen feuilletonistischen Späßen abgetan zu werden.

Aber natürlich steckt in Grossers Philippika ein realer Kern, den man sorgfältig bedenken sollte. Die Art und Weise, wie Bund und Länder an die Diskussion des Radikalen-Beschlusses herangegangen sind, zeugt zwar keineswegs von obrigkeitsstaatlicher Duckmäuserei, um so mehr jedoch von deutschem Gründlichkeitswahn und föderalistischer Sucht nach Alleingängen. Da streiten sich Verfassungsrechtler endlos um die Unterscheidung zwischen „aktiver" und „strafbarer" Verfassungsfeindlichkeit, da wird mit einem ungeheuren Aufwand an Scharfsinn nachgewiesen. daß das Parteienprivileg die Treuepflicht des Beamten aufhebt oder nicht aufhebt, und am Ende könnte ein außenstehender Beobachter tatsächlich den Eindruck gewinnen, es gehe einzig und allein darum, auch noch das Innenleben des allerletzten Landbriefträgers mit den Gesetzestexten in Einklang zu bringen.

Inzwischen werden nach wie vor pädagogische Seminare, universitäre Fachbereiche und hier und da auch ganze Universitäten zu Kaderschmieden der DKP umfunktioniert, ohne daß die zuständigen Landesbehörden auch nur einen Finger rühren, um dem Treiben Einhalt zu gebieten. Man beruhigt sich mit der Versicherung, daß der Höhepunkt der studentischen Unruhe „längst vorbei" sei, und übersieht geflissentlich, wie sehr verschiedene Bereiche unseres Bildungswesens schon in den Sog des kommunistischen „Take-off" geraten sind. In diesen Bereichen kommt es überhaupt nicht mehr darauf an, ob der Kultusminister sich bei der einen oder anderen Besetzung einer Planstelle unter Hinweis auf den Radikalen-Beschluß querlegt, weil die Binnenstrukturen der entsprechenden Institute mittlerweile vollkommen im Sinne der Ostberliner SED umgestaltet worden sind. Ein Nichtkommunist kann es ohnehin nicht mehr wagen, sich dort zu bewerben — für den kommunistischen Bewerber ist es eine reine Frage der Taktik, ob er sich als Parteimitglied deklarieren soll oder nicht.

Für den Fachbereich Gesellschaftswissenschaften der Universität Marburg hat kürzlich der (durchaus links gesinnte) Gewerkschaftsideologe Fritz Vilmar den Mechanismus und die Folgen der kommunistischen Machtergreifung mit erschütternder Genauigkeit dokumentiert. Von Vilmar stammt auch eine passable Definition des Begriffs der Unterwanderung öffentlich-rechtlicher Institutionen: er nennt sie „Strategie des Machtgewinns durch Täuschung", und es wäre hinzuzufügen, daß gegenüber einer derartigen Strategie das von der Bonner Opposition in den Vordergrund gerückte Radikalenkriterium der DKP-Mitgliedschaft versagen muß. Die DKP-Mitgliedschaft mag als Indiz wichtig sein, den Ausschlag geben kann sie sowenig wie irgendein anderes formales Kriterium.

Man kann es freilich gut verstehen, wenn die Opposition in der Radikalenfrage auf gewissen klaren formalen Regelungen beharrt und lieber das Beamtenrechtsrahmengesetz blockieren wird, als hier voreilig nachzugeben. In allzu frischer Erinnerung ist bei ihr noch, wie die Koalitionsparteien seinerzeit auf dem Höhepunkt der Studentenrevolte durch verwaschene, bis zum Exzeß permissive Hochschulgesetze die Linksradikalen geradezu zur Okkupation der Universitäten und pädagogischen Hochschulen einluden. Es waren diese Hochschulgesetze . (Gesetze übrigens, die in der westlichen Welt eine Parallele nur noch in Dänemark finden), mit denen die Radikalenmisere begann, und es sind heute solche verharmlosenden Reden wie die von Alfred Grosser in Frankfurt, die den Verdacht nähren, als sollte das böse Spiel noch einmal, diesmal sogar auf höherer Stufenleiter, wiederholt werden.

Alfred Grosser muß sich sagen lassen, daß viele Deutsche ihre Lektion gründlich gelernt und sich fest vorgenommen haben, es nicht noch einmal „so weit kommen zu lassen". Auch der Blick auf die vielen kommunistischen Lehrer in Frankreich und Italien kann sie nicht von ihrem Vorhaben abbringen, eher im Gegenteil. Zur kämpferischen Demokratie gehört nun einmal, daß sie sich nicht von ihren erklärten Feinden verwalten und belehren läßt. Wie denn auch anders? „Auch die Demokratie", sagt Grossers Landsmann Alexis de Tocqueville, „ist ein fliegender Drachen, dessen Bahn von der Schnur abhängt, die ihn hält."

Aus *Die Welt* vom 14. Oktober 1975

Weimar ist kein Argument
Vorwort von Alfred Grosser

Bonn ist nicht Weimar. Das kann nicht oft genug gesagt und betont werden. Bonn ist nicht Weimar, weil die Bundesrepublik nicht unter dem verhängnisvollen Zeichen Demokratie = Elend und internationale Demütigung geboren wurde, weil sie für 99 % ihrer Bürger legitim ist und auch weil eben seit Beginn die Männer und Frauen, die den neuen Staat schufen und festigten, darauf bedacht waren, Weimarer Verhältnissen vorzubeugen.

Dazu gehörte auch der Wille, den Institutionen die Mittel zu geben, sich zu verteidigen – ohne jedoch durch diese Verteidigung selbst den freiheitlichen Sinn der Institutionen zu gefährden. Deswegen u. a. die dem Bundesverfassungsgericht zugeschriebene Rolle: wenn es mit Mißbrauch der Freiheit gegen die freiheitlich demokratische Grundordnung geht, so ist, laut § 18 und 21 das Gericht der einzige verfassungsmäßige Hüter der Verfassungsmäßigkeit, so daß man sich heute fragen darf, ob die Art, in der es seine Aufgabe weitgehend, unter Berufung auf den zumindest ungenauen Begriff der «Verfassungsfeindlichkeit», auf die Exekutive abgeladen hat, dem Geist des Grundgesetzes entspricht.

Eben da setzt die neue Diskussion ein über die Formel «Bonn ist nicht Weimar». Handelt es sich überhaupt um eine Diskussion? Es wird behauptet, nicht bewiesen, daß es heute gilt, die Demokratie mit Mitteln zu verteidigen, welche, wären sie in der Weimarer Zeit angewandt worden, die damalige Republik gerettet hätten. Und dieses Argument wird immer mehr benutzt, um sämtliche Maßnahmen zur «Radikalen-Bekämpfung» im öffentlichen Dienst zu rechtfertigen.

Gewiß soll man das Schlagwort «Wehret den Anfängen!» gelten lassen und auch den Begriff der «streitbaren Demokratie». Nur sollte dabei klar herausgestellt werden, was dies im Hinblick auf Weimar wirklich bedeutet: gewiß nicht den Kampf gegen die Unterwanderung des öffentlichen Dienstes durch Links- und Rechtsextremisten.

Was der Weimarer Demokratie fehlte, um streitbar zu sein, das waren keine Regierungserlasse, das waren keine Fragebogen, sondern das waren Demokraten, die wirklich glaubten, daß es sich lohnte, für die demokratischen Prinzipien zu streiten und sie zunächst einmal ernst zu nehmen und zu verwirklichen.

Ja, man hätte den Anfängen wehren sollen, als der verhängnisvolle Artikel 48 immer wieder in Anspruch genommen wurde, um außerhalb der Norm zu regieren. Da den Anfängen nicht gewehrt worden war, hatte man sich langsam so sehr an das Gift des Ausnahmezustands gewöhnt, daß man kaum merkte, wie es in tödlicher Menge verabreicht wurde –

nämlich in der «Verordnung des Reichspräsidenten zum Schutz von Volk und Staat» vom 28. Februar 1933, dessen § 1 folgendermaßen lautete:

«Die Artikel 114, 115, 117, 118, 123, 124 und 153 der Verfassung des Deutschen Reichs werden bis auf weiteres außer Kraft gesetzt. Es sind daher Beschränkungen der persönlichen Freiheit, des Rechts der freien Meinungsäußerung, einschließlich der Pressefreiheit, des Vereins- und Versammlungsrechts, Eingriffe in das Brief-, Post-, Telegraphen- und Fernsprechgeheimnis, Anordnungen von Haussuchungen und von Beschlagnahmen, sowie Beschränkungen des Eigentums auch außerhalb der sonst hierfür bestimmten gesetzlichen Grenzen zulässig.»

Die Verordnung galt der «Abwehr kommunistischer staatsgefährdender Gewaltakte», bezog sich auf den Art. 48 – und bedeutete die Abschaffung der Grundfreiheiten. Der Rechtsstaat selbst wurde dann durch das Ermächtigungsgesetz abgeschafft. Wieso konnte es am 23. März 1933 mit Zweidrittelmehrheit angenommen werden – auch vom Zentrum, von der Staatspartei (ja, Reinhold Maier, ja, Theodor Heuss . . .), von der Bayrischen Volkspartei? Nicht nur wegen des Drucks, der auf die Abgeordneten ausgeübt wurde, sondern u. a. auch deshalb, weil die Idee eines Ermächtigungsgesetzes keine nazi-erfundene war, wenn sie auch zuletzt vom einzigen NS-Innenminister in Thüringen mit schlimmen Konsequenzen verwirklicht worden war. So wollte bereits 1930 Brüning einen Versuch machen, «um alle Kräfte im Reichstag, von denen man auch nur irgendwie ein Verantwortlichkeitsgefühl erwarten durfte, zu einer Zweidrittelmehrheit für ein Ermächtigungsgesetz zusammenzufassen»[1].

Die ja-sagenden Politiker werden in ihrer Mehrzahl später sagen, sie hätten nicht ahnen können, was Hitler aus dem Ermächtigungsgesetz machen würde. Hatten sie nicht den Leitartikel der mutigen «Vossischen Zeitung» vom 21. März gelesen?

«Der Satz, daß die von der Reichsregierung beschlossenen Gesetze von der Reichsverfassung abweichen können, bedeutet die Beseitigung jeder rechtsstaatlichen Garantie . . . Es bliebe nicht nur bei der Suspension der sieben im Artikel 48 aufgeführten Grundrechte, die bereits die Verordnung vom 28. Februar außer Kraft gesetzt hat. Darüber hinaus wäre eine solche neue Gesetzgebung weder an den Satz gebunden, daß alle Deutsche vor dem Gesetz gleich sind, noch daß die Richter unabhängig sind und dem Gesetz unterworfen . . . daß alle Bewohner des Reichs volle Glaubens- und Gewissensfreiheit genießen, daß die Kunst, die Wissenschaft und ihre Lehre frei sind. Alles das sind nicht etwa Neuerungen der Weimarer Verfassung. Sie sind Gemeingut aller modernen Völker geworden, seit am 4. Juli 1776 die Vereinigten Staaten von Amerika ihre Unabhängigkeitserklärung verkündet haben . . . Unmittelbar betroffen von dieser Suspension würde namentlich auch das deutsche Berufsbeamtentum sein . . .»

Ein Berufsbeamtentum, das keineswegs von Kommunisten und Hitlerianern unterwandert worden war, wenn es auch, nach schneller und gründlicher «Säuberung», den Weg der meisten anderen Deutschen gehen sollte, nämlich den des Mitläufertums.

Vielleicht hätte es allerdings weniger Mitläufer gegeben, wenn es zunächst einmal mehr Demokraten und Republikaner gegeben hätte. Nicht unten, nicht beim jungen Anwärter auf eine Stellung im öffentlichen Dienst, sondern oben, an der Spitze des Staats und der Parteien. Kaum eine Lektüre ist hier entlarvender und erschütternder als die von Brünings Memoiren:

«In der Dreiviertelstunde währenden Besprechung (mit Hindenburg) ergab es sich, daß der Reichspräsident sich eine Monarchie bzw. ihre Wiederherstellung nur denken konnte unter Zurückberufung Wilhelms II. und seiner Umgebung mit beratenden militärischen Führern unter Ausschluß aller übrigen Kreise des Volkes. Ich sagte dem Reichspräsidenten, er habe wohl noch nie ein Wort der Kritik an Wilhelm II. von mir gehört. Obwohl ich glaube, im Laufe von weiteren fünf Monaten den ganzen Versailler Vertrag tatsächlich erschüttert zu haben, um anschließend die Monarchie wieder einführen zu können, traue ich mir jedoch nicht die Kraft zu, gleichzeitig die Rückberufung Wilhelms II. auf den Thron durchsetzen zu können. Im Interesse der monarchischen Idee müsse die Familie Hohenzollern Opfer bringen.»[2]

Oder, in einem anderen Gespräch mit Hindenburg:

«Ich sei bis heute, ohne an die Verfassung zu rühren, in anderthalb Jahren so weit gekommen, daß ich die Machtbefugnisse des Parlaments – mit Ausnahme des noch bestehenden Mißbrauchs der Anträge auf Entziehung des Vertrauens – auf den Stand der Bismarckschen Zeit zurückgeführt, aber gleichzeitig ihm, dem Staatsoberhaupt, eine größere, tatsächlichere Machtfülle geschaffen habe, als sie der Kaiser früher je besaß.»[3]

Gern hat man die Nazis gewiß nicht. Aber sie sind politische Rivalen unter anderen. Im letzten Wahlflugblatt des Zentrums vor dem 5. März 1933 heißt es:

«Keine Stimme den Deutschnationalen!
Keine Stimme den Nationalsozialisten!
Keine Stimme den Sozialdemokraten!
Keine Stimme den Kommunisten!»[4]

Zur Mitarbeit war man bereit. Nicht nur bei Hugenbergs Deutschnationalen und bei Papen.[5] Auch in der Wirtschaft, wo sich in den Augen Brünings «ein Abgrund der Korruption und des Leichtsinns» geöffnet hatte,[6] bevor er feststellen mußte:

«Die Vereinigten Stahlwerke übersandten, trotz persönlicher Unterhandlung mit Vögler, 5000 RM für den Hindenburg-Wahlkampf (im April 1932 gegen Hitler), während sie später, wie ich aus Hitler-Kreisen erfuhr, Hitler eine halbe Million zur Verfügung stellten. Das geschah, obwohl wir sie durch künstliche Arbeitsbeschaffung und Russenaufträge in schwerster Zeit vor einem völligen Zusammenbruch gerettet hatten.»[7]

Auch in der katholischen Kirche.

«Die Verwarnungen und das Einschreiten gegen katholische Organisationen machten einen Teil der höheren Geistlichkeit mürbe. Sie kamen gelaufen und baten, man solle doch eine freundliche Haltung zur Regierung einnehmen. Ich ahnte damals und schon seit langem ihre finanzielle Abhängigkeit von der Regierung; die volle Tragweite dieser Abhängigkeit wurde mir erst jetzt schrittweise bewußt.»[8]

Jenseits dieser Abhängigkeit kommt dann das Telegramm aus Rom vom Vizekanzler von Papen an Außenminister von Neurath:

«In Verhandlungen, die ich heute (3. 7. 33) mit (Kardinal) Pacelli, Erzbischof Gröber und Kaas hatte, ergab sich, daß Auflösung Zentrumspartei mit Abschluß Konkordats hier als feststehend betrachtet und gebilligt wird.»[9]

Was dann zu der Eintragung des alten Karl Bachems in sein Tagebuch führt:

«Es bleibt nichts anderes übrig, als dem Beispiel der Bischöfe sich anzuschließen und trotz allem weiter den Versuch zu machen, innerhalb der nationalsozialistischen Partei und im Zusammengehen mit dieser nach Kräften für den Schutz unserer religiösen Interessen bemüht zu bleiben.»[10]

Damit soll nicht gesagt werden, daß im ersten Halbjahr 1933 jedem die gesamte Bedeutung des Nationalsozialismus unbedingt klar zu sein hatte. Aber es soll in der Tat darauf hingewiesen werden, daß zu dieser Zeit das Problem der Unterwanderung des Öffentlichen Diensts vor dem 30. Januar als entscheidendes, ja sogar als wichtiges Material des Extremismus wirklich keine Rolle gespielt hat.

Die Kommunisten wollten vor allem Massen sammeln und mobil machen – und zwar mit Propaganda-Mitteln, die den seit 1918 von der Rechten angeschürten emotionellen Nationalismus auch mit Energie gegen jede Vernunftspolitik (u. a. von den «Sozial-Faschisten» der SPD betrieben) verwendeten, so daß z. B. der Generalsekretär der französischen KP, Maurice Thorez, als Helfer dazu gebracht wurde, noch am 15. Januar 1933 in Berlin zu verkünden:

«Wir Kommunisten von Frankreich, wir kämpfen und wir rufen die Arbeiter unseres Volkes zum Kampf auf für die Beseitigung des Versailler Vertrags, für die endgültige und bedingungslose Abschaffung der Reparationen . . ., für das Selbstbestimmungsrecht des Volkes in Elsaß-Lothringen, die Abtrennung von Frankreich inbegriffen, für das Recht aller Völker deutscher Sprache sich frei zusammenzuschließen!»[11]

Wie stand es nun mit dem Rechtsextremismus? Die Antwort ist ziemlich klar: Nicht die Unterwanderung hat Katastrophen gezeitigt, sondern die ideologische Bereitschaft von Honoratioren, die Demokratie zu verleugnen und der Mangel an Vorbereitung der unteren Stufen, für die Verteidigung der Republik und des Rechts Widerstand zu leisten.

Über die «überparteiliche» Parteilichkeit der Justiz in der Weimarer Zeit hat Otto Kirchheimer in seinem grundlegenden Buch «Political Justice»[12] das Wesentliche gesagt. Aber die Rechtfertigung der Anti-Justiz, sie ist dann weniger von Richtern gekommen als von angesehenen Professoren.

«Der totale Staat, schreibt Ernst Forsthoff, muß ein Staat der totalen Verantwortung sein. Er stellt die totale Inpflichtnahme jedes einzelnen für die Nation dar. Die Inpflichtnahme hebt den privaten Charakter der Einzelexistenz auf.»[13] Und Carl Schmitt nach dem 30. Juni 1934: «Der wahre Führer ist immer auch Richter. Aus dem Führertum fließt das Richtertum. Wer beides voneinander trennen oder gar entgegensetzen will, macht den Richter entweder zum Gegenführer oder zum Werkzeug eines Gegenführers und sucht den Staat mit Hilfe der Justiz aus den Angeln zu heben.»[14]

1933, vor den Säuberungen und den Bekehrungen, gab es wenige Nationalsozialisten unter den Beamten. Aber «der Berufsbeamte ist dazu erzogen, unter allen Umständen eine Sache, die von ihm verlangt wird. zustande zu bringen. Er hat nicht gelernt, auch einmal zu sagen ‹nein, das mache ich nicht, sucht euch dazu einen anderen›»[15]. Gerade weil dem so gewesen war, wurde dann später aus dem *Recht zum Widerstand* in den ersten Nachkriegsjahren die *Pflicht zum Widerstand*, namentlich in der Verfassung des Landes Hessen von 1946. Und auch auf der Widmungsseite der besten Beschreibung der Jahre 1945/48 in Westdeutschland, nämlich des schönen, ergreifenden, wenn auch etwas zu sehr antiamerikanisch ausgefallenen Romans von Hans Habe.[16] Da steht als Leitfaden für das ganze Werk ein Satz von Walt Whitman:

«Den Staaten, oder jedem von ihnen, oder jeder Stadt in den Staaten: Widerstehe viel und gehorche wenig!»

Auch unter den Offizieren gab es wenige NSDAP-Mitglieder, so daß General von Blomberg wirklich der gegebene Mann für das Reichswehrministerium war. Aber wer unter den Befehlshabern der Reichswehr hat denn protestiert, als Hitler sie zu einer ersten Besprechung am 3. Februar 1933 zusammenrief und ihnen laut Hammerstein erklärte:

«Keine Duldung der Betätigung irgendeiner Gesinnung, die dem Ziel entgegensteht. Wer sich nicht bekehren läßt, muß gebeugt werden . . . Beseitigung des Krebsschadens der Demokratie!

Wie soll politische Macht, wenn sie gewonnen ist, gebraucht werden? Jetzt noch nicht zu sagen. Vielleicht Erkämpfung neuer Export-Möglichkeiten, vielleicht – und wohl besser – Eroberung neuen Lebensraums im Osten und dessen rücksichtlose Germanisierung.»

An den Universitäten allerdings war die NSDAP stärker, wie es die Asta-Wahlen ab 1930 zeigten und auch Baldur von Schirachs Berichte über die Kontakte und Verquickungen mit studentischen meist schlagenden Verbindungen. Aber auch hier hätte es keinen echten Sieg gegeben ohne das Mitläufertum bei Studenten und Professoren, ohne Unterstützung von namhaften Nicht-Nazis, wie z. B. die des Freiburger Rektors Martin Heidegger in seinem Aufruf vom 3. November 1933:

«Nicht Lehrsätze und Ideen seien die Regeln Eures Seins. Der Führer selbst und allein ist die heutige und künftige deutsche Wirklichkeit und ihr Gesetz.»

Für den Untergang der Weimarer Republik hat es viele Gründe gegeben, die man in mancher Reihenfolge in einer Art Wichtigkeits-Skala aufstellen kann. Aber zwei Feststellungen können doch mit einiger Sicherheit gemacht werden: einerseits gehört die Bedrohung durch die Unterwanderung der öffentlichen Dienste sehr weit unten auf die Skala, während das Phänomen des Im-Stich-Lassen des politischen oder geistigen Nachbars ganz nach oben gestellt werden muß.

Jeder hat geglaubt, er bliebe verschont, solange er ruhig bliebe, wenn andere ausgeschlossen und verfolgt wurden. Und schließlich wurde man selbst zum Opfer, auch wenn man Kompromisse schloß. So z. B. der Allgemeine Deutsche Gewerkschaftsbund, der zwar intern keine Radikalen-Probleme hatte, aber die ersten Verfolgungen gegen KPD und SPD kampflos hat geschehen lassen, und dann, bevor er doch verboten und seine Führer verhaftet wurden, am 19. April 1933 einen demütigen Aufruf veröffentlichte:

«Der Bundesausschuß des ADGB begrüßt den 1. Mai als gesetzlichen Feiertag der nationalen Arbeit und fordert die Mitglieder der Gewerkschaften auf, im vollen Bewußtsein ihrer Pionierdienste für den Maigedanken, für die Ehrung der schaffenden Arbeit und für die vollberechtigte Eingliederung der Arbeiterschaft für den Staat, sich allerorts an der von der Regierung veranlaßten Feier festlich zu beteiligen.»[17]

Am 23. Juni 1933 stehen folgende Schlagzeilen auf der ersten Seite des «Völkischen Beobachter»:

«Das Ende der marxistischen Landesverrat-Partei. *Verbot der Sozialdemokratie.* Keine Sozialdemokraten mehr in den Parlamenten. Dauerverbot der SPD-Presse. Beamte und Staatsangestellte dürfen nicht mehr der SPD angehören.»

Gewiß, es gibt auch andere Mittel, die totale Macht einzuführen, und in einem Teil des Nachkriegsdeutschlands hat die neuentstandene SPD nicht länger als bis April 1946 gelebt. Auch ist das Problem der Verteidigung der Demokratie gegen ihre Feinde ein echtes Problem, zu dem zweifelsohne die Frage nach der Unterwanderung des Staatsapparats gehört.

Aber es geht hier nur um das «Weimar-Argument». Und dieses ist doch nun wirklich recht dürftig als Rechtfertigung einer neuen Form der Inquisition. Sollten nicht eher streitbare Demokraten sich das Wort «Wehrt den Anfängen!» zu eigen machen? Denn wenn eine Inquisition einmal begonnen hat, wenn sie anfängt, eine neue Furcht zu verbreiten, wer kann da wissen, wo und bei wem sie stehen bleiben wird?

Zur Einführung

1. Freimut Duve
Wer schreit hier «Haltet den Dieb!»?

Bürgern, die sich außerhalb der etablierten Parteien politisch engagieren wollen, wird bei Bewerbung in den öffentlichen Dienst allerhand zugemutet, wenn ihre hochnotpeinliche Überprüfung mit dem Argument «Weimar» gerechtfertigt wird:

- Anfang der 50er Jahre bestand der Beamtenapparat in Bund und Ländern überwiegend aus Menschen, die im Sinne des Ministerpräsidentenerlasses wenige Jahre zuvor einer «radikalen Organisation» nicht nur als Mitglied, sondern sich auch durchaus aktiv für extremistische Ziele eingesetzt hatten. Artikel 131 GG machte es möglich und dekretierte die Glaubwürdigkeit der umfassenden Sinneswandlung.[1]
- Mitte der 60er Jahre wurde ein ebenfalls im Sinne des Ministerpräsidentenerlasses ehemaliger «Extremist», *Kurt Georg Kiesinger*, zum deutschen Bundeskanzler gewählt.
- Jahrzehntelang wurde «Staatsschutz» betrieben von einem Mann, dessen Dienststelle, völlig intakt und ohne nennenswerte Verluste an die Amerikaner übergelaufen war, um ihnen die Ortskenntnisse anzudienen: *General Gehlen.* (In dessen Buch «Der Dienst» übrigens nicht an einer einzigen Stelle vor dem überwinternden Faschismus in Spanien, Portugal und Südafrika gewarnt wird. Gehlen hat – dankenswerterweise nicht einmal das Lippenbekenntnis – es ginge gegen links *und rechts* je von sich gegeben.)
- Auch muß für einen jungen Lehreraspiranten die Welt nicht mehr in Ordnung scheinen, wenn er wegen der Teilnahme an einer Demonstration vor *acht* Jahren (1967/68) seinen Beruf nicht ausüben darf, während *Staatssekretär Globke* schon wenige Jahre nach Ende der rechtsextremistischen Herrschaft höchster politischer Beamte der Bundesrepublik werden durfte.

Aber all das ist nun keineswegs neu: Auch die Weimarer Republik nahm ihre Beamten aus den ehemaligen Monarchien. Beide deutschen Demokratien hätten sich selbst auflösen müssen, wenn sie sich ehrlich und gerecht, und vor allem sicher ohne den Beamtenapparat der voraufgegangenen antidemokratischen diktatorischen Diktatur hätten aufbauen wollen. Insofern stellten im Sinne der derzeitigen «Radikalargumentation» die Beamtenschaften Weimars und der Bundesrepublik in den jeweils ersten Nachkriegsjahren ein permanentes «Sicherheitsrisiko» dar. Wovon die unmittelbar für Staats- und Verfassungsschutz Tätigen gewiß nicht auszunehmen waren.

Jederzeit verwendbar, ist die Weimar-Warnung jedoch inzwischen zum Gemeingut, zum gern genutzten Mehrzweckgerät aller geworden: als sich 1967 ein rechtskonservativer Bundestagsabgeordneter der schleswig-holsteinischen CDU über eine Fernsehsendung ärgerte, schrieb er in der «Welt»: «Ich halte solche Sendungen (über Nordkorea und den Vietnamkrieg, F. D.) für unsere freiheitliche Demokratie nicht für ungefährlich. Wir sind *schon einmal* an der überstrapazierten Objektivität und auch an den *zu großzügig gewährten* Freiheiten gescheitert.»[2] Unbeschwert von verfassungsgemäßem Denken, wird hier Demokratie und Obrigkeitsstaat vertauscht («großzügig gewährte Freiheiten»!), als sorge sich der Herr Volksvertreter über Unbotmäßigkeiten des Volkes im Kaiserreich. Dieser Verfassungs*fremdling* Hermann Glüsing – Verfassungsfeind will ich ihn nicht nennen, denn das ist ja inzwischen ein juristischer Begriff des Bundesverfassungsgerichts und nicht mehr ein journalistisch-polemisches Kampfwort der konservativen Presse –, dieser Verfassungsfremdling nutzte hier den Rückgriff auf Weimar, um bei seinen Lesern ein kenntnisreiches «Jawohl» auszulösen, ebenso wie Alfred Dregger in einem Leserbrief an den «Stern» (siehe Rückseite dieses Buches». Und als Alfred Grosser seine Rede in Frankfurt gehalten hatte, da kamen eine ganze Reihe von Journalisten zum gleichen Schluß: Hätte man sie nur gehabt in Weimar, die Radikalenbeschlüsse, dann hätte die Familie Grosser nicht auszuwandern brauchen, dann wäre Weimar gerettet worden. «Hat Grosser vergessen, daß die Weimarer Republik, deren Untergang seine Familie in die Emigration zwang, auch durch die Verfassungsuntreue vieler Beamter zu Schaden kam?», so fragte sehr direkt Paul Wenger im «Rheinischen Merkur».[3] Und Günther Zehm wurde in der «Welt» vom 14. 10. 1975 ausführlich: «Müssen sich die Ministerpräsidenten eine solche Kritik hinter den Spiegel stecken? Sie könnten es sich leichtmachen, indem sie Grosser darauf hinwiesen, daß er und seine Familie 1933 möglicherweise nicht aus Frankfurt vertrieben worden wären, wenn es in der Weimarer Republik schon einen Radikalen-Beschluß gegeben hätte, wenn es also damals gelungen wäre, all die ungetreuen Richter, Lehrer und Regierungsräte abzuweisen, die die Republik von innen her zersetzten und wehrlos machten.»[4] Dieses leichtfertige Umspringen mit der Geschichte führt in eine gefährliche Fehldeutung der Gründe für den Untergang Weimars und rechtfertigt vor allem ein staatliches Verhalten, das alle Tugenden, die gerade die Voraussetzung dafür sind, daß sich «Weimar» nicht wiederholen kann, zurückdrängt.

Wo haben sich denn die «ungetreuen Richter, Lehrer und Regierungsräte, die die Republik von innen her zersetzten», nachweisen lassen? Was ist denn mit den «Märzgefallenen», die erst *nach* der Machtergreifung opportunistisch in die NSDAP einströmten? Wo haben sich denn die nach Hunderttausenden zählenden preußischen Beamten, die keiner «radikalen Partei» angehörten, sondern wohl mehrheitlich noch kaisertreu waren, für die Republik eingesetzt? Denn diese Beamtenmassen hat man nie und nimmer mit dem (ab 1930 in Preußen ja vorhandenen) Radikalenerlaß abweisen oder ausschalten können. Nein, die Mehrheit des Beamtenapparates wird eine private Neigung nach rechts, also antirepublikanisch, gehabt haben, ohne aktiv gegen die Demokratie tätig oder gar Mitglied einer radikalen Partei gewesen zu sein. Ähnlich wie nach 1945 war jedoch auch nach 1918 die Mehrheit des deutschen Beamtentums durchaus aktiv im jeweils vorigen System gewesen.

Der konservative Journalist Hans-Georg von Studnitz, selbst während der Nazizeit Mitarbeiter im Auswärtigen Amt, wies 1964 auf diesen Tatbestand in bezug auf das Auswärtige Amt hin: «Bis 1933 trug der Beamtenkörper mehr oder weniger homogene Züge. In politischer Hinsicht wirkte sich das dahin aus, daß im Jahre der Machtergreifung Hitlers unter 2300 nur ein Beamter Mitglied der NSDAP gewesen sein soll.»[5]

Erst nach 1933 begann die Nazifizierung dieser wichtigen Reichsbehörde: «1933 nach dem Regierungsantritt Hitlers, 1938 nach der Amtsübernahme Ribbentrops, 1940 nach Ausbruch des Krieges. Der Eintritt in die NSDAP erfolgte individuell. Der Mehrzahl der alten Beamten empfahl sich der Eintritt in die NSDAP aus Gründen des beruflichen Fortkommens. Wer sich der Partei fernhielt, konnte kaum noch damit rechnen, Karriere zu machen. Aber auch für den ehrgeizlosen ergab sich aus der Mitgliedschaft mancher Nutzen. Sie enthob ihn aller Verdächtigungen. Das Mitläufertum unter den alten Beamten entsprang den gleichen Motiven, die der Zeitgeist überall in Deutschland geweckt hatte.»[6]

Aber 1952, ein Jahr nach seiner Wiedergründung, waren von den 542 höheren Beamten des Auswärtigen Amtes immerhin 184 (ca. 35 %) nach eigenen Angaben ehemalige Nationalsozialisten. Mitgliedschaft in einer «radikalen Partei» sieben Jahre zuvor war also – dank Art. 131 GG – kein Grund, jemanden vom öffentlichen Dienst fernzuhalten.

Aber immerhin konnte den ehemaligen Nazis im bundesdeutschen Beamtenkörper unterstellt werden, daß sie sich der Zweiten Republik gegenüber loyal verhielten, von kleineren Entgleisungen in der Frühgeschichte Schleswig-Holsteins einmal abgesehen. Eben dies unterstellte man auch den kaisertreuen Beamten der Weimarer Republik, von denen kaum einer unter noch so scharfe Extremistengesetze hätte fallen können. Aber nach 1933 dann scharenweise die «Märzgefallenen» und «Maiglöckchen». Nein, das Argument «Weimar» ist keins, sondern es dient nur drei Zielen:

1. Vor allem rechtskonservative Verfassungsfremdlinge, die auch vor dem Ausschluß sozialdemokratischer Beamtenanwärter nicht zurückschrecken, wollen sich durch den Rückgriff auf Weimar als Retter einer Demokratie hinstellen, zu deren Vernichtung gerade ihresgleichen sehr

Wesentliches beigetragen hat.

2. Das Weimarer Beispiel vertauscht mit einem Trick die Zerstörer der Republik mit den Opfern des Faschismus und rechtfertigt im nachhinein geradezu die Position der Deutschnationalen in ihrem Kampf gegen die Sozialdemokratie.

3. Das schleichende Gift einer antidemokratischen autoritär angelegten rechtskonservativen Gegenbewegung wird um so weniger diskutiert, je mehr sich die «Solidarität der Demokraten» als Weimar-Erinnerungs-Verein ausschließlich gegen Gruppen wendet, deren politische Organisationen bei Wahlen allenfalls 1,5 % der Stimmen erlangen. (Vergleiche zwischen Hugenberg und Springer etwa, die politisch in der Tat inzwischen angebracht werden, finden nicht statt.)

Nein, Weimar ist nur dann Argument für eine aktive Verfassungsschutzbewegung der Bürger, wenn das Versagen der Weimarer Republik und ihrer Repräsentanten nicht mehr als Phänomen des «heimlichen Unterwanderns» eines sonst «intakten» demokratischen Staates dargestellt wird. Weimar brauchte nicht «unterwandert» zu werden. Seine höchsten Repräsentanten selbst haben daran mitgewirkt, der Republik den Garaus zu machen. Es ist nicht nur unredlich, jungen Menschen, die sich für Kommunisten halten, nachträglich die Bürde des Faschismus aufzuladen («Rotlackierte Faschisten» nannte ein prominenter Hamburger Politiker und Rechtsanwalt Mitglieder der DKP), es ist dann heuchlerisch, wenn damit die Bürgerlichen aller Schattierungen ihren wesentlichen Anteil am Untergang Weimars vertuschen wollen.

Wenn Weimar eine Lehre sein soll, dann doch wohl nur diese: Nicht Verfassungsschutzorgane des Staates allein können eine Demokratie retten, sondern die engagierte Verfassungsschutzbewegung seiner Bürger. Sie darf sich nicht beschränken auf «Feinde von rechts und links», sie muß aktiv bekämpfen, was sich inzwischen an Demokratie- und Verfassungsentfremdung in Staat und Parteien breitgemacht hat. Wenn den engagierten Demokraten die Puste ausgegangen ist, wenn der Rechtsstaat zum formalen, und oft zynisch angebotenen Rechtsmittelstaat herabgewirtschaftet würde, dann könnte der Feind auch plötzlich da stehen, wo sich alle in zunehmender Platznot drängeln: in der Mitte.

2. Wolfgang Kopitzsch
Sich wehren können gegen Fehldeutungen

In der Diskussion über den «Radikalenerlaß» werden vielfach historische Argumente und Beispiele verwandt, die allzuoft vordergründig oder wissenschaftlich unhaltbar sind. Die Ergebnisse der Geschichtswissenschaft sind in diesen Auseinandersetzungen kaum berücksichtigt worden. Diese Vernachlässigung beruht weitgehend auf der mangelnden Einbeziehung der Geschichtswissenschaft in die politische Bildung der Schulen, Hochschulen, Institutionen der Erwachsenenbildung und der Parteien. Daß die Demokratie nicht nur auf einem Grundkonsens über Grundwerte der Verfassungsordnung und den darin geltenden politischen Regeln, sondern vor allem auch auf dem Bewußtsein gemeinsamer demokratischer Traditionen beruhen sollte, ist in der Bundesrepublik eine nahezu unbekannte Einsicht. Allzu lange wirkte die anglo-amerikanische Reeducation nach, so daß die eigenen demokratischen Traditionen kaum beachtet wurden. Es ist das große Verdienst von Gustav Heinemann, auf dieses Erbe deutscher Demokraten vom Bauernkrieg bis zum Widerstand gegen den Nationalsozialismus immer wieder hingewiesen zu haben.[1] Seine Anstöße wurden allerdings weder von den Schulen und Hochschulen noch von den politischen Parteien intensiv aufgenommen, abgesehen vom Gustav-Heinemann-Wettbewerb für Schüler, dessen lebhaftes Echo ein lebendiges Interesse der Jugend auch für diese Seite der deutschen Geschichte offengelegt hat.

Die Geschichtswissenschaft hat bisher die Möglichkeiten verpaßt, durch die Besinnung auf Wege und Irrwege freiheitlicher Bewegungen der deutschen Geschichte politische Bildung mitzubestimmen. Nicht umsonst ist deshalb der historische Gehalt neuerer Lehrpläne und Rahmenrichtlinien gering. Die Berücksichtigung historischer Inhalte für den Unterricht kann die Geschichtswissenschaft, will sie als ein Träger politischer Bildung ernstgenommen werden, nicht nur der Bürokratie oder anderen Wissenschaften überlassen. Eine enge Zusammenarbeit zwischen der Fachdidaktik und Fachwissenschaft und den Lehrern ist dringend geboten, dazu müssen auch von der Geschichtswissenschaft eigene Initiativen ergriffen werden. Geschieht dies nicht, dann wird der Einfluß gerade moderner, kritischer Geschichte als einer Sozialwissenschaft auf den Unterricht und den künftigen Staatsbürger gering bleiben und in der Erziehung werden wissenschaftlich längst überholte Geschichtsbilder über Jahrzehnte hinaus bestimmend bleiben.

Bei der Diskussion über den «Radikalenerlaß» steht die Geschichte der Weimarer Republik im Mittelpunkt. Die letzten Bundestagsdebatten zu gesellschafts- und finanzpolitischen Fragen haben gezeigt, daß die vor allem von CDU und CSU benutzten «historischen Exempel» für das vermeintliche Versagen der sozial-liberalen Koalition einer gründlichen wissenschaftlichen Prüfung nicht standhalten können. Die gleiche Verdrängung von Erkenntnissen moderner Geschichtswissenschaft ist auch beim Streit über den «Radikalenerlaß» zu beobachten. Die nicht seltene Ansicht, durch einen «Radikalenerlaß» in der Weimarer Republik hätte die nationalsozialistische Machtergreifung verhindert werden können, offenbart eine geradezu naive Vorstellung von den deutschen Realitäten nicht nur zwischen 1918 und 1933, sondern auch der deutschen Geschichte in den letzten hundertfünfzig Jahren. Grundlegend für das Verständnis der in diesem Band dargestellten Epoche sind die folgenden Zusammenhänge:

1. Die deutsche Geschichte nach 1815 wurde geprägt durch den Sonderweg in die Moderne, in die demokratische und industrielle Massengesellschaft.

So folgte in der ersten Etappe dieser Entwicklung auf eine fortschrittliche Phase eine Zeit der Reaktion: der aufgeklärte Absolutismus wurde durch eine reformorientierte Beamtenschaft (preußische Reformen, Rheinbundstaaten) abgelöst, die sich in der Metternichschen Restauration nur schwer behaupten konnte. Nach der gescheiterten Revolution von 1848 fand innerhalb der Beamtenschaft mit der unpolitischen Haltung des «ohne mich» der Anspruch auf eigenständige politische Positionen und aktive Mitwirkung im Modernisierungsprozeß ein Ende.[2] Der Prozeß der Aristokratisierung der deutschen Gesellschaft nach 1849 beeinflußte gerade die höhere Beamtenschaft entscheidend, die ohnehin über ein hohes soziales Prestige verfügte, das aus der «Nähe zum Thron» hergeleitet wurde.[3] Parallel zu dieser Aristokratisierung vollzog sich eine zweite, nicht minder folgenreiche Entwicklung, die zunehmende Bürokratisierung auch anderer Bereiche wie der Wirtschaft, ja selbst des Parteienwesens.[4] Die Standesunterschiede zwischen den Staatsdienern, den höheren, akademisch ausgebildeten Beamten und der übrigen Beamtenschaft sind teilweise noch bis heute nicht überwunden, so zwischen den Gymnasiallehrern und den Volks- und Realschullehrern. Die höhere Beamtenschaft reproduzierte sich in dem sozialen Gefüge des Kaiserreichs mit seinen Standes- und Klassenschranken durchweg selber. Sozialer Aufstieg selbst in mehreren Generationen war selten. Die Beamten waren unter den «staatstragenden Kräften» die ersten und schrieben durch ihr Wirken die bestehenden sozialen Grenzen und mit ihnen die bestehende Ordnung fest. Wilhelm II. setzte sich selbst für einen «staatserhaltenden Unterricht» an den Schulen ein.[5] Positionen in der höheren Beamtenschaft erforderten nicht nur eine akademische Ausbildung, sondern meist auch Herkunft aus Adel oder höherem Bürgertum, Mitgliedschaft in einer Burschenschaft, das Patent als Reserveoffizier und nicht selten auch die Zugehörigkeit zu einer bestimmten Konfession. Die politische Führung und mit ihr die Beamtenschaft war durchweg nicht befähigt, soziale und wirtschaftliche Wandlungen zu erkennen und auf sie anders als defensiv zu reagieren. Sie versuchte statt dessen, ihre Herrschaft zu sichern und zu verstärken und stützte sich dabei vor allem auf Schule, Militär und Kirche. Dies gelang nicht zuletzt deswegen, weil nach 1871/79 der politische Liberalismus in den Auseinandersetzungen mit Bismarck zerrieben wurde. In der gesellschaftlichen und politischen Struktur des Kaiserreiches und seiner Entwicklung sind die Schwierigkeiten der späteren Weimarer Koalition von Liberalen, Zentrum und

Sozialdemokratie begründet. Eine wirkliche Anerkennung der Parteien und des Parlamentarismus kam erst in allerletzter Kriegsstunde zustande, als es bereits zu spät war. Diese fehlenden Erfahrungen im Umgang mit der Macht, aber auch die fehlende Praxis im Austragen von Konflikten und im Suchen von Kompromissen prägte vor allem das Verhalten der Sozialdemokraten nach 1918. Die Oppositionsrolle war allzutief verankert, die Partei konnte sich nur schwer von ihr lösen und dies auch nur zeitweise. Nation und Vaterland waren die höchsten Begriffe im Kaiserreich. Jahrzehntelang wurden sie in allen Bereichen des Lebens in den Mittelpunkt gestellt, von der Schule über die Kirche bis ins Militär. Auch die Anhänger der liberalen Parteien und der SPD blieben davon nicht unbeeinflußt. Das Gefühl der Überlegenheit des «deutschen Wesens» war tief verwurzelt.

2. Die «Novemberrevolution» von 1918 war keine Revolution im eigentlichen Sinne des Begriffes. Die Kontinuität in Gesellschaft und Wirtschaft wie in den staatlichen Machtapparaten Verwaltung, Justiz, Schulen, Hochschulen, Militär wurde nicht unterbrochen. Die Um- und Neubesetzungen innerhalb der Beamtenschaft waren im Vergleich zur Gesamtzahl gering, vor allem aber blieb die politische Mentalität der Beamten – und der meisten Bürger – unverändert. Die neue Staatsform und ihr Instrumentarium waren ihnen nach 1918 kaum vertraut, die Weimarer Republik war von Anfang an ein Staat ohne Rückhalt bei den meisten seiner Bürger.

Einordnung und Bewertung der «Novemberrevolution» sind auch heute noch umstritten. Seit den Arbeiten von Peter von Oertzen und Eberhard Kolb kann nicht mehr die grobe Alternative Demokratie oder Bolschewismus das Bild bestimmen. Ebenso deutlich ist heute, daß ein wesentliches Demokratisierungspotential nur unzureichend genutzt wurde.[6]

Bereits 1920 verloren die republiktragenden Parteien bei den Reichstagswahlen, die Reichskanzler Müller (SPD) in der Hoffnung auf eine weitere Niederlage der republikfeindlichen Parteien von rechts initiiert hatte, ihre Mehrheit. Von jetzt 454 Mandaten blieben der Koalition noch 202. Vor der Wahl verfügte sie über eine Mehrheit von 329 von 421 Sitzen.[7] Die Gewinner der Wahl waren vor allem die rechtsgerichteten Parteien und die USPD, die diesen Erfolg nicht zu nutzen vermochte, da sie sich kurz darauf endgültig spaltete. Die nun folgenden zahlreichen bürgerlichen Koalitionen verfügten nie über die notwendige breite Basis im Reichstag und in der Öffentlichkeit, die gerade in der hektischen Anfangsphase der Republik mit ihren zahlreichen politischen und wirtschaftlichen Problemen von entscheidender Bedeutung gewesen wäre.

Die folgenden Jahre zeigen, daß in kritischen Situationen die Person des Reichspräsidenten, der von der Verfassung weitreichende Rechte – allerdings nur für Krisenzeiten, nicht für den Normalfall – erhalten hatte, von entscheidender Bedeutung für die Erhaltung der Republik war. Solange ein überzeugter Republikaner wie der Sozialdemokrat Friedrich Ebert an dieser Stelle stand, war die Republik weniger gefährdet. Der Kapp-Putsch 1920, der Aufstand im Ruhrgebiet, der Mitteldeutsche Aufstand 1921 und die bayerische Krise von 1923 konnten zwar beigelegt werden, aber nur unter dem letzten Einsatz der staatlichen Autorität. Allerdings ist nicht zu leugnen, daß gegen die von links inspirierten Aufstände und Unruhen erheblich schärfer vorgegangen wurde als gegen die Urheber des Kapp-Putsches und gegen den Sonderwege gehenden Freistaat Bayern.[8] Nach der Überwindung der Inflation und dem einsetzenden wirtschaftlichen Aufschwung gelang es zwar, das Verhältnis mit Frankreich zu ordnen und wachsende außenpolitische Anerkennung zu gewinnen. Über diesen außenpolitischen Erfolgen wurde aber die demokratische «Infrastruktur» nicht entscheidend verbessert. Das Aufblühen von Wirtschaft und Gesellschaft in den «Goldenen Zwanziger Jahren» war eine Scheinblüte, grundlegende und tiefgehende Reformen wurden nicht eingeleitet. In den Jahren nach 1926 konnte die NSDAP unbehelligt von der staatlichen Autorität ihren Parteiapparat aufbauen. Schon 1928 zeigte sich die enorme Wirkung der nationalsozialistischen Propaganda und ihrer unklaren, für alle Zwecke und Ereignisse passenden Ideologie in Krisenzeiten, in diesem Fall bei der Landvolkbewegung in Schleswig-Holstein.[9] An den Regierungen von 1923 bis 1928 war die SPD, obwohl in dieser Zeit immer stärkste Partei, nicht beteiligt. Erst nach ihrem Wahlerfolg von 1928 stellte sie wieder den Reichskanzler. Die Rolle der SPD in der Weimarer Republik offenbart eine zwiespältige Politik. Sie beteiligte sich zwar an Länderregierungen mit ausgesprochen gutem Erfolg, zum Beispiel in Preußen, während sie sich im Reich leicht ins Abseits stellen ließ und selber stellte. Nur schwer rang sie sich dazu durch, daß diese Republik ihr Staat sei, doch galt das Fernziel des Sozialismus unendlich mehr im Bewußtsein der Sozialdemokraten. Dieses Verhalten verunsicherte viele Wähler, vor allem jüngere und engagierte. Die von der SPD in einigen Ländern, zum Beispiel in Thüringen, Preußen und Hamburg durchgeführten Reformen und Reformversuche, z. B. in der Bildungspolitik, zeigen Ansätze, die auch für die heutige Zeit noch Anstöße geben können, sie blieben aber ohne Wirkung auf das Reich. Das Problem des Föderalismus stellte sich auch in der Weimarer Republik. Maßnahmen der Reichsregierung wurden häufig von den Länderregierungen blockiert oder nur sehr zögernd durchgeführt. Eine einheitliche Politik in Reich und Ländern selbst in Lebensfragen der Weimarer Republik blieb Stückwerk. Die zweite große staatstragende Partei, das Zentrum, war durch seine divergierenden Flügel an einer einheitlichen, konsequenten Politik oft gehindert. In der Koalition mit der SPD in Preußen muß ihm jedoch eine lange Zeit erfolgreiche Regierungsmitarbeit bescheinigt werden. In den Reihen des Zentrums standen die unterschiedlichsten politischen Persönlichkeiten von Jakob Kaiser über Heinrich Brüning bis hin zu klerikal-konservativ-nationalen Adeligen wie Franz von Papen. Der bayerische Ableger des Zentrums, die Bayerische Volkspartei, fand erst sehr spät zur Mitarbeit in der Republik; folgenreich wurde die Ablehnung des Kandidaten der Weimarer Koalition bei der Reichspräsidentenwahl 1925 durch die BVP, die Hindenburg zum Nachfolger Eberts werden ließ.

Die liberalen und rechtsliberalen Parteien waren nur bis Anfang der 30er Jahre ein ernstzunehmender politischer Faktor. Die Parteien von links- (KPD) und rechtsaußen (DNVP und NSDAP) waren sich einig in ihrer totalen Ablehnung der Weimarer Republik und bewiesen dies häufig durch ihre gemeinsamen Aktionen gegen Reichs- und Länderregierungen.

Die Jahre nach 1928/29 bis zur Machtergreifung 1933 sind gekennzeichnet durch rapide Verluste der staatstragenden Parteien, die Zunahme der Radikalen von links und rechts, die Notverordnungspolitik unter den Kanzlern Brüning, von Papen und Schleicher und einen Reichspräsidenten, der zu eigenständigem Handeln nicht mehr fähig und auf einen permanent intrigierenden Beraterkreis angewiesen war. Hinzu kam die sich auf Deutschland besonders schwer auswirkende Weltwirtschaftskrise. Die Länder im Reich waren nur noch vereinzelt in der Lage, bei wechselnden Koalitionen eine vernünftige Politik zu betreiben. Bei den Wahlen 1930 gelang der NSDAP ein entscheidender Wahlsieg, die Zahl ihrer Abgeordneten stieg von 12 auf 107, sie wurde zur zweitstärksten Fraktion.[10] Die Regierung Brüning blieb zwar im Amt und regierte ohne Reichstag mit Hilfe der Notverordnungen des Reichspräsidenten Hindenburg. Sie machte damit praktisch die Staatsform der Republik zur Farce. Koalitionen, die einen Ausweg aus der Krise gebracht hätten, waren nicht möglich, denn beide Gruppen, die staatstragende und die staatsfeindliche, legten sich gegenseitig lahm. Die SPD verharrte in einer letztlich fruchtlosen Position und offenbarte ein gestörtes Verhältnis zur politischen Macht, dessen Wurzeln durchaus bis ins Kaiserreich zurückzuführen waren. Alle Versuche Brünings, mit einer stillschweigenden Tolerierung durch die SPD und die Gewerkschaften mit einer Sparpolitik die Folgen der Wirtschaftskrise zu mildern, führten nicht zu einem entscheidenden wirtschaftspolitischen Erfolg. Zeitweise vernachlässigte Brüning die Innenpolitik stark und wandte sich außenpolitischen Aufgaben zu, eine Tatsache, die sich 1932 für ihn als verhängnisvoll erweisen sollte. Sein Versuch von 1932 – nach der erneuten Wahl Hindenburgs zum Reichspräsidenten, diesmal allerdings aufgrund des Engagements seiner Gegner von 1925 und boykottiert von den ihm geistig viel näher stehenden Kräften der Rechten – mit Hilfe der Länderregierungen, vor allem Preußens und Süddeutschlands, scharf gegen die SA und SS vorzugehen, kam viel zu spät.[11] Vielmehr war dies der Anlaß zu seinem endgültigen Sturz durch die Intrigen von Papens und der Berater Hindenburgs.[12] Franz von Papen machte mit seiner Politik, insbesondere dem Staatsstreich gegen Preußen am 20. 7. 1932, die Machtergreifung der NSDAP erst möglich, als er die letzte Bastion der staatstragenden Kräfte im Reich beseitigte, ohne daß diese Widerstand leisteten. Die SPD setzte auf die Ende Juli bevorstehenden Reichstagswahlen und die Empörung der Wähler und damit auf das demokratische Gewissen der Staatsbürger.[13] Mit den Mitteln der Demokratie wollte sie auf das ungesetzliche Vorgehen der Reichsregierung und des Reichspräsidenten antworten. Daß diese Hoffnung von vornherein aussichtslos und politisch kurzsichtig war, bewiesen die Wahlen, die der Partei Verluste brachten. KPD und NSDAP eroberten erstmals eine «negative Mehrheit» im Reichstag, sie stellten von 608 Abgeordneten jetzt zusammen 319 und legten damit das Parlament endgültig lahm.[14] Die Hoffnung von Papens auf einen wohl nur von ihm für möglich gehaltenen Wahlerfolg erwies sich als falsch und als reine Spekulation. Die zweite Hoffnung der Demokraten im Kampf um Preußen, der Staatsgerichtshof, bewies erneut, daß er für die Republik keine Stütze und kein Schutz war, wie die gesamte Justiz in der Weimarer Republik. Dem nächsten Intrigenspiel fiel der sonst darin so geschickte Franz von Papen zum Opfer. Kurt Schleicher übernahm, wenn auch nur kurz, das Amt des Reichskanzlers, gestützt nur durch die Reichswehr und die Notverordnungen des Reichspräsidenten, ohne jeden Rückhalt bei den Parteien. Seine Hoffnungen auf eine Mithilfe der Gewerkschaften erwiesen sich bald als trügerisch. Von den staatstragenden Parteien war nun keine mehr zu einer klaren Politik fähig. Die letzten großen Machtfaktoren auf der Seite der Republik, SPD, Gewerkschaften und Eiserne Front hatten keine klaren Konzeptionen für den Kampf gegen die zu allem entschlossenen Radikalen. Die Republik war einer Handvoll konservativer Intriganten mit den absurdesten Plänen und Hoffnungen ausgeliefert. Der nächste Schritt dieser Gruppe führte dann auch zum Untergang der Demokratie. Mit Hilfe des Pressezaren Hugenbergs, der DNVP und den Beratern Hindenburgs gelang es von Papen, den Reichsprädidenten davon zu überzeugen, daß es den nationalen Kräften schon gelingen werde, Hitler und seine Bewegung zu zähmen und für ihre Pläne nutzbar zu machen. Auf den Sturz Schleichers folgte die Machtergreifung Hitlers, der sich sofort im Machtzentrum placierte und die Pläne Hugenbergs und Papens ad absurdum führte.[15]

Die NSDAP hatte es seit 1926 verstanden, ihren Parteiapparat auszubauen und ihre Ideologien den wechselnden Situationen anzupassen. Es gelang ihr mit dem zunehmendem wirtschaftlichen Verfall breite Wählerschichten, vor allem aus dem Bürgertum, der Jugend (z. B. der Studentenschaft), den Arbeitslosen und der Bauernschaft auf ihre Seite zu bringen. Die verschwommene nationalsozialistische Ideologie bot für alle diese Gruppen genug Ansatzpunkte. Die NSDAP wurde gerade unter dem gehobenen Bürgertum, unter Industriellen und Bankiers «salonfähig» und schien als einzige Partei neben der KPD einen konsequenten Ausweg aus der Krise zu bieten. Ein Großteil der Wähler war «republikmüde», ohne sich allerdings je ernsthaft für die Demokratie engagiert zu haben. Gerade die Erfolge der radikalen Parteien bei der Jugend zeigen, daß es den staatstragenden Parteien nie gelungen war, demokratisches Bewußtsein zu wecken, das größeren Belastungen standgehalten hätte. In der Krisenzeit nach 1929 permanent in Gefahr, durch die Sparmaßnahmen Brünings und die wirtschaftliche Krise den Arbeitsplatz zu verlieren, sahen viele nur den Weg einer radikalen Lösung. Dem Mittelstand und vielen Wählern war dabei die nationale Ideologie der NSDAP näher als die ihnen geistig weit entfernten Vorstellungen der KPD.

Die KPD sah ihr Hauptanliegen in dieser Zeit darin, die «Sozialfaschisten», die SPD, auf das schärfste zu bekämpfen. Zu diesem Zweck war sie sogar zur Zusammenarbeit mit der NSDAP bereit und praktizierte sie.[16] Eine andere Politik der KPD war dieser ohnehin bei den häufigen Wechseln in der Parteiführung hinter der Galionsfigur Ernst Thälmann und bei den Abspaltungen verschiedener Flügel nicht möglich. Die Hoffnung der KPD war das «Danach», d. h., die Erwartung auf den Machtgewinn nach dem für zwangsläufig gehaltenen Versagen der NSDAP in der Regierungsverantwortung. Gerade der KPD gelang es nicht, die Gefahren einer Herrschaft der NSDAP zu erkennen.

Die «Lebenslüge des Obrigkeitsstaates»

Hier stellt sich die Frage, ob wesentliche Teile der Mitgliederschaft radikaler Parteien aus der Beamtenschaft der Weimarer Republik kamen. Exakte Zahlen liegen hier nicht vor. Der historische Befund läßt jedoch vermuten, daß aktive Parteimitglieder unter den Beamten selten waren. Sie traten erst nach der Machtergreifung 1933 hervor, um dann in einer Vielzahl von Fällen Material für die Entlassung von Beamten und Staatsbediensteten aufgrund des «Gesetzes zur Wiederherstellung des Berufsbeamtentums» zu liefern, also Spitzeldienst zu leisten. Nach 1945 konnte zwar die Existenz solcher Zellen vor allem in der Polizei, aber auch in der übrigen Verwaltung, bis zur Mitte der 20er Jahre zurückverfolgt werden. Von dem genannten Gesetz waren überwiegend Mitglieder der SPD betroffen, die durch Parteigenossen der NSDAP, in der Mehrzahl durch «alte Kämpfer», ersetzt wurden. Seit 1930 gab es in einigen Ländern, zum Beispiel in Preußen und Hamburg, Erlasse gegen die Mitgliedschaft von Beamten in radikalen Parteien, also der NSDAP und der KPD.[17] Soweit Beamten diesen Parteien angehörten, meist unter falschem Namen oder nur mit Angabe der Mitgliedsnummer, traten sie jedoch kaum in Erscheinung. Die Existenz nationalsozialistischer Zellen in der Verwaltung war zwar bekannt, die Mitglieder dagegen konnten nur selten festgestellt werden. Bei dem Selbstverständnis der Mitglieder der KPD ist anzunehmen, daß sie nur in seltenen Fällen als Beamte oder staatliche Bedienstete Leistungen für das «demokratische Regime» erbrachten. Inwieweit die Parteizugehörigkeit bzw. Sympathie für bestimmte politische Richtungen bei der Einstellung in den Staatsdienst eine Rolle spielte, läßt sich nur schwer feststellen. Es ist jedoch zu vermuten, daß in Fällen der beabsichtigten Einstellung, besonders in Reichswehr und Polizei, Erkundigungen über die Bewerber eingeholt wurden. Dabei konnte sich allerdings auch die Zugehörigkeit zu einer staatstragenden Partei, etwa der SPD, als Hindernis erweisen. Festgestellt werden kann jedoch aufgrund der Quellen, der Fachliteratur und der neuesten Forschungen, daß ein Radikalenerlaß in Weimar, zumal er in mehr oder minder offener Form existiert hat, keine der eingetretenen Entwicklungen hätte verhindern können. Aus der Geschichte der Weimarer Republik und der letzten hundertfünfzig Jahre können solche Behauptungen ernsthaft nicht belegt werden. Die Gründe für den Verfall der ersten deutschen Demokratie sind wesentlich vielschichtiger und tiefer.

Entscheidend war und blieb, daß die Weimarer Republik eine Demokratie ohne Demokraten war, der es an der lebendigen Ausfüllung der freiheitlichen Verfassung durch engagierte Staatsbürger fehlte. Für die Mehrzahl der Wähler und Parteien war sie eine Übergangslösung, für die einzutreten eigentlich nicht lohnte. Hierin bestand Einigkeit von ganz links bis ganz rechts, von KPD bis NSDAP, von der SPD bis zur DNVP. Die große Mehrheit der Beamten war unpolitisch und verhielt sich politisch neutral. Sie wollten allein Fachleute und «Diener des Staates» sein. Ein politisches Engagement für die Republik war oft genauso verpönt wie das gegen die Republik. Einen Rechtssatz, der von ihnen jederzeit ein Eintreten für die Republik gefordert hätte, hätten sie zwar vordergründig akzeptiert, praktiziert hätten sie dies Engagement sicher nicht. Auch in den staatstragenden Parteien war die Neigung zu autoritärer Verfassungsinterpretation und Politik weit verbreitet, insbesondere in der DVP, in der DDP nach der Verbindung mit dem Jungdeutschen Orden und auf dem rechten Flügel des Zentrums.

Die nationalsozialistischen Beamten tarnten sich nahezu perfekt und wurden bei ihrer Arbeit von der Parteiführung abgesichert. Selbst die Kenntnis der Mitgliederlisten hätte kaum eine Hilfe bedeutet; ganz abgesehen von der Frage, wie sich wohl der Staatsgerichtshof in Verfahren gegen solche Beamten verhalten hätte. Die Justiz von Weimar hätte die Weimarer Verfassung und das darin ausdrücklich bestätigte Recht auf die politische Meinungsfreiheit der Beamten gegen die Republikaner ausgespielt. Die überwiegende Mehrheit der Beamten erwies sich nach 1933 genauso anpassungsfähig an den neuen Staat wie nach 1918. Nur ein relativ geringer Teil der Beamten wurde entlassen. Die Beamten dienten auch dem Nationalsozialismus als «Fachleute» und blieben dem Glauben an die Überparteilichkeit, die der sozialdemokratische Rechtspolitiker und -reformer Gustav Radbruch als «Lebenslüge des Obrigkeitsstaates» treffend gekennzeichnet hat, verhaftet. Die von ihrer Ausbildung im Kaiserreich geprägte und vielfach durch den Schock der «nationalen Schande», der Niederlage im 1. Weltkrieg, bestimmten Juristen waren in ihrer Mehrheit autoritär eingestellt und beurteilten politische Straftaten von rechts und links häufig sehr unterschiedlich. Tätern von rechts wurden oft «nationales Handeln» und damit eine positive Einstellung bei ihrer Tat zugebilligt. Der Schutz des Staates, seiner Politiker und Repräsentanten aber wurde nur schwach wahrgenommen.[18] Der Großteil der Justiz meinte «national» zu handeln, die gesellschafts- und staatspolitischen Folgen waren für die Republik eine ungeheure Belastung.

Ähnliches gilt auch für die Hochschulen. Neben der Handvoll Sozialdemokraten stand der kleine Kreis von «Vernunftsrepublikanern» um Friedrich Meinecke, doch die Mehrheit bildeten die nationalmonarchistischen Gelehrten, die dem Kaiserreich nachtrauerten. Der Einfluß der rechten Kräfte war groß. Nicht zuletzt deswegen gelang es den Nationalsozialisten bereits Ende der 20er Jahre, die Mehrheit der Studenten und zumindest das Wohlwollen vieler Hochschullehrer für sich zu gewinnen. Für die Historiker ist der «Fall Kehr»[19] noch heute beschämend. Die Habilitation dieses jungen Wissenschaftlers, der politische und sozioökonomische Geschichte miteinander verband und sich zur kritisch-aufklärerischen Verpflichtung seines Faches bekannte, wurde in der Endphase der Weimarer Republik in Königsberg verhindert. Daran waren auch solche «großen Historiker» wie Gerhard Ritter und Hans Rothfels beteiligt, die nach 1945 tonangebend wurden. Ein Wandel trat erst in den 60er Jahren durch Fritz Fischers «Griff nach der Weltmacht» und die sich daran anschließende Kontroverse sowie durch die Wendung zur Sozialgeschichte ein, die nicht zuletzt durch Emigranten wie Hans Rosenberg weiterentwickelt worden war.

Wenn aus dem Scheitern der Weimarer Republik Schlüsse zu ziehen sind, dann genügt sicher nicht der Ruf nach dem «Radikalenerlaß» als Allheilmittel für den demokratischen Staat. Viel wichtiger ist zweierlei: In jeder Demokratie ist ein Grundkonsens aller demokratischen Kräfte über Grundwerte und -formen der demokratisch-parlamentarischen Ordnung lebenswichtig. In der Bundesrepublik ist er derzeit wohl kaum erreichbar, zumal die Politik der Unionsparteien zunehmend autoritäre Züge trägt und das Spiel mit dem «starken Mann» längst keine bajuwarische Exzentrik mehr ist. Dennoch muß dieser demokratische Grundkonsens weiter angestrebt werden. Außerdem gilt es in der politischen Bildung, das demokratische Bewußtsein in der Bevölkerung, insbesondere unter den Jugendlichen, zu wecken und zu vertiefen. Vor allem muß der historisch-politische Unterricht in den Haupt- und Berufsschulen verbessert werden. Sozialkunde als reine Institutionenkunde oder Besprechung aktueller Ereignisse ohne Einbeziehung der historischen Dimensionen können nicht genügen.

Beides, der Konsens aller demokratischen Kräfte und eine erfolgreiche politische Bildung, ist für die Sicherung der Demokratie wichtiger, als ein «Radikalenerlaß». Was Weimar lehrt, ist die Einsicht, daß eine Demokratie ohne überzeugte Demokraten scheitern muß. Noch ist der Bundesrepublik die Probe für diesen Satz erspart geblieben, doch hat der Aufstieg der NPD während der Rezession in den 60er Jahren alle optimistischen Aussagen erschüttert. Der Beschluß des Mannheimer Parteitages der SPD vom November 1975 hat gezeigt, daß die älteste und stärkste demokratische Bewegung in Deutschland Schlüsse aus der deutschen Geschichte gezogen hat. In der Entschließung heißt es:

«1. Die von der SPD auf ihrem Bundesparteitag in Hannover betonte Selbstverständlichkeit, daß Personen, die verfassungswidrige Ziele verfolgen, nicht in den öffentlichen Dienst gehören, darf nicht länger dazu mißbraucht werden, Konservativismus oder Duckmäuserei mit Verfassungstreue gleichzusetzen. Zur Verwirklichung unserer freiheitlichen, auf einen demokratischen und rechtsstaatlichen Sozialstaat ausgerichteten Grundordnung werden vielmehr zukünftig mehr denn je auch im öffentlichen Dienst geistig unabhängige und selbstbewußte Demokraten benötigt, die über politische Urteilsfähigkeit verfügen und politische Überzeugungen nicht nur besitzen, sondern auch vertreten. (. . .)

5. Der Bundesparteitag stellt fest, daß die vom Bundesparteitag 1973 in Hannover beschlossenen Grundsätze durch Bundesregierung und Bundestag konkretisiert worden sind, wonach bei Bewerbern zum öffentlichen Dienst in Zweifelsfällen eine Einzelprüfung unter Berücksichtigung der persönlichen Umstände, eine Anhörung des Bewerbers, die Verantwortung der obersten Dienstbehörde für die Entscheidung und eine schriftliche Begründung auf der Grundlage gerichtlich nachprüfbarer Tatsachen gegeben sein müssen.

Die Mitgliedschaft in einer nicht verbotenen politischen Partei kann für sich allein die Ablehnung eines Bewerbers nicht begründen.

Der Parteitag stellt weiter fest, daß CDU und CSU im Bundestag diesen Regelungen und Leitlinien für ein rechtsstaatliches Verfahren nicht zugestimmt haben. Dies legt die Besorgnis nahe, daß konservative Kräfte in der Bundesrepublik Deutschland es hinnehmen, wenn nicht fördern, daß ein Klima von Mißtrauen und Furcht entsteht, daß Unterwürfigkeit und Obrigkeitsdenken wieder aufkeimen, und daß die Vielfalt von Meinungen und Bestrebungen eingeengt wird.

Die Sozialdemokratische Partei Deutschlands wird demgegenüber unbeirrt für die Freiheit der politischen Meinung und der politischen Betätigung einstehen und Offenheit und Kritikvermögen junger Menschen, gerade auch wenn sie im öffentlichen Dienst mitwirken wollen, fördern. (. . .)

7. Die Sozialdemokratische Partei Deutschlands führt die Auseinan-

dersetzung mit verfassungswidrigen Bestrebungen, Gruppen und Parteien politisch. Administrative Maßnahmen können nur eine ergänzende Wirkung haben. Nur eine Politik, die als ganze dem äußeren und inneren Frieden, der Freiheit und dem sozialen Fortschritt verpflichtet ist, wird die Bestandskraft unserer Verfassung für die Zukunft bewahren.»[20]

Den konservativen Parteien steht dieser Lernprozeß – hoffentlich – noch bevor.

3. Die gesetzlichen Grundlagen

a) Aufruf der preußischen Regierung vom 13. November 1918

... Bis zum Zusammentritt dieser verfassungsgebenden Versammlung[1] hat eine vorläufige Regierung, die getragen ist vom Vertrauen der Arbeiter- und Soldatenräte, die Geschäfte übernommen. Sie sieht ihre erste Aufgabe darin, im engen Zusammenhang mit der neuen Reichsleitung für die Ordnung und Sicherheit im Lande und für die Volksernährung zu sorgen. Sie ist dabei angewiesen auf das Verständnis und den guten Willen der Bevölkerung im allgemeinen und insbesondere auf die gewissenhafte Mitarbeit aller Beamten des Staates und der Selbstverwaltungskörperschaften. Alle Beamten, die sich der neuen Regierung zur Verfügung stellen, sind ausdrücklich in ihren Rechten bestätigt und auf ihre Pflichten hingewiesen worden.

Von den zahlreichen Aufgaben, vor die sich das neue, freie Preußen jetzt und in der Zukunft gestellt sieht, seien nur diese hervorgehoben:

Durchführung der uneingeschränkten Koalitionsfreiheit für alle Staatsarbeiter und Beamten. Gründliche Reform der Besoldungs- und Lohnverhältnisse der Arbeiter und Beamten, einschließlich der Pensionäre und Altpensionäre und bis zur endgültigen Regelung die Gewährung ausreichender Teuerungszulagen ...

b) Auszug aus der Weimarer Verfassung

Art. 128. Alle Staatsbürger ohne Unterschied sind nach Maßgabe der Gesetze und entsprechend ihrer Befähigung und ihren Leistungen zu den öffentlichen Ämtern zuzulassen.

Alle Ausnahmebestimmungen gegen weibliche Beamte werden beseitigt.

Die Grundlagen des Beamtenverhältnisses sind durch Reichsgesetze zu regeln.[2]

Art. 129. Die Anstellung der Beamten erfolgt auf Lebenszeit, soweit nicht durch Gesetz etwas anderes bestimmt ist. Ruhegehalt und Hinterbliebenenversorgung werden gesetzlich geregelt. Die wohlerworbenen Rechte der Beamten sind unverletzlich. Für die vermögensrechtlichen Ansprüche der Beamten steht der Rechtsweg offen.[3]

Die Beamten können nur unter den gesetzlich bestimmten Voraussetzungen und Formen vorläufig ihres Amtes enthoben, einstweilen oder endgültig in den Ruhestand oder in ein anderes Amt mit geringerem Gehalt versetzt werden.

Gegen jedes dienstliche Straferkenntnis muß ein Beschwerdeweg und die

Möglichkeit eines Wiederaufnahmeverfahrens eröffnet sein. In die Nachweise über die Person des Beamten sind Eintragungen von ihm ungünstigen Tatsachen erst vorzunehmen, wenn dem Beamten Gelegenheit gegeben war, sich über sie zu äußern. Dem Beamten ist Einsicht in seine Personalnachweise zu gewähren.

Die Unverletzlichkeit der wohlerworbenen Rechte und die Offenhaltung des Rechtswegs für die vermögensrechtlichen Ansprüche werden besonders auch den Berufssoldaten gewährleistet. Im übrigen wird ihre Stellung durch Reichsgesetz geregelt.[4]

Art. 130. Die Beamten sind Diener der Gesamtheit, nicht einer Partei.

Allen Beamten wird die Freiheit ihrer politischen Gesinnung und die Vereinigungsfreiheit gewährleistet.

Die Beamten erhalten nach näherer reichsgesetzlicher Bestimmung besondere Beamtenvertretungen.[5]

Art. 131. Verletzt ein Beamter in Ausübung der ihm anvertrauten öffentlichen Gewalt die ihm einem Dritten gegenüber obliegende Amtspflicht, so trifft die Verantwortlichkeit grundsätzlich den Staat oder die Körperschaft, in deren Dienste der Beamte steht. Der Rückgriff gegen den Beamten bleibt vorbehalten. Der ordentliche Rechtsweg darf nicht ausgeschlossen werden.

Die nähere Regelung liegt der zuständigen Gesetzgebung ob.[6]

c) Verordnung des Reichspräsidenten über die Vereidigung der öffentlichen Beamten

vom 14. August 1919 (Reichsgesetzblatt 1919, S. 1419)

Auf Grund des Artikel 176 der Verfassung des Deutschen Reichs vom 11. August 1919 (RGBl. 1383) wird verordnet:

Art. 1. Alle öffentlichen Beamten und Angehörigen der Wehrmacht sind unverzüglich auf die Verfassung des Deutschen Reichs zu vereidigen und zwar leisten

1. die Reichsbeamten den Eid:
   «Ich schwöre Treue der Verfassung, Gehorsam den Gesetzen und gewissenhafte Erfüllung meiner Amtspflichten.»
2. alle übrigen öffentlichen Beamten den Eid:
   «Ich schwöre Treue der Reichsverfassung.»
3. die Angehörigen der Wehrmacht den Eid:
   «Ich schwöre Treue der Reichsverfassung und gelobe, daß ich als tapferer Soldat das Deutsche Reich und seine gesetzmäßigen Einrichtungen jederzeit schützen, dem Reichspräsidenten und meinen Vorgesetzten Gehorsam leisten will.»

Art. 2. Die Landesregierungen können an Stelle der Eidesleistung nach Art. 1 Ziff. 2 anordnen, daß in den Diensteid, den die Beamten nach Landesrecht zu leisten haben, die Worte eingesetzt werden: «Treue der Reichsverfassung.»

Art. 3. In gleicher Weise sind künftig alle neuernannten öffentlichen Beamten und alle Angehörigen der Wehrmacht vor dem Dienstantritt zu vereidigen.

Art. 4. Die von den Beamten und den Angehörigen der Wehrmacht unterzeichneten Nachweise über die Eidesleistung sind zu verwahren.

Der Reichspräsident: Ebert.

Der Reichsminister des Innern: Dr. David.

d) Gesetz über die Pflichten der Beamten zum Schutze der Republik

vom 21. Juli 1922 (Reichsgesetzblatt 1922 I S. 590)
– Auszug –

Artikel I

Das Reichsbeamtengesetz in der Fassung der Bekanntmachung vom 18. Mai 1907 (RGBl. 245) wird wie folgt geändert.

A. § 3 erhält folgende Fassung:

§ 3. Jeder Reichsbeamte ist auf die Reichsverfassung (Art. 176) und auf die gewissenhafte Erfüllung aller Obliegenheiten des ihm übertragenen Amtes eidlich zu verpflichten.

Die Eidesleistung soll bei der Aushändigung der Bestallung oder dem Dienstantritt, spätestens in unmittelbarem Anschluß an den Dienstantritt, stattfinden. Wird sie verweigert, so ist die Ernennung des Beamten in seinem Rechtsverhältnis zum Reich nichtig.

Über den Ersatz der Eidesleistung durch eine andere feierliche Erklärung bei Angehörigen einer Religionsgemeinsaft, denen die Eidesleistung aus religiösen Gründen verboten ist, bestimmt der Reichsminister des Innern im einzelnen Falle.

B. Hinter dem § 10 werden folgende §§ 10a und 10b eingefügt.

§ 10a. Der Reichsbeamte ist verpflichtet, in seiner amtlichen Tätigkeit für die verfassungsmäßige republikanische Staatsgewalt einzutreten.

Er hat alles zu unterlassen, was mit seiner Stellung als Beamter der Republik nicht zu vereinen ist. Insbesondere ist ihm untersagt:

1. sein Amt oder die ihm kraft seiner amtlichen Stellung zugänglichen Einrichtungen für Bestrebungen zur Änderung der verfassungsmäßigen republikanischen Staatsform zu mißbrauchen:
2. bei Ausübung der Amtstätigkeit oder unter Mißbrauch seiner amtlichen Stellung über die verfassungsmäßige republikanische Staatsform die Reichsflagge oder über die verfassungsmäßigen Regierungen des Reichs oder eines Landes zur Bekundung der Mißachtung Äußerungen zu tun, die geeignet sind, sie in der öffentlichen Meinung herabzusetzen;
3. bei Ausübung der Amtstätigkeit oder unter Mißbrauch seiner amtlichen Stellung auf die ihm unterstellten oder zugewiesenen Beamten, Angestellten und Arbeiter, Zöglinge oder Schüler im Sinne mißachtender Herabsetzung der verfassungsmäßigen republikanischen Staatsform oder der verfassungsmäßigen Regierungen des Reichs oder eines Landes einzuwirken;
4. Handlungen nach Nr. 1 bis 3 bei dienstlich unterstellten Personen, sofern sie im Dienste begangen werden, zu dulden.

Dem Reichsbeamten ist weiterhin untersagt, in der Öffentlichkeit gehässig oder aufreizend die Bestrebungen zu fördern, die auf Wiederherstellung der Monarchie oder gegen den Bestand der Republik gerichtet sind, oder solche Bestrebungen durch Verleumdung, Beschimpfung oder Verächtlichmachung der Republik oder von Mitgliedern der im Amte befindlichen Regierung des Reichs oder eines Landes zu unterstützen.

§ 10b. Weitergehende Verpflichtungen, die sich für den Reichsbeamten innerhalb oder außerhalb seines Amtes über die Bestimmungen des § 10a hinaus aus den besonderen Aufgaben des ihm übertragenen Amtes oder den Umständen des

Falles nach den allgemeinen Vorschriften über die Pflichten der Reichsbeamten ergeben, bleiben unberührt.

[...]

D. Dem § 76 wird als Abs. 2 angefügt:

Liegt ein Vergehen gegen § 10a Abs. 2 und 3 im Rückfall vor, so ist auf Dienstentlassung zu erkennen.

[...]

e) Beschluß des preußischen Staatsministeriums gegen die Zugehörigkeit von Beamten zu verfassungsfeindlichen Parteien

vom 25. Juni 1930 (Ministerialblatt für die innere Verwaltung 1930 S. 599)[7]

Nach der Entwicklung, die die Nationalsozialistische Deutsche Arbeiterpartei und die Kommunistische Partei Deutschlands genommen haben, sind beide Parteien als Organisationen anzusehen, deren Ziel der gewaltsame Umsturz der bestehenden Staatsordnung ist. Ein Beamter, der an einer solchen Organisation teilnimmt, sich für sie betätigt oder sie unterstützt, verletzt die aus seinem Beamtenverhältnis sich ergebende besondere Treueverpflichtung gegenüber dem Staate und macht sich eines Dienstvergehens schuldig. Allen Beamten ist demnach die Teilnahme an diesen Organisationen, die Betätigung für sie oder ihre sonstige Unterstützung verboten.

Das Staatsministerium bringt diese Auffassung der Beamtenschaft hiermit besonders zur Kenntnis und weist sie darauf hin, daß künftig gegen jeden unmittelbaren oder mittelbaren Staatsbeamten, der dem zuwiderhandelt, disziplinarisch eingeschritten wird.

Das Staatsministerium ordnet gleichzeitig an, daß die nachgeordneten Behörden über jeden Fall der Zuwiderhandlung dem zuständigen Fachminister zu berichten haben.

f) «Beamte und radikale Parteien» – Stichwort aus: Preußen 1932

Beamte und radikale Parteien

Die Reichsverfassung hat dem Beamten wie jedem Staatsbürger das Recht gegeben, innerhalb der Schranken der allgemeinen Gesetze seine Meinung, auch auf politischem Gebiet, frei zu äußern, sich politischen Vereinigungen anzuschließen und sich politisch zu betätigen. Dieses Recht findet seine Grenzen für jeden Staatsbürger in den allgemeinen Gesetzen, also insbesondere in den Strafgesetzen. Dem Beamten sind besondere Grenzen gezogen durch die Pflichten, die das Amt ihm auferlegt, in der Treu- und Gehorsamspflicht gegenüber dem Staat. Sie machen es ihm unmöglich, von diesen Rechten einen gleichweiten Gebrauch zu machen, wie es vielleicht einem anderen Staatsbürger gestattet ist, der nicht Beamter ist und deshalb nicht unter dem Zwang der im öffentlichen Interesse unerläßlichen Dienstzucht steht. Das Amt umfaßt die Gesamtpersönlichkeit des Beamten. Er ist nie nur Privatmann; in allen seinen Handlungen, auch außerhalb seines Dienstes, im engsten Wortsinne muß er sich dessen bewußt sein, daß das Amt ihn verpflichtet, auch in der Ausübung seiner staatsbürgerlichen Rechte stets diejenige Mäßigung und Zurückhaltung sich aufzuerlegen, die durch seine Stellung «als Diener der Gesamtheit» und durch das Ansehen seines Amtes bedingt ist. Niemals hat es daher die Preußische Staatsregierung beanstandet, wenn ein Beamter sich einer politischen Partei anschloß oder sich für sie betätigte, selbst wenn die Partei die Änderung der republikanischen Verfassung und die Wiederherstellung der Monarchie zum Ziel hat. Voraussetzung dafür war allerdings, daß der Beamte in seiner politischen Betätigung sich einer ruhigen und sachlichen Kritik befleißigte und sich von böswilligen und gehässigen Beleidigungen und Beschimpfungen Andersdenkender und von der Herabwürdigung und Verächtlichmachung der republikanischen Staatsform, der Farben der Republik oder ihrer Repräsentanten fernhielt. Wenn es sich aber um Organisationen handelt, deren Ziel der gewaltsame Umsturz der bestehenden Staatsform ist, dann verbieten die Pflichten des Beamten ihm jedes Eintreten für eine solche Organisation. Die Kommunistische Partei Deutschlands und die Nationalsozialistische Deutsche Arbeiterpartei sind nach ihrer ganzen Entwicklung und Einstellung solche Organisationen, die mit gewaltsamen Mitteln die republikanische Staatsform ändern wollen. Daher hat auch die Preußische Staatsregierung durch den Beschluß vom 25. 6. 1930 die preußischen unmittelbaren und mittelbaren Staatsbeamten darauf hingewiesen, daß ein Beamter, der an einer dieser Parteien teilnimmt, sich für sie betätigt oder sie sonst unterstützt, dadurch die aus seinem Beamtenverhältnis sich ergebende besondere Treuverpflichtung gegenüber dem Staate verletzt und sich eines Dienstvergehens schuldig macht.

Teil I
Weimar übernahm die monarchistischen Beamten

1. Wilhelm Hoegner
Staatsbürokratie – ein Fremdkörper der Republik

Die Bürokratie zu Beginn des Weimarer Staates

Die hohe Staatsbürokratie, insbesondere auch die Justizbürokratie, die in den Staat von Weimar unbesehen und ungesiebt übernommen wurde, war im Grunde ein Fremdkörper im demokratischen Staat. Ihre Vertreter hingen zum größten Teil den Idealen an, die mit dem Zusammenbruch der kaiserlichen Macht im November 1918 im Staat außer Geltung gekommen schienen: wirtschaftliche und politische Vorherrschaft der besitzenden Klassen. Obrigkeitsstaat und militärischer Machtstaat. Die Justizbürokratie in Deutschland, der die Ausübung der Rechtspflege übertragen war, entstammte fast ausschließlich dem Bürgertum. Aus der Arbeiterschaft, dem Kleinbauerntum und der unteren Beamtenschaft hatten sich nur wenige in ihre Kreise verirrt, und auch diese waren durch Erziehung, Heirat und gesellschaftliche Beziehungen in die Anschauungen ihrer Umgebung hineingewachsen. Das Bürgertum war aber durch die Revolution und nach ihr durch die Politik der Gewerkschaften und der Sozialdemokratie in seinen Vorrechten und Einkünften bedroht. Es nahm dagegen von Anfang an eine entschiedene Abwehrstellung ein. Unter der Gunst der Zeitverhältnisse, als die Zerreißung der Arbeiterschaft in verschiedene Parteien die Gewerkschaften und die Sozialdemokratie immer mehr um wirtschaftlichen und politischen Einfluß brachte, ging es zum Gegenangriff über, um die alte Vorherrschaft des Besitz- und Bildungsbürgertums in Staat und Wirtschaft wiederherzustellen.

Diesen Weg aus der gepanzerten Abwehr zum rücksichtslosen Angriff ist die Justizbürokratie teils bewußt, teils unbewußt mitgegangen. Der Massendemokratie stand sie bei der dem gebildeten Menschen häufig eigenen Überheblichkeit ohnehin ablehnend gegenüber. Sie verachtete die große Menge, glaubte nicht an die Befähigung eines aus der Volksschule hervorgegangenen Arbeiterführers zum Ministeramt und noch weniger an die Ersprießlichkeit der Parlamentsherrschaft für Volk und Staat. Ihr staatspolitisches Streben erschöpfte sich häufig darin, an die wohlerworbenen Rechte der Beamtenschaft und vor allem des Richtertums, wie sie großzügig in der Verfassung gesichert waren, nicht rühren zu lassen.

In der Justiz vorwiegend Deutschnationale

Überdies war ein Teil der höheren Justizbürokratie streng monarchistisch gesinnt und glaubte an die Wiederkehr des Kaisertums. Der Zwangsläufigkeit der neuen Außenpolitik stand die Justizbürokratie verständnislos gegenüber. Ein großer Teil der höheren Justizbeamten hatte dem Offizierskorps angehört. In ihnen wirkte die Erinnerung nach, daß Zugehörigkeit zur Sozialdemokratie oder die Billigung ihrer Forderungen ehemals den Ausschluß aus dem Offizierskorps und den Standesvereinen nach sich gezogen hatte. Sie sahen deshalb in den Sozialdemokraten vaterlandslose Gesellen, glaubten an die Dolchstoßlüge und erblickten in der schlimmen außenpolitischen Lage Deutschlands in der Nachkriegszeit nicht das Ergebnis des Kriegsverlustes, sondern der Verantwortungslosigkeit, wenn nicht gar der Verräterei der regierenden Männer.

So war das politische Bekenntnis des übergroßen Teiles der Justizbürokratie im Norden, wie im Süden des Reiches deutschnational. Im Rheinland hatte auch das Zentrum eine stärkere Anhängerschaft, Demokraten oder gar Sozialdemokraten waren eine Seltenheit. Der Nachwuchs, der von den Universitäten kam, gehörte überwiegend der völkischen Richtung an. Er setzte bei der innigen Beziehung zwischen den alten Herren und der Jugend in den Studentenkorps und Burschenschaften seine gegenrevolutionären Anschauungen in immer weiteren Kreisen der Justizbürokratie ab. So war es schließlich kein Wunder, daß in der Rechtsprechung der demokratischen Republik häufig nicht der Mund der Volksmehrheit, sondern einer verfassungsfeindlichen Minderheit sprach. Über die Pflicht zur Amtsausübung nach dem Willen des Gesetzes und der Volksmehrheit im Geiste der neuen Rechts- und Staatsordnung siegte oft die persönliche Einstellung, die auch bei starkem Pflichtbewußtsein nicht immer zu überwinden war. Liebe und Haß sind die stärksten Triebkräfte menschlicher Handlungen, und die Befreiung von ihnen geht über der meisten Kraft. Das gilt besonders auch in politischen Dingen.

So konnten sich die Justizorgane bei der Rechtsausübung nicht immer über ihre politische Wertung und ihren politischen Willen erheben. Sie brachten nicht das Gerechtigkeitsgefühl auf, um ihre persönliche Einstellung auszuschalten. Der Beweis, daß von der deutschen Justiz in der Zeit der demokratischen Republik je nach der politischen Einstellung des amtenden Justizorgans nach rechts und links vielfach mit verschiedenem

Maße gemessen wurde, ist lückenlos erbracht. Politische Fehlurteile stiften mehr Schaden, als Dutzende richtiger Urteile wiedergutmachen können. Vielfach wuchsen sich die Urteile in politischen Dingen zur Bestrafung einer Gesinnung aus. Vielfach wurde die Justiz zu politischen Zwecken, zur Verächtlichmachung des Staates und seiner Organe, zur Ermunterung und Stärkung seiner Gegner mißbraucht.

Bolschewistenschreck und antiparlamentarisches Denken

Die politische Justiz der Nachkriegszeit trat bald stärker, bald schwächer hervor. Am stärksten wurde sie in politisch bewegten Zeiten bemerkt. Sie folgte den Schwankungen der Politik und den Stimmungen der politischen Kreise, denen die Justizbürokratie mit ihren Anschauungen am nächsten stand. Demgemäß zeigte die Justiz in der ersten Zeit nach der Revolution das Bestreben, sich auf den Boden der Tatsachen zu stellen und den Erfordernissen der Neuzeit sich nicht zu verschließen. Durch die Erlebnisse der Räte- und Spartakistenwirtschaft verfiel sie dem Bolschewistenschreck, von dem sie sich nicht mehr erholte. Unter dem Einfluß der antibolschewistischen Literatur und Presse blieb ihr die kommunistische Gedankenwelt verabscheuens- und hassenswert, in die sie sich nicht hineinversetzen konnte und wollte, für deren Anhänger es keinen menschlich anständigen Beweggrund, sondern nur verbrecherische Instikte gab, die man mit allen Mitteln unterdrücken und austilgen mußte.

Mit dem Erstarken der antimarxistischen und nationalistischen Welle in den Jahren 1920 bis 1924 kam die Justizbürokratie in ein ausgesprochen feindseliges Verhältnis zur parlamentarischen Demokratie. Die schlimmsten Verstöße der politischen Justiz fallen in diese Zeit. Unter der Herrschaft der bürgerlichen Mitte und während der Annäherung der Deutschnationalen an den Staat von Weimar ebbte der Widerstand langsam ab. Als dann die Deutschnationalen ihren erbitterten Kampf um Preußen begannen und die nationalsozialistische Bewegung ihren zweiten großen Aufstieg erlebte, geriet die Justiz wieder vielfach ins politische Fahrwasser und stellte sich abermals in Gegnerschaft zur parlamentarischen Demokratie. Doch wurde diese Erscheinung, namentlich in den süddeutschen Ländern, nicht mehr so allgemein, wie sie um 1923/24 gewesen war. Die konservative Grundeinstellung der Justizbürokratie, die Abneigung gegen Erschütterungen des Staatsgefüges, die immer auch Recht und Gesetz in Mitleidenschaft ziehen, behielt auch jetzt wieder die Oberhand. So waren es nur wenige, die aus politischer Leidenschaft oder aus der Gier des Speckjägers heraus den Sieg der nationalsozialistischen Bewegung über den bürgerlichen Rechtsstaat von Weimar begrüßten ...

Bayern gegen das Republikschutzgesetz

Nach dem Rathenau-Mord kam es dann auch wieder zu dem unvermeidlichen Kampf mit dem Reich. Gegen die Verordnung zum Schutze der Republik wandte sich Bayern sofort aufs schärfste mit der Behauptung, daß in die Rechte der Länder eingegriffen sei. Während das übrige Deutschland vor Wut und Empörung über die Freveltat aufschrie, verschanzte sich Bayern hinter spitzfindigen Fragen der Zuständigkeit.

Am 24. Juli stülpte es seinen zahlreichen Rechtsverletzungen durch eine in der Verfassungsgeschichte einzig dastehende Tat die Krone auf. Das neue Republikschutzgesetz wurde mit der Begründung, daß es in Bayern die öffentliche Sicherheit und Ordnung störe, durch eine bayerische Verordnung einfach außer Kraft gesetzt. Der verfassungsrechtliche Grundsatz, daß Reichsrecht dem Landesrecht vorgeht, war damit für Bayern ins Gegenteil verkehrt. Gegenüber den Vorschriften des neuen Gesetzes berief sich Bayern auf die Weimarer Verfassung, obwohl das Republikschutzgesetz mit verfassungsändernder Mehrheit beschlossen worden war. Den bayerischen Demokraten wurde diese Haltung der Landtagsmehrheit nun doch zu bunt. Sie schieden aus der Regierung aus. Dafür sprangen abermals die Deutschnationalen ein, zum Justizminister wurde ihr gewiegtester und weitherzigster Mann, der Oberregierungsrat Gürtner, ernannt. Die Reichsregierung erklärte am 26. Juli die Bayerische Verordnung gegen das Republikschutzgesetz für verfassungswidrig und nichtig.

Am 28. Juli drohte der Reichspräsident in einem Schreiben an den bayerischen Ministerpräsidenten die Reichsexekutive an. Graf Lerchenfeld erklärte sich am 3. August zu den angebotenen Verhandlungen bereit. Er stellte sich zunächst auf den nach der Weimarer Verfassung unhaltbaren Standpunkt, daß die Hoheitsrechte der Länder ohne ihre Zustimmung nicht eingeschränkt werden dürften. Die Verhandlungen fanden vom 9. bis 11. August unter dem Vorsitz des Reichspräsidenten statt. Die bayerische Regierung erklärte sich schließlich bereit, ihre Notverordnung gegen das Republikschutzgesetz zurückzunehmen, dafür sollte in den Ausführungsbestimmungen zum Republikschutzgesetz die Zuständigkeit der örtlichen bayerischen Behörden möglichst geschont und in Zukunft die Zuständigkeit des Reiches auf Kosten der Länder nicht mehr ausgedehnt werden. Aber die bayerischen Regierungsparteien lehnten am 17. August die Vereinbarung ab. Nun fanden unter Beteiligung des neuen deutschnationalen Justizministers abermals Verhandlungen in Berlin statt. Das Reich gestand noch die Errichtung eines eigenen bayerischen Senats beim Staatsgerichtshof zum Schutz der Republik, die eines besonderen bayerischen Referats beim Oberreichsanwalt in Leipzig sowie die Mitwirkung der bayerischen Staatsanwälte bei

Überweisungen von Strafsachen an den Staatsgerichtshof zu. Dieses Abkommen wurde schließlich vom Bayerischen Landtag genehmigt, die bayerische Notverordnung außer Kraft gesetzt.

2. Wolfgang Runge
Die alte Oberklasse – die neue Beamtenschaft

Die Beamtenauslese im monarchischen Preußen

Die innere Homogenität der höheren Beamtenschaft im monarchischen Staat ergab sich aus einer Praxis der Auslese und Beförderung, die nach den Worten Friedrich Meineckes «einen Stich ins unangenehm Oligarchische» hatte.[1] Während die Justizbehörden in den Vorbereitungsdienst für die Richterlaufbahn jeden Bewerber annahmen, der die Erste Staatsprüfung abgelegt hatte und als Gerichtsreferendar seinen «standesgemäßen Unterhalt» selbst bestreiten konnte, lag die Annahme der Regierungsreferendare im freien Ermessen der Regierungspräsidenten. Für diese waren Gesichtspunkte maßgebend, wie sie dem hohen gesellschaftlichen Ansehen des preußischen Verwaltungsdienstes entsprachen. Der Beamte rangierte in der Pyramide des sozialen Prestiges unmittelbar nach dem Offizier und hielt seinen Beruf daher für etwas «ungleich Feineres» als den des Richters.[2] Unter diesem Aspekt kamen in erster Linie die Angehörigen des alten und neuen Adels und der bürgerlichen Oberschicht in Betracht. Söhne von Offizieren, Grundbesitzern, höheren Beamten aller Kategorien und Angehörigen anderer akademischer Berufe stellten den Hauptanteil des Nachwuchses. Der starke Zudrang aus diesen Familien, in denen nicht selten eine über mehrere Generationen zurückreichende Tradition des Staatsdienstes bestand, wurde in der Verwaltung gerne gesehen, da von derartigen Bewerbern eine raschere Anpassung an das Dienstethos und die Verhaltensformen des höheren Beamten erwartet werden konnte als von Kandidaten aus anderen Bevölkerungsschichten. In der Wilhelminischen Zeit drängten in wachsender Zahl auch Söhne von Kaufleuten und Unternehmern in die Beamtenlaufbahn.

Die soziale Herkunft des Verwaltungsnachwuchses läßt sich an den folgenden Zahlen ablesen. Von den Regierungsreferendaren waren adelig:[3]

	1893:	40,4 %	1906:	46,7 %
	1900:	44,6 %	1913:	55,5 %

Unter den Regierungsassessoren entstammten aus Familien von:

	1899–1901	1911
Offizieren, höheren Beamten, Landwirten	70 %	69,1 %
Handels- und Gewerbetreibenden	15 %	18,2 %

Freien akademischen Berufen, Geistlichen, Lehrern und mittleren Beamten	15 %	12,2 %

Bei der Auswahl innerhalb dieses Herkunftskreises spielte die Mitgliedschaft in einem studentischen Korps und das Reserveoffizierspatent eine gewichtige aus vielen Quellen bezeugte Rolle. Beides empfahl den Bewerber als einen Mann, der die gesellschaftlichen Umgangsformen beherrschte und sich in Denkweise und Auftreten am sozialen Leitbild des Offiziers orientierte. Ein Kandidat, der weder adelig oder Beamter- bzw. Offizierssohn, noch Korpsstudent oder Reserveoffizier war, konnte, soweit er nicht über persönliche «Konnexionen» verfügte, kaum erwarten, als Regierungsreferendar angenommen zu werden.[4] So garantierte die Beamtenauslese ein hohes Maß an sozialer Exklusivität, sicherte den Behördenchefs «dienstlich wertvolle Verbindungen» zu den maßgebenden Persönlichkeiten des Bezirks und stärkte damit zugleich die Autorität der Verwaltung.[5]

Auch die Aufstiegschancen der Beamten wurden von den erwähnten Selektionsmerkmalen bestimmt. Während die reinen Arbeitsposten in den Ministerien, Oberpräsidien und Bezierksregierungen 1910 zu über 80 % mit bürgerlichen Beamten besetzt waren, kamen:[6]

92 % der Oberpräsidenten
64 % der Regierungspräsidenten
50 % der Oberpräsidialräte
68 % der Polizeipräsidenten
57 % der Landräte

aus Familien des alten und neuen Adels. Die Zahl der Adeligen wuchs also proportional zur Höhe der Stellung. Ähnliches galt für die Offiziers-, Beamten- und Grundbesitzerssöhne. Sie stellten 1910:

100 % der Oberpräsidenten
83 % der Regierungspräsidenten
75 % der Oberpräsidialräte
74 % der Polizeipräsidenten
89 % der Landräte

Hält man sich vor Augen, daß die Regierungsreferendare und Assessoren nur zu höchstens 55 % adelig waren und zu 70 % aus den erwähnten Berufskreisen stammten, so wird deutlich, daß innerhalb der Beamtenlaufbahn noch einmal eine Auslese zugunsten dieser Sozialgruppen stattfand. Wie aus einigen Ernennungsvorschlägen hervorgeht, galten die «hervorragende Verwaltungstraditionen» innerhalb einer Familie, selbst wenn sie nur durch die Ehe mit der Tochter eines höheren Beamten hergestellt war,[7] die Tatsache, daß bereits der Vater oder Großvater ein Landratsamt verwaltet hatte,[8] die Vertrautheit mit ländlichen Verhältnissen durch Geburt auf dem Lande oder durch eigenen Grundbesitz[9] als Umstände, die einen Regierungsassessor für einen Landratsposten empfahlen. Ähnliche Gesichtspunkte scheinen bei der Auswahl der Regierungspräsidenten und Oberpräsidenten mitgespielt zu haben. Da die Pflege der Beziehungen zur gesellschaftlichen Oberschicht ihres Verwaltungsbereiches (Offizierkorps, Richter, Grundbesitzer, Fabrikanten, leitende Beamte der Kommunal- und Provinzialselbstverwaltung usw.) zu ihren dienstlichen Pflichten gehörte, war es nur folgerichtig, wenn man sie den gleichen Bevölkerungskreisen entnahm. Dabei ergaben sich einige regionale Verschiedenheiten. So hatte etwa die Rheinprovinz 1918 eine höhere Zahl bürgerlicher Beamter aus Kaufmanns- und Industriellenfamilien aufzuweisen (den Oberpräsidialrat, 2 von 5 Regierungspräsidenten und 13 der 55 Landräte) als andere, stärker agrarisch bestimmte Provinzen, zum Beispiel Hessen-Nassau, wo kein leitender politischer Beamter und nur 5 der 37 Landräte bürgerlich geboren waren. Daß die enge Verflechtung mit der Oberschicht die Behörden den übrigen Bevölkerungskreisen entfremdete und zum Teil, wenn etwa ein Landrat die mit ihm verwandten oder eng befreundeten Großgrundbesitzer zur Einkommensteuer zu veranlagen hatte, sogar Zweifel an ihrer Unparteilichkeit aufkommen ließ, wurde von Spitzenkräften der Verwaltung wie dem Reichskanzler und letzten königlichen Oberpräsidenten von Pommern, Michaelis,[10] und dem letzten Innenminister der Monarchie, Drews,[11] schon vor dem Zusammenbruch klar erkannt. Bis zum 9. November 1918 blieben diese Verhältnisse jedoch fast unverändert bestehen.

Auch in konfessioneller Hinsicht bot die Auslese der höheren Beamten Anlaß zur Kritik. Seit Preußen durch den Wiener Kongreß große Gebiete mit vorwiegend katholischer Bevölkerung hinzugewonnen hatte, war der Ruf nach paritätischer Besetzung der Verwaltungsämter nicht mehr verstummt. In Westfalen und im Rheinland verband sich das konfessionelle Anliegen mit dem Wunsche, daß auf die leitenden Posten dieser Provinzen mehr Einheimische berufen werden sollten, da die Altpreußen durch ihr herrisches Auftreten und ihr geringes Verständnis für regionale Besonderheiten wenig Vertrauen erweckten.[12] Aber diese Stimmen fanden kaum Gehör. In den Jahrzehnten des Vormärz scheint die Regierung nur die Protestanten in den neuerworbenen Landesteilen preußischer Gesinnung für fähig gehalten zu haben. Die Gegensätze zwischen dem preußischen Staat und der katholischen Kirche, die mit den sogenannten Kölner Wirren und dem Kulturkampf zum offenen Zusammenstoß führten, hielten das beiderseitige Mißtrauen lebendig. Noch in den beiden Jahrzehnten vor dem 1. Weltkrieg, als der Kulturkampf längst einer Politik der Zusammenarbeit zwischen der Reichsleitung und der Zentrumspartei Platz gemacht hatte und der Gegensatz zwischen den altpreußischen Provinzen und dem industrialisierten Westen an Schärfe zu verlieren begann, wies die Beamtenschaft eine im Verhältnis zum Bevölkerungsanteil auffallend geringe Zahl von Katholiken auf. Unter den 15319 höheren Beamten aller preußischen Verwaltungszweige befanden sich im Jahre 1912 12438 Protestanten und 2881 Katholiken. Der evangelische Bevölkerungsteil von 61,8 % stellte damit 78,5 %, der katholische von 36,3 % nur 18,4 % der höheren Beamten. Noch stärker war die «imparitätische» Stellenbesetzung im Bereich des Innenministeriums zu spüren. Von den 1945 höheren Beamten dieses Ressorts waren 1904 nur 211 (10,8 %) katholisch. Das evangelische Übergewicht zeigte sich schon in den Nachwuchsstellen.[13]

	Regierungs-referendare	katholisch	Regierungs-assessoren	katholisch
1896	252	31 (12,03 %)	600	53 (9 %)
1904	249	34 (16,6 %)	434	33 (7 %)

Von den politischen Verwaltungsposten in der Provinz entfielen auf Katholiken:[14]

	Insgesamt	Ober-präsidenten	Regierungs-präsidenten	Landräte
1904	75 (14 %)	–	7 (20 %)	68 (14 %)
1910	71 (13,3 %)	1 (8 %)	4 (11 %)	66 (13,7 %)
1916	81 (14,7 %)	1 (8 %)	3 (8 %)	72 (15 %)

Die konfessionelle Imparität läßt sich am besten in der Besetzung der Landratsstellen nachweisen. 1912 gab es 315 Landkreise mit evangelischer Bevölkerungsmehrheit, dagegen 420 evangelische Landräte sowie 172 Kreise mit katholischer Mehrheit, also nur 64 katholische Landräte. 108 Kreise mit überwiegend katholischer Bevölkerung wurden damit von evangelischen Beamten verwaltet. Etwas günstiger sah es in den Westprovinzen aus. Von den 21 katholischen Landkreisen Westfalens waren 16, von den 51 katholischen Kreisen der Rheinprovinz 35 paritätisch besetzt. Die überwiegende Mehrzahl der katholischen Beamten war in diesen beiden Provinzen konzentriert, an deren Spitze zeitweilig auch katholische Oberpräsidenten berufen wurden. In den übrigen Provinzen machten die katholischen Beamten eine verschwindende Minderheit aus: So hatte Westpreußen 16 katholische Kreise und keinen katholischen Landrat, Posen 35 katholische Kreise und 2 katholische Landräte, Hannover 7 katholische Kreise und 3 katholische Landräte, Schlesien 24 katholische Kreise und 3 katholische Landräte und Hessen-Nassau 8 katholische Kreise und keinen katholischen Landrat. Der umgekehrte Fall, daß katholische Beamte in überwiegend evangelische Verwaltungsbezirke entsandt wurden, trat fast niemals ein.[15]

Ob die relativ geringe Zahl von Katholiken auf leitenden Beamtenposten darüber hinaus das Ergebnis bewußter oder unbewußter Zurücksetzung in den Beförderungsvorschlägen war, läßt sich nicht mit Sicherheit feststellen. Dem Unterstaatssekretär und späteren Innenminister Drews fiel es 1916 jedoch auf, daß die Befähigungsberichte der Regierungspräsidenten nur eine «äußerst geringe» Zahl von Beamten katholischen Bekenntnisses anführten, die für Landratsstellen oder höhere Ämter in

Betracht kamen. Da die Staatsregierung während des Krieges den Paritätswünschen des Zentrums stärker als bisher entgegenkommen wollte, forderte Drews die Präsidenten auf, in ihren Bezirken nochmals Ausschau nach geeigneten Kräften zu halten und Anträgen katholischer Gerichtsreferendare auf Zulassung zur Verwaltungslaufbahn «nach Möglichkeit» zu entsprechen.[16]

Die soziale Exklusivität des Beamtenkörpers bewirkte eine weitgehende politische Homogenität. Das Gros des Nachwuchses kam aus Familien, die zumindest seit dem Ende der siebziger Jahre des 19. Jahrhunderts konservativ wählten.[17] So hatten die meisten Referendare «einen Tropfen konservativen Blutes» mitbekommen. Die Erziehung im Korps, der Militärdienst und die enge Berührung mit den Problemen der Landwirtschaft, in die namentlich die Landräte kamen, trugen dazu bei, diese Tendenzen zu verstärken.[18] Der deutschnationale Parteiführer Graf Westarp bekennt, er sei als Landrat «aus der praktischen Arbeit in den ländlichen Verhältnissen des Ostens, ... ohne selbst Besitzer zu sein, zum Argrar- und Mittelstandspolitiker geworden».[19] Auch Beamte aus liberalen Familien gaben sich häufig als besonders eifrige Konservative, um ihre Herkunft «möglichst vergessen zu machen».[20]

Kontinuität und Wechsel nach der «Staatsumwälzung»

a) Die Haltung der Beamten nach dem Zusammenbruch der Monarchie
In den Tagen nach dem 9. November 1918 stellten sich fast alle Landräte, Regierungspräsidenten und Oberpräsidenten dem Rat der Volksbeauftragten zur Verfügung. Sie bemühten sich, wie Oberpräsident Prinz von Ratibor (Münster) nach Berlin drahtete, gemeinsam mit den Beauftragten der Arbeiterräte um die «Aufrechterhaltung von Ruhe und Ordnung und die Sicherstellung der Ernährung».[21] Oberpräsident Michaelis hatte sich, noch bevor eine Abordnung des Stettiner Arbeiterrates bei ihm erschien, mit den Leitern der Provinzialbehörden dahin verständigt, «im Interesse der Provinz» so lange auf ihren Posten zu bleiben, als die neuen Machthaber keine Forderungen stellten, die gegen die Ehre gingen. Eine kollektive Dienstverweigerung scheint nirgends erwogen, geschweige denn geübt worden zu sein.[22] Regierungspräsident Kruse (Düsseldorf) erklärte am 13. November in einer Plenarsitzung seiner Behörde, man müsse versuchen, solange als möglich auszuhalten. So schmerzlich der Zusammenbruch der Monarchie sie auch traf – Kruse brachte am Schluß der Besprechung ein Hoch auf den Kaiser und König aus[23] –, so hielten sie es doch für ihre Pflicht, «das schwere Opfer zu bringen, sich den neuen Verhältnissen zu fügen und zu versuchen, der armen, geängstigten Bevölkerung zu dienen». Es entsprach auch dem Willen des Monarchen, wenn die Beamten, die am 29. November ihres Treueides formell ent-

bunden wurden, unter den «Inhabern der tatsächlichen Gewalt» ihre Tätigkeit fortsetzten.[24]

Bis zum Frühjahr 1921 erbaten von den 125 Landräten der drei Westprovinzen 14 (11,2 %) wegen der «Umgestaltung des Staatswesens» ihren Abschied. Dieser Prozentsatz entsprach etwa dem preußischen Gesamtdurchschnitt von 10,5 % (166) der Beamten der inneren Verwaltung, lag aber weit niedriger als in den Ostprovinzen, wo 19,4 % aller Landräte den Dienst quittierten.[25] Da viele Landräte ihr Entlassungsgesuch erst Mitte oder Ende 1920 einreichten, zog sich ihr Abgang zum Teil bis zum Frühjahr 1921 hinaus. Zu diesen 14 Landräten kamen in den Westprovinzen 16 weitere, die wegen Krankheit oder hohem Alter den Abschied nahmen oder auf ihr Landgut zurückkehrten. Auch hier mögen in einigen Fällen politische Motive den Ausschlag gegeben haben.

Von zahlreichen der im Amte Verbleibenden wissen wir, daß sie Anhänger der Monarchie waren. Welche Motive sie zum Ausharren veranlaßten, können wir aus einigen Quellen erschließen, in denen Beamte diesen Entschluß begründeten.

Magnus Frh. von Braun, der uns als Personalreferent im Innenministerium bereits begegnet ist, berichtet, ihm als «altem Monarchisten» sei es «bitter sauer» geworden, «Seite an Seite mit Menschen zu arbeiten, die bisher auf der anderen Seite des Grabens gestanden hatten». Niemals aber habe ihn das Gefühl verlassen, «daß über der Staatsform etwas Höheres steht: der Staat selbst».[26] An anderer Stelle schreibt er, viele Beamte hätten ihn 1919 gefragt, «ob es nicht richtiger sei, . . . die Ämter zu verlassen und das neue Regime dadurch sehr bald zu Bruch gehen zu lassen». Er habe dies stets abgelehnt, denn: «Die große Mehrzahl der Familien hätte materiell vor einem Nichts gestanden, . . . die Regierung wäre sofort mit allen Mitteln eingeschritten. Und wenn schon die oberen Beamten weggehen, die unteren würden bleiben, und die oberen Stellen würden mit irgendwelchen Nichtskönnern besetzt werden. Will man das Chaos und glaubt man, am Ende würde die alte Führerschicht wieder ans Ruder kommen? Ich habe dies für ausgeschlossen gehalten.»[27]

Der Plöner Landrat Kiepert schreibt, er habe «viel darüber nachgedacht, ob es richtig sei, unter der roten Regierung Dienst zu tun». Er sei aus der Erwägung heraus im Amte geblieben, «daß die alten Beamten immer noch viel Unheil verhüten, für gesunde Finanzen sorgen und in der Personalpolitik (d. h. bei der Auswahl der Amts- und Gemeindevorsteher, d. Vf.) für altpreußische Grundsätze sorgen konnten. Auch war eine stetige Verwaltung den Kreisen sicher viel nützlicher als das fortgesetzte Wechseln des Leiters».[28] Landrat von Borries (Lübbecke) fand es ungeachtet seiner konservativen und königstreuen Gesinnung «einfach selbstverständlich», als «Staatsdiener» auf seinem Platz zu bleiben, solange man ihn brauchte. Auch er berief sich auf das Interesse des ihm anvertrauten Kreises, das geboten habe, die Verwaltung als langjährig vorgebildeter und geschulter Beamter weiterzuführen und jedenfalls von sich aus nichts dazu beizutragen, daß an seine Stelle ein «einseitig eingestellter Parteimann» kam.[29] Landrat Lucas (Solingen) erläutert seinen Entschluß, von der Möglichkeit einer vorzeitigen Pensionierung keinen Gebrauch zu machen, mit den Worten: «Ein Anhänger der damaligen Regierung war ich nicht. Ich tat meine Pflicht und nahm das Staatsinteresse, wie ich es auffaßte, überall mit vollem Eifer wahr.» Er bereute es später nicht, daß er in der «höchst unerfreulichen» Zeit bis 1921 allen Rücktrittsforderungen der Linksmehrheit seines Kreises getrotzt hatte, denn er rechnete die folgenden sechs Jahre zu den erfolgreichsten seiner Verwaltungstätigkeit.[20] Regierungspräsident von Campe (Minden) betonte 1920 in einem Abschiedsgruß an seine Behörde, sein Amt sei ihm «unter dem Druck der Erniedrigung» längst zur Bürde geworden. Er habe den Sinn seines Wirkens aber darin gesehen, dem Bezirk «Ruhe und Ordnung, Arbeit und Fortschritt zu sichern, ihm das Gefühl zu geben, daß wir doch in einem Rechtsstaate leben».[31]

In diesen Zeugnissen offenbart sich jenes eigentümlich gespaltene Pflichtverständnis, dem wir unter den Beamten der Republik immer wieder begegnen werden. Es gab wenig, was diese Männer innerlich mit dem politischen System verband, in dessen Dienst sie standen. Persönlich dem monarchischen Gedanken verhaftet, betrachteten sie sich weder als Vertrauensleute der Regierung, noch als Beamte der Republik, sondern als Diener des «Staates», der «über der Staatsform» stand. Diese Trennung von «Staatswesen» und Verfassungssystem spielte als Rechtfertigungsmoment eine wesentliche Rolle. Bereits im November 1918 hatte Johannes Popitz, damals Regierungsrat im Reichsschatzamt, aus den Verordnungen des Rates der Volksbeauftragten und des preußischen Kabinetts den Schluß gezogen, daß die Beseitigung der Monarchie «das Wesen des Beamtenverhältnisses» nicht berührt habe, denn der Staat bestehe weiter und ihm, nicht der Person des Monarchen, habe der Dienst auch bisher gegolten. Der Monarch sei nur als Symbol des Staates der Adressat des Beamteneides gewesen.[32]

Wenn demnach Staat und Staatsform nicht identisch waren, dann brauchten sich «Staatstreue» und «Staatsgefühl» nicht auf die demokratische Republik oder das parlamentarische Regierungssystem zu beziehen, sondern auf jene Institutionen und Werte, die über den 9. November hinweg fortgalten, d. h. in erster Linie die überkommene Rechtsordnung und Behördenverfassung. Staat und Staatsapparat wurden damit gleichgesetzt und die Beamten, die ihn aufrechterhielten, verstanden sich insoweit als Garanten seiner Kontinuität. Eben diese Kontinuität mußte in Frage gestellt werden, wenn sie abtraten. So rangen sie sich zu einer Einstellung durch, die Oberpräsident Gronowski (Westfalen) im Blick auf einen ehemals königlichen Landrat mit den folgenden Worten charakterisierte: «Tue deine Pflicht aus Liebe zum Volk, zum Lande, zu deinen Stammesgenossen. Nicht auf die Staatsform, sondern auf Staatsordnung, Ruhe und Sicherheit im Lande kommt es jetzt an.»[33]

Aber ein Verbleiben im Dienste schien auch aus anderen Erwägungen geboten. Mußte der Beamte die neue Staatsform und eine sozialdemokratisch geführte Regierung auch hinnehmen, so konnte er doch in seinem eigenen Verwaltungsbezirk «viel Unheil verhüten».[34] Insoweit war es also auch politisch sinnvoll, wenn man im Amte blieb und die Machtmittel der Verwaltung nicht den Linksparteien auslieferte. Dies galt um so mehr, als die Bewohner agrarisch bestimmter Kreise häufig alles unternahmen, um ihre konservativen Landräte zu halten. Lagen derartige Vertrauensbeweise vor, so bestand für sie erst recht kein Grund zur Preisgabe ihrer Stellung. Daneben darf die persönliche Bindung der Beamten an ihren Aufgabenbereich nicht unterschätzt werden. Hatten die politischen Verwaltungsposten durch den Fortfall des Prädikats «königlich» auch an äußerem Glanz verloren, die mit ihnen verbundenen Aufgaben und Möglichkeiten zu selbständigem Handeln bestanden weiter. Gerade bei den Landräten, deren Mehrzahl sich seit Beginn ihrer Laufbahn gewünscht hatte, an der Spitze eines Landkreises zu stehen und die ihr Amt vielfach als Lebensaufgabe betrachteten,[35] wog die Anhänglichkeit an den Beruf schwerer als das Gewissensbedenken, ob man der Republik dienen und den Eid auf die neue Verfassung leisten dürfe. Dabei befanden sich gerade die Kreisverwalter in einer wenig beneidenswerten Lage. Als verantwortliche Instanzen für die Ablieferung der Agrarprodukte standen sie häufig vor der Alternative, sich entweder die uneinsichtigen Teile der Landbevölkerung zu Feinden zu machen oder aber durch schonende Behandlung der Landwirte sich dem Vorwurf einer Sabotage der Volksernährung auszusetzen. Auch die Überwachung ihrer Verwaltungsakte durch Vertreter der Arbeiterräte konnte selbstbewußten und an selbständiges Handeln gewöhnten Männern die Freude an ihrer Arbeit verderben. Aber sie ertrugen lieber alle Unannehmlichkeiten, als die ihnen vertraut gewordene Tätigkeit aufzugeben – die Ankündigung des Oberpräsidenten von Batocki, die meisten Landräte der Provinz Ostpreußen würden wahrscheinlich den Abschied nehmen, da sie eine Fortsetzung der Zwangsmaßnahmen gegen die Landwirte nicht mehr für vertretbar hielten,[36] erfüllte sich nicht. Wahrscheinlich wäre die personelle Kontinuität von der Monarchie zur Republik noch größer gewesen, hätte nicht mancher Landrat dem Druck des Arbeiterrates oder der Linksmehrheit des neugewählten Kreistages nachgeben müssen und mancher Regierungs- und Oberpräsident auf einen Wink der Regierung hin seinen Abschied eingereicht. Nicht selten brachten die Betroffenen zum Ausdruck, daß sie sich nur «schweren Herzens» von ihrem Wirkungskreis trennten.[37]

Für den Verbleib im Staatsdienst sprachen nicht zuletzt wirtschaftliche Erwägungen. Obwohl bis 1914 zu Landräten oder Regierungspräsidenten bevorzugt «Herren mit größerem Kapitalvermögen» ernannt worden waren, die für die repräsentativen Verpflichtungen ihres Amtes auf eigene Mittel zurückgreifen konnten, da die Gehälter den dienstlichen Aufwand nicht deckten,[38] so war doch die Mehrzahl der politischen Beamten nicht vermögend genug, um auf ihr Diensteinkommen zu verzichten. Einzelfälle deuten darauf hin, daß eine Reihe von Landräten ihr Barvermögen in Kriegsanleihen angelegt hatte, die auch vor ihrer restlosen Entwertung durch die Inflation als Existenzsicherung kaum in Frage kamen.[39] Nur eine Minderheit besaß eigenen Grund und Boden: unter den 37 westfälischen Landräten befanden sich 1918 12 Gutsbesitzer.[40] In den übrigen Provinzen dürfte die Verbindung von Staatsamt und Grundbesitz nicht häufiger gewesen sein. So waren die meisten Beamten zur Bestreitung ihres Lebensunterhaltes auf ihre Diensteinkünfte angewiesen. Zwar garantierte die Verordnung vom 26. Februar 1919 allen, die ausscheiden wollten, ein lebenslängliches Ruhegehalt, aber dieses erreichte höchstens 75 % ihrer bisherigen, bereits als knapp empfundenen Bezüge. Nicht allen bot sich die Möglichkeit, ihre Verwaltungskenntnisse in der Privatwirtschaft, der Selbstverwaltung, bei Landwirtschaftskammern oder Interessenverbänden zu verwerten.[41] In der Regel blieb daher nur die Wahl zwischen dem bisherigen Beruf oder dem vorzeitigen Ruhestand, der mit einem Verlust von 25 % der Einkünfte verbunden war.[42]

Trotz dieser Zwangslage gerieten manche in einen inneren Konflikt, als sie mit der Forderung konfrontiert wurden, ihre Dienstbereitschaft durch den Eid auf die Weimarer Verfassung zu bekräftigen. Obwohl sie von ihrem früheren Treueid auf den Monarchen ausdrücklich entbunden worden waren,[43] drängte sich doch die Frage auf, ob sie der neuen Verfassung Treue schwören durften, nachdem sie jahrelang dem monarchischen Staate gedient hatten. Über dieses Problem kam es im September 1919 in der «Kreuzzeitung» zu einer Diskussion zweier konservativer Beamter, die beide wegen der «Umwälzung des Staatswesens» den Abschied genommen hatten. Die Argumente beider Männer dürften auf die Leser der Kreuzzeitung, zu denen gerade ein großer Teil der höheren Beamten zählte, nicht ohne Eindruck geblieben sein, so daß wir sie an dieser Stelle wiedergeben wollen.

Der frühere Oberpräsident von der Schulenburg beantwortete die Frage, ob von einem preußischen Staatsbeamten die Ableistung des Verfassungseides verlangt werden dürfe, mit einem glatten Nein. Fast ein Jahr nach dem Zusammenbruch der Monarchie hielt er noch immer an der Fiktion fest, die preußische Konstitution von 1850 sei nach wie vor verbindliches Recht, der Thronverzicht Wilhelms II. und des Kronprinzen habe ihre Gültigkeit nicht beeinträchtigt, sie könne nur «im Wege der Gesetzgebung», d. h. durch Mehrheitsentscheid beider Häuser des Landtags geändert werden. Da dies bisher nicht geschehen sei, beruhe die

Weimarer Verfassung auf «Verfassungsbruch und Staatsstreich». Man dürfe die Beamten nicht in Gewissenskonflikte stürzen, indem man sie zu einem Eide zwinge, «welcher irgendeinen Widerspruch gegen ihren Eid auf die Verfassung der preußischen Monarchie» enthalte. Schulenburg forderte seine früheren Berufsgenossen auf, ihr beschworenes Treuegelöbnis zu beherzigen und rief der Reichs- und Staatsregierung zu: «Hände weg von der Gewissensfreiheit der preußischen Beamtenschaft.»[44]

Die Replik eines anderen Beamten[45] zeigte jedoch, daß von der Schulenburg eine Extremposition einnahm. Ihr Verfasser trennte die staatsrechtlich-politische Seite des Problems von der persönlich-ethischen. In staatsrechtlicher Hinsicht bestand für ihn kein Zweifel, daß die Monarchie mit dem Thronverzicht des Inhabers der Krone zu bestehen aufgehört hatte. Königtum und Verfassung hätten aber in Preußen so eng zusammengehangen, daß man nicht behaupten könne, die Existenz des einen sei unabhängig von der Existenz des anderen. Kein Beamter, der den neuen Eid schwöre, könne daher einer ungesetzlichen Handlung geziehen werden. Eine andere Frage sei, ob er sich noch innerlich gebunden fühle. Hier habe keine generelle Norm, sondern ausschließlich das Gewissen jedes einzelnen zu entscheiden. Er selbst könne es nicht über sich bringen, einer Republik, die seinen König verdrängt habe, Treue zu geloben, aber er verlange von keinem anderen, daß er sich ähnlich verhalte. Wer nach «peinlichster Gewissenserforschung» glaube, ohne Preisgabe bisheriger Grundsätze weiterarbeiten zu können, wer sicher sei, daß nach der neuen Verfassung nichts von ihm verlangt werden könne, was gegen «Pflicht und Gewissen» verstoße, dürfe ohne Bedenken den Eid leisten.[46]

Es ist nicht ausgeschlossen, daß dieser Artikel viele Beamte in ihrem Entschluß zu bleiben bestärkt hat. Indem der Verfasser das Gewissen des einzelnen zur letzten Instanz erhob, lieferte er dieser Entscheidung eine fast unangreifbare Rechtfertigung. Sowohl gegenüber seinen ausscheidenden Amtskollegen als auch gegenüber den Weimarer Parteien konnte er sich darauf berufen, daß er sich zum Dienst am Vaterlande verpflichtet fühle und in der neuen Verfassung keinen Hinderungsgrund erblicke.[47]

Die Auslegung des Verfassungseides durch die Reichs- und Staatsregierung trug ein übriges dazu bei, den Loyalitätskonflikt der Beamten abzumildern. Wenn der Eid zu nicht mehr verpflichtete, als zu einem äußeren Wohlverhalten, wenn er die innere Überzeugung unberührt ließ, dann bestand für den Gegner der Republik kein Grund, ihn zu verweigern. Der politische Kern der Auseinandersetzungen der regulären Verwaltungsorgane mit den Revolutionsgewalten liegt in allen Fällen klar zutage. Gerade aus der Geringfügigkeit der Anlässe – verächtliche Äußerungen über sozialistische Politiker oder der Streit um das Kaiserbild im Sitzungssaal – erhellt, daß beide Seiten zäh um jede Handbreit ihrer Macht und ihres Prestiges kämpften. Dabei befanden sich die

Beamten, dank ihrer Deckung durch das sozialdemokratische Staatsministerium in der weitaus stärkeren Position. So brauchten sie sich innerhalb ihres Verwaltungsbereiches wenig Mühe zu geben, ihre Verachtung für die Revolution und ihre Exponenten zu verbergen. Es fällt auf, daß alle drei zuletzt erwähnten Landräte die Unmöglichkeit ihres weiteren Verbleibs eher einsahen als Heine, der an ihrem provozierenden Auftreten nichts auszusetzen fand oder doch wenigstens nicht einschritt. Zweifellos handelte es sich hier um Ausnahmen; die Masse der Landräte und Regierungspräsidenten verzichtete auf Machtproben und verständigte sich mit den Revolutionsorganen. Aber Männer wie von Trebra und Overweg waren doch zahlreich genug, um innerhalb der sozialistischen Parteien als typische Vertreter einer «reaktionären» Bürokratenkaste zu gelten, die ihre Arbeit verrichtete, als habe es nie eine Revolution gegeben.

b) Die Ämterbesetzung bis zum Kapp-Putsch

Mit Ausnahme einiger Landratsstellen in den Ostprovinzen, deren Inhaber durch radikale Arbeiterräte gewaltsam entfernt worden waren, blieb der Beamtenkörper im Winter 1918/19 fast unverändert. Erst nach dem Zusammentritt der preußischen Landesversammlung im März 1919 begann die neugebildete Koalitionsregierung mit größeren Personalmaßnahmen. Sie ging dabei Zug um Zug vor – zu einem förmlichen Revirement, d. h. der gleichzeitigen Ersetzung einer größeren Zahl von Beamten, kam es nicht. Die SPD beklagte sich wiederholt über das langsame Tempo der Personalpolitik, das die Unzufriedenheit unter den Parteimitgliedern ständig vergrößere. Ihr Unwille entlud sich in zahlreichen Angriffen auf Innenminister Heine.[48]

Bis März 1920 bekamen 9 der 12 Provinzen neue Oberpräsidenten. Von den bisherigen Amtsinhabern behielt Heine den katholischen Konservativen von Groote, der in der teilweise besetzten Rheinprovinz unentbehrlich war, sowie den früheren Nationalliberalen, jetzigen Anhänger der DVP Dr. von Richter, der sich zwar durch ein Glückwunschtelegramm zum Geburtstag des abgedankten Kaisers exponiert hatte, auf den der Innenminister aber nicht verzichten wollte, da er es in Hannover «ausgezeichnet verstand, die reichstreuen Elemente den Welfen gegenüber zusammenzuhalten».[49] Aus Ostpreußen, das durch den Friedensschluß besonders stark betroffen war, wollte Heine möglichst wenig erprobte Beamte abziehen und ließ daher auch dort den Oberpräsidenten, Dr. von Batocki, im Amte. Batocki hatte sich zunächst bereit erklärt zu bleiben, bis der Wiederaufbau Ostpreußens beendet und die Zwangswirtschaft abgebaut war, trat aber im Juni 1919 aus Protest gegen die Annahme der Friedensbedingungen zurück,[50] so daß im Frühjahr 1920 nur noch zwei ehemals königliche Oberpräsidenten amtierten. Alle übrigen hatten entweder freiwillig um den Abschied gebeten[51] oder waren zu einem solchen Schritt aufgefordert worden.[52] In derselben Weise wurden 17 der 34 Regierungsbezirke und mindestens 10 der 25 selbständigen Polizeibehörden für Neuernennungen frei.

Die neuernannten Oberpräsidenten waren sämtlich «politisch bewährte Persönlichkeiten der Regierungsparteien».[53] Keiner von ihnen war aus der allgemeinen Staatsverwaltung hervorgegangen. Sie kamen aus dem Kommunaldienst, aus dem Anwaltsberuf oder aus der Organisation der Arbeiterbewegung. Unter ihnen ragten die Sozialdemokraten August Winnig und Friedrich Otto Hörsing besonders hervor. Winnig stand zur Zeit seiner Ernennung bereits in einem scharfen Gegensatz zu seiner eigenen Partei, so daß Heine ihn nur mit Mühe als Nachfolger für Batocki in Ostpreußen durchsetzen konnte.[54] Hörsing, der als Staatskommissar für Oberschlesien seine Fähigkeit bewiesen hatte, auch mit den Kommunisten und den Unabhängigen auszukommen, war nach den Worten Heines «einer der seltenen Menschen, die einen unmittelbaren Instinkt für politische Fragen und Wirkungen besitzen, dazu einen kraftvollen Willen und einen großen persönlichen Mut». Heine traute ihm zu, daß er sich gegen jene «widerspenstigen Bürokraten» durchsetzen werde, «die in der Provinz Sachsen sich jeder neuen Politik entgegenstemmen».[55]

In die vakanten Regierungspräsidenten-Stellen berief Heine zwei Außenseiter und 15 Juristen, davon 7 aus der regulären Verwaltungslaufbahn. Die Posten der Polizeipräsidenten wurden zu einem großen Teil von sozialdemokratischen Außenseitern übernommen. Im Dezember 1919 standen 10 der 25 staatlichen Polizeibehörden unter der Leitung früherer Partei- und Gewerkschaftssekretäre.

Wesentlich stärker blieb die Kontinuität in den Landratsämtern gewahrt. Von 42 neuen Landräten, die im Westen eingesetzt wurden, kamen 36 aus der inneren Verwaltung, 2 aus dem höheren Justizdienst und nur 4 aus der Partei- oder Gewerkschaftslaufbahn.

Die Veränderungen in den Spitzen des Verwaltungsapparates waren damit wenig revolutionär. Zwar befanden sich im Frühjahr 1920 fast sämtliche Oberpräsidien in den Händen von Mitgliedern der Koalitionsparteien, aber 22 der 33 Regierungspräsidien (66,6 %) und ca. 450 der 480 Landratsämter (93,8 %) wurden von Beamten geleitet, die entweder noch vom königlichen Staatsministerium in ihre Ämter berufen worden waren oder der Monarchie an anderer Stelle gedient hatten. Mit dieser zurückhaltenden Ämterpolitik erschütterte Heine seine Position innerhalb der SPD, die ihre Hoffnungen auf eine rasche Demokratisierung enttäuscht sah.

c) Personalpolitische Folgen des Kapp-Putsches

Der zweite größere Personalschub in der preußischen Verwaltung fand nach dem Kapp-Putsch statt. Im sogenannten Berliner Abkommen vom 20. März 1920 verpflichtete sich die preußische Regierung, die Demokratisierung der Verwaltung beschleunigt voranzutreiben und vor allem jene Beamten zu entfernen, die sich während des Staatsstreiches auf die Seite Kapps gestellt hatten.[56]

Abgesehen von dieser Zusage hielten Ministerpräsident Braun und Innenminister Severing, die an die Stelle Hirschs und Heines getreten waren, eine Säuberung auch aus Gründen der «Staatsnotwendigkeit» für erforderlich.[57] Severing betonte, es könne nicht geduldet werden, «. . . daß in dieser Zeit der Beunruhigung des Volkes politische Beamte auf ihren Posten bleiben, die sich zwar loyal auf den Boden der Tatsachen stellen, ihre Loyalität aber lediglich dahin auffassen, daß sie den direkten Anordnungen der Regierung zwar nicht ausdrücklich zuwiderhandeln, bei denen aber darüber hinaus auf positive und freudige Mitarbeit keinesfalls gerechnet werden kann, und die nur auf einen Umschwung der Verhältnisse warten, um sich wieder ganz im Sinne des früheren Systems betätigen zu können.»

Bisher habe die Regierung den Beamten vertraut und sie daher größtenteils in ihren Ämtern belassen. Der Kapp-Putsch habe indessen gezeigt, daß viele Beamte dieses Vertrauens unwürdig seien.[58]

Nachdem schon Heine mehrere der belasteten Beamten suspendiert und alle Oberpräsidenten telegrafisch um «schleunigen Bericht» über das Verhalten der Beamten während der Kapp-Tage ersucht hatte,[59] schickte das Staatsministerium in den folgenden Monaten drei Oberpräsidenten (von Richter in Hannover, Philipp in Breslau und Winnig in Königsberg), drei Regierungspräsidenten (von Campe in Minden, Frh. von Braun in Gumbinnen und Pauli in Schleswig), zwei Polizeipräsidenten (Ernst in Berlin und Voigt in Breslau) sowie 25 Landräte in den einstweiligen Ruhestand.[60] Bis zum Ende des Jahres 1920 erhöhte sich die Zahl der abgesetzten Landräte auf 88,[61] so daß insgesamt 96 politische Beamte im Zusammenhang mit dem Kapp-Putsch ihrer Stellen verlustig gingen. Dazu kam eine Anzahl nichtpolitischer Beamter, darunter der Landesdirektor von Waldeck-Pyrmont, sowie die beiden Oberpräsidialräte in Breslau und Königsberg, die ebenfalls beurlaubt oder versetzt wurden.[62]

Gleichzeitig bereitete die preußische Regierung umfassende disziplinarische Maßnahmen vor. Nach Ostpreußen, das einen besonders hohen Prozentsatz verdächtiger Beamter aufzuweisen hatte, wurde ein sozialdemokratischer Abgeordneter als Kommissar entsandt. Er besaß das Recht, Untersuchungen einzuleiten sowie Anträge auf Suspension und disziplinarische Verfolgung von Beamten zu stellen.[63]

Am 9. April unterrichtete der Staatssekretär im Innenministerium die Provinzialbehörden von einem Kabinettsbeschluß, daß für jede Provinz eine besondere Untersuchungskommission ins Leben gerufen werden sollte. Zu Mitgliedern der Ausschüsse sollten jeweils ein Beamter des Oberpräsidiums, ein weiterer Beamter und je ein Angehöriger der drei Koalitionsparteien «nach Maßgabe der Parteiorganisationen aus der Provinz» berufen werden.[64] Damit wollte die Regierung verhindern, daß die Behörden sich im Untersuchungsverfahren gegenseitig deckten und auf diese Weise eine Klärung des Sachverhalts verhinderten. Auch konnte nach Ansicht Severings eine ausschließlich von Beamten geführte Untersuchung das Mißtrauen in der Bevölkerung gegen die Bürokratie, das durch den Kapp-Putsch neu belebt worden war, nicht beseitigen.[65] Die sachliche Zuständigkeit der Ausschüsse beschränkte sich auf die Zusammenstellung des Anklagematerials. Es sollten alle Vorwürfe überprüft werden, die von örtlichen Parteivereinen gegen Amtspersonen erhoben worden waren. Fälle, in denen die Untersuchung den Verdacht eines illoyalen Verhaltens bestätigte, mußten den ordentlichen Disziplinarbehörden übergeben werden.

Gesichtspunkte der Beamtenauslese

Der Aufbau eines der Republik treu ergebenen Beamtenkörpers war dadurch erschwert, daß die Nationalversammlung in Weimar allen Beamten die Freiheit der politischen Gesinnung als Grundrecht garantiert hatte (Artikel 130, Absatz 2). Die Bedeutung des neuen Beamteneides: «Ich schwöre Treue der Reichsverfassung»[66] war daher von Anfang an umstritten. Der Beamtenausschuß der DNVP und der ebenfalls dieser Partei nahestehende «Berufsverein höherer Verwaltungsbeamter» meldeten nach dem Bekanntwerden der Eidesformel verfassungsrechtliche Bedenken an: diese solle den Beamten offensichtlich auf die republikanische Staatsform verpflichten; ein monarchisch gesinnter Beamter gerate dadurch in einen inneren Konflikt. Beide Verbände empfahlen, den Eid in dem Sinne zu leisten, «daß man sich zur gewissenhaften Beobachtung der in der Verfassung niedergelegten Bestimmungen verpflichte», sich aber das Recht vorbehalte, auf verfassungsmäßigem Wege eine Änderung der Staatsform anzustreben.[67] Die Reichsregierung entgegnete, wer sich «der Republik zu treuen Diensten nicht verpflichten» wolle, der möge den Abschied nehmen. Alle, die den Eid in der vorgeschriebenen Form verweigerten, hätten mit sofortiger Dienstentlassung zu rechnen. Zu dieser Antwort schrieb die konservative «Kreuzzeitung», die Regierung habe die Kernfrage offengelassen, denn von einer Eidesverweigerung sei niemals die Rede gewesen. Es handle sich darum, zu klären, ob die Formel: «. . . sich der Republik zu treuem Dienste zu verpflichten», mehr bedeute, als die Erfüllung der Berufsobliegenheiten.[68] Im Dezember 1919 brachte die DNVP in der Nationalversammlung eine Kleine Anfrage ein, die das Problem auf die kurze Formel brachte: «Bedeutet Treue zur Verfassung nur Beobachtung der Verfassung oder Treue zur republikanischen Staatsform?» Die Reichsregierung antwortete, der Staatsdiener müsse «die Bestimmungen der Verfassung getreulich beobachten», von den politischen Beamten werde außerdem Zurückhaltung im Gebrauch ihrer politischen Rechte erwartet. Diese Interpretation wurde von der DNVP als Anerkennung ihrer Vorbehalte bewertet.[69]

Das preußische Kabinett, das am 22. Oktober 1919 beschloß, die Angehörigen des Staatsdienstes noch vor Verabschiedung einer neuen Landesverfassung auf die Reichsverfassung zu verpflichten, wollte den Eid in derselben Weise verstanden wissen. Vor der Eidesleistung hatte jeder Behördenleiter den Wortlaut des Eides auf Verlangen dahin zu erläutern, «daß durch ihn die den Beamten in Artikel 130 daselbst gewährleisteten Rechte in keiner Weise eingeengt oder beschränkt werden und das eidliche Treuegelöbnis nur (!) die Bedeutung hat, daß der Beamte sich verpflichtet, in seiner Tätigkeit als Beamter die Verfassung getreulich zu beobachten». Ferner war Beamten, die danach fragten, zu erklären, daß die Eidesleistung nach Ansicht des Staatsministeriums keinen Verzicht auf die «Wohltaten» des § 13 der Verordnung vom 26. Februar 1919 in sich schloß, d. h. man konnte sich auch nach der Vereidigung darauf berufen, daß man es mit seinem Gewissen nicht vereinbaren könne, unter der Republik im Amt zu bleiben.[70] Nach dieser Interpretation forderte der Eid Respekt vor der Verfassung als der Rechtsgrundlage staatlichen Lebens, dagegen kein Bekenntnis zu dem in ihr festgelegten parlamentarischen Regierungssystem oder zur republikanischen Staatsform. In diesem Sinne verstand ihn auch der Deutsche Beamtenbund, als er erklärte, ein Staatsdiener könne ihn «ohne jede Spur von Gewissensnot schwören», da Artikel 1 der Reichsverfassung, der das Deutsche Reich zur Republik erkläre, keine «Rechtsvorschrift», sondern eine «Tatsachenfeststellung» enthalte, auf die sich der Eid nicht erstrekke.[71] Ein Beamter, der die Worte der Eidesformel nachgesprochen und den Vereidungsnachweis unterschrieben hatte, brauchte daher nicht notwendig Republikaner zu werden. Für seine innere Überzeugung ging er keinerlei Pflichten ein.

Schied die Eidesleistung als Kriterium politischer Zuverlässigkeit aus, so kam als Ersatz nur der parteipolitische Standort in Betracht. Welcher Partei ein Beamter verbunden war, wurde daher seit 1921 in den Vorschlägen des Innenministeriums zur Wiederbesetzung politischer Verwaltungsposten regelmäßig erwähnt. Als vertrauenswürdig galten alle Anhänger der Weimarer Parteien und der DVP, in Einzelfällen auch Deutschnationale, wenn erwiesen war, daß sie sich «auf verfassungsmäßigem Boden und in verfassungsmäßigen Gedanken»[72] bewegt hatten. Soweit die parteipolitischen Neigungen eines Anwärters nicht bekannt waren, scheint der Minister sich vorher bei den unmittelbaren Vorgesetzten erkundigt oder auch die Betroffenen selbst befragt zu haben. Ein Mitarbeiter des Staatsministeriums, Ministerialrat Dr. Corsing (DDP), verteidigte 1928 dieses Ausleseverfahren, das von der Rechtsopposition ständig als «Gesinnungsschnüffelei» gebrandmarkt wurde. Er betonte, der preußische Staat werde erst dann darauf verzichten können, «bei der Auswahl politischer Beamter nach der politischen Überzeugung zu fragen, wenn er damit rechnen kann, daß das Gros der Beamtenschaft auch da, wo es nicht zu einer der republikanischen Parteien sich rechnet, dem neuen Staate wohlwollend und mit dem Willen treuer Dienerschaft gegen die Republik gegenübersteht». Allzuoft habe die Regierung erst durch Schaden erkennen müssen, daß Amtsinhaber, «die sich auf ihre unpolitische Sachlichkeit berufen haben, in Wirklichkeit deutschnational waren und mit den Gegnern der Republik gegen diese gearbeitet haben».[73]

Bei der Besetzung der einzelnen Ämter gingen die Koalitionspartner davon aus, daß der Beamte den parteipolitischen und konfessionellen Anschauungen der Bevölkerungsmehrheit seines Verwaltungsbezirkes nahestehen sollte.

Das Personalreservoir der Parteien

Die erwähnten Regeln konnten nur dann als Richtschnur für die Stellenbesetzung gelten, wenn die Regierungsparteien über genügend Anhänger geboten, die kraft ihrer Vorbildung und Berufspraxis den Aufgaben der Staatsverwaltung gewachsen waren. Von dieser Voraussetzung hingen letztlich Erfolg oder Mißerfolg der Demokratisierungspolitik ab. Nach dem Gesetz vom 10. August 1906 erlangte die Befähigung, wer nach dem ersten juristischen Staatsexamen und neunmonatiger Tätigkeit an einem Amtsgericht als Regierungsreferendar bei einer Bezirksregierung angenommen worden war, sodann eine dreijährige Vorbereitungszeit durchlaufen und die Große Staatsprüfung für den höheren Verwaltungsdienst abgelegt hatte. Ein anderer Weg führte über den Vorbereitungsdienst in der Justiz und das Große Staatsexamen für das Richteramt. Gerichtsassessoren, die zur Verwaltung übertreten wollten, mußten ein Jahr als Probejustitiare bei einer Bezirksregierung arbeiten und konnten dann als «befähigt zum höheren Verwaltungsdienste» erklärt werden.[74]

Die Kreisordnung von 1881 schrieb für Landräte das Examen als Gerichts- oder Regierungsassessor oder eine vierjährige Tätigkeit in Selbstverwaltungskörpern, zum Beispiel im Kreis- oder Bezirksausschuß, vor.[75] Wer sich auf dem letzteren Wege qualifiziert und fünf Jahre ein Landratsamt verwaltet hatte, konnte auch in andere, den Verwaltungsjuristen vorbehaltene Ämter aufsteigen.[76] Für die Chefs der Provinzial-, Bezirks- und Polizeibehörden war juristische Ausbildung kein zwingendes Erfordernis – das Gesetz vom 10. August 1906 forderte diese nur von Hilfsarbeitern bei Landratsämtern sowie von den Mitgliedern der Bezirksbehörden –, aber in der Praxis wurden Regierungspräsidenten und Polizeipräsidenten aus den Landräten, Vortragenden Räten oder Oberpräsidialräten entnommen, die ihrerseits wieder aus der Zahl der Regierungsassessoren und aus der Reihe der Regierungspräsidenten hervorgingen und auch die ehemaligen Minister, die ein Oberpräsidium erhielten, in der Regel volle juristische Schulung besaßen,[77] war nach den aus dem Kaiserreich überkommenen Maßstäben die Qualifikation zu höheren Verwaltungsämtern gleichbedeutend mit dem Nachweis zweier juristischer Prüfungen.

Gemessen an diesen Anforderungen befanden sich die Parteien in einer recht unterschiedlichen Situation. Beanspruchte die DVP einen Posten, so war sie stets imstande, dafür einen aus der Verwaltungslaufbahn hervorgegangenen Juristen vorzuschlagen. Sie verfügte unter den höheren Beamten über zahlreiche Anhänger, so daß sie ohne Nachteile für sich selbst auf die Beibehaltung der bisherigen Examens- und Ausbildungsprivilegien dringen konnte.[78]

Die DDP hatte 1919 nur wenige Beamte aus der allgemeinen Staatsverwaltung in ihren Reihen.[79] Zu ihren Anhängern gehörten jedoch zahlreiche Gerichtsassessoren, die teils ehrenamtlich als Stadtverordnete und Magistratsmitglieder, teils hauptamtlich als Bürgermeister in der Kommunalverwaltung tätig waren und sich zum Übertritt in den Staatsdienst bereitfanden.[80] Sie bot daher eine Zahl von Kandidaten auf, die in keinem Verhältnis zu ihrer geringen Vertretung im Landtag oder in den Kreistagen stand. Oft erhielt ein Demokrat einen Landratsposten, der nach parteipolitischen Gesichtspunkten der SPD oder der DNVP zugestanden hätte.[81]

Wie die DVP, so konnte auch das Zentrum eine Anzahl höherer Verwaltungsbeamter vorschlagen, die der Partei angehörten. Daneben standen ihr Justiz- und Kommunalbeamte, Anwälte oder leitende Angestellte industrieller Unternehmen zur Verfügung. Akademisch nicht Vorgebildete kamen nur in Ausnahmefällen in Betracht. Zwischen dem Parteivorstand und dem «Arbeitnehmerflügel» entstanden deshalb wiederholt Reibungen, da der letztere auf die Berücksichtigung von Sekretären aus den christlichen Gewerkschaften bei der Stellenvergabe drang, der Parteivorsitzende Marx aber am Juristenmonopol für den höheren Verwaltungsdienst festhalten wollte.[82] Auch örtliche Parteistellen scheinen im Rahmen der Erfordernisse konfessioneller und politischer Parität den Fachbeamten den Vorzug gegeben zu haben: der Landrat sollte ein katholischer, dem Zentrum angehörender Verwaltungsjurist sein.[83]

Es kam den Koalitionsparteien zugute, daß die innere Verwaltung in den Jahren nach 1918 einen starken Bedarf an Nachwuchskräften hatte, der aus den Reihen der Regierungsassessoren allein nicht gedeckt werden konnte. Unter den Justizjuristen, die vom Innenministerium übernommen wurden, um die Lücken zu schließen, befanden sich zahlreiche Demokraten und Zentrumsanhänger, die für die Besetzung vakanter politischer Verwaltungsposten herangezogen werden konnten. Beide Parteien konnten auf den Einschub laufbahnfremder Elemente daher bald verzichten und ohne besonderes Aufsehen ihre Positionen im Staatsapparat ausbauen. Um ein noch breiteres Nachwuchsreservoir zu erhalten, setzten sie sich dafür ein, das Regierungsreferendariat gänzlich abzuschaffen und den Nachwuchs für Justiz und Verwaltung künftig gemeinsam auszubilden. Dieses Verfahren, das 1927 mit einer Annahmesperre für Regierungsreferendare in Preußen eingeführt wurde, bot den Vorteil, bei der Auswahl der Gerichtsassessoren für den Verwaltungsdienst politische Gesichtspunkte in stärkerem Maße zur Geltung zu bringen, als dies bei der Annahme der Regierungsreferendare möglich zu sein schien.[84]

Die SPD war von den Weimarer Parteien auf die Übernahme von Verwaltungsposten am wenigsten vorbereitet. An juristisch geschulten Mitgliedern hatte sie lediglich einige Rechtsanwälte in ihren Reihen. Unter den höheren Staats- und Kommunalbeamten gab es im November 1918 nur eine verschwindend geringe Zahl von Sozialdemokraten. In der preußischen Monarchie war die Beamteneigenschaft mit der Zugehörigkeit zur SPD gesellschaftlich wie beamtenrechtlich unvereinbar gewesen. Bis 1914 galt in Preußen der Grundsatz, «Betätigung sozialdemokratischer Gesinnung» verstoße gegen die Pflichten eines Staatsbeamten.[85]

Ergebnis

Überblickt man die Gesamtheit der politischen Kräfte, die im Kampf um die Stellenbesetzung auftraten, so bleibt folgendes festzuhalten:

Die preußische Personalpolitik während der Weimarer Republik war das Werk eines Koalitionskabinetts, in dem die SPD zwar eine führende, aber keine beherrschende Rolle spielte. Eine Demokratisierung des Beamtenkörpers nach ihren Vorstellungen war daher nicht allein aus personellen oder verwaltungstechnischen, sondern auch aus politischen Gründen erschwert. Bei aller Gemeinsamkeit im Grundsatz, die politischen Verwaltungsposten mit zuverlässigen Anhängern der Regierung zu besetzen, vertraten Zentrum und DDP in vielen Fragen andere Auffassungen als die SPD. Der Eintritt der DVP in die Preußische Regierung trug dazu bei, das Konzept der SPD weiter zu verwässern, denn für die DVP galt jeder Beamte als zuverlässig, der nicht öffentlich gegen die verfassungsmäßige Staatsform Stellung bezog.

Unter diesen Umständen war auch die Begünstigung einer einzelnen Partei von vornherein unmöglich. Die Koalitionspartner mußten ständig ihre konkurrierenden Ansprüche aufeinander abstimmen, um den Bestand der Koalition nicht zu gefährden. Nicht zuletzt aus diesem Grunde zeigten sich Severing und Grzesinski gegenüber den bürgerlichen Parteien stets konzessionsbereit, selbst wenn Zugeständnisse zu Lasten ihrer Demokratisierungspläne gingen. Auch die Gegner der Regierung hatten zahlreiche Möglichkeiten, auf die Stellenbesetzung einzuwirken. Über die Provinzialausschüsse und Kreistage konnte die DNVP ein Mitspracherecht ausüben. Im Ministerium und in den staatlichen Mittelinstanzen wurden die Personalfragen häufig von Männern bearbeitet, die aufgrund ihrer Berufsmentalität und ihrer politischen Überzeugung für die Demokratisierung des Beamtenkörpers wenig Verständnis aufbrachten, ihr zum Teil sogar direkt entgegenwirkten. Damit reichte der Einfluß der DNVP und der mit ihr verbundenen Berufs- und Standesverbände direkt in die Behörden hinein. Diese Gruppen waren mächtige Gegenspieler der Koalition im Kampf um die Positionen des Verwaltungsapparates.

Das «Beamtenrevirement zum Schutz der Republik»

Nach den Morden an Erzberger und Rathenau entschloß sich das preußische Kabinett abermals zu einem größeren Personalschub. Diesmal ging es nicht allein um eine gebührende Antwort auf Pflichtverletzungen einzelner Amtsträger. Zwar wurde die Auswahl der Betroffenen von derartigen Gesichtspunkten mitbestimmt. Wenige Tage nach dem Attentat auf Rathenau stellte Severing auf einer Konferenz der Oberpräsidenten fest, daß die Verordnungen zur Kontrolle rechtsgerichteter Verbände und Zeitungen, mit denen die Reichsregierung auf den gewaltsamen Tod Erzbergers reagiert hatte, «nicht überall mit der nötigen Entschiedenheit angewandt» worden seien. Politische Beamte, die es auch jetzt an Energie fehlen ließen, hätten mit ihrer z. D.-Stellung zu rechnen.[87] Aber der Umfang der Maßnahmen, die tatsächlich getroffen wurden, läßt sich nur aus der krisenhaften Zuspitzung der innerpolitischen Lage im Sommer 1922 verstehen. Die Anschläge auf prominente Politiker der Linken hatten in Kreisen der republikanischen Bevölkerung, vor allem unter der Arbeiterschaft eine tiefe Erregung hervorgerufen, die in mehreren Generalstreiks und gemeinsamen Demonstrationen der Gewerkschaften und Arbeiterparteien ihren sichtbaren Ausdruck fand. Schon rief die KPD zu direkten Aktionen auf, so daß die SPD und USPD fürchteten, sie könnten ihren Einfluß auf die Arbeiter verlieren, falls sie sich nicht an die Spitze der Bewegung stellten. Es gingen Gerüchte um, wonach die Bildung einer rein sozialistischen Regierung unmittelbar bevorstand – man glaubte in Berlin am Rande einer zweiten Revolution zu stehen.[88] In dieser gespannten Situation hielt Severing demonstrative Schritte für erforderlich, wenn die Welle von links aufgefangen und ihr Umschlag in Gewalttaten verhindert werden sollte. Es mußte rasch und wirksam bewiesen werden, daß die Regierung den Schutz der Republik entschlossen in ihre Hände nahm. Ein gleichzeitiger Personalwechsel auf einer Anzahl von Verwaltungsposten konnte diesen Zweck um so eher erfüllen, als auf den Arbeiterkundgebungen vielfach Kritik an der Nachsicht der Regierung geübt und eine «gründliche Reinigung» des öffentlichen Dienstes von allen «reaktionären Kräften» verlangt wurde. Es fiel Severing allerdings nicht leicht, die bürgerlichen Minister im Kabinett für seinen Plan zu gewinnen, da die Liste der zur Abberufung vorgeschlagenen Beamten auch Anhänger des Zentrums und der DVP enthielt. Aber vor die Wahl gestellt, entweder einige Beamte zu opfern oder die Kontrolle über die innenpolitische Entwicklung zu verlieren, stimmten auch sie schließlich zu.[89]

Auf Antrag Severings wurden im Laufe des Jahres 1922 die Regierungspräsidenten Kutscher (Hildesheim), von Heppe (Aurich), Tilmann (Osnabrück), von Schmeling (Stettin), Graf Baudissin (Marienwerder), von Gersdorff (Merseburg), Graf von Merveldt (Münster), Frh. von Dalwigk (Aachen) und von Gröning (Koblenz) in den einstweiligen Ruhestand versetzt.[90] Ebenso erging es den Regierungsvizepräsidenten von Rönne (Allenstein), von Redern (Wiesbaden), von Puttkamer (Stade)[91] sowie mehreren Landräten.[92]

Die Gründe, weshalb gerade diese Männer aus ihren Ämtern weichen mußten, waren von Fall zu Fall verschieden, Graf Baudissin hatte, wie bereits an anderer Stelle erwähnt, den Obstruktionsversuchen der Großgrundbesitzer und Amtsvorsteher gegen einen der DDP angehörenden Landrat seines Bezirkes untätig zugesehen und diesen vor Zwangsmaßnahmen sogar ausdrücklich gewarnt.[93] Den Regierungspräsidenten von Heppe, Tilmann und Graf von Merveldt warf Severing mangelnde Wachsamkeit gegenüber den Umtrieben rechtsgerichteter Verbände vor.[93] Regierungspräsident von Gersdorff hatte am Tage nach dem Rathenau-Mord zusammen mit einem Stahlhelmtreffen auch eine Parteiversammlung der SPD verboten und damit nach Ansicht Severings das «Augenmaß» vermissen lassen, «zwischen Feinden und Anhängern der Republik zu unterscheiden».[94] Die übrigen, sämtlich Fachbeamte aus der allgemeinen Staatsverwaltung und größtenteils noch unter der Monarchie in ihre Ämter eingesetzt, scheint Severing abberufen zu haben, weil er ihnen kein energisches Vorgehen gegen rechts zutraute.[95] Es kam hinzu, daß einige von ihnen, darunter Tilmann und Kutscher, besonders heftigen Anfeindungen durch die örtlichen SPD-Instanzen ausgesetzt waren.[96]

Auf den Landratsposten erreichte das Revirement kein nennenswertes Ausmaß. Das Gros der ehemals königlichen Landräte blieb im Amt.[97]

Teil II
Integration der Beamten oder Distanz zur Republik? (1919–1932)

1. Karl Dietrich Bracher
Die Panik des Mittelstandes

Es war der bäuerliche und städtische «Mittelstand» in der weiten Bedeutung des Wortes, der den Durchbruch der NSDAP ausgelöst und getragen hat. Die «Panik des Mittelstandes», die mit den Vorzeichen der Wirtschaftskrise einsetzte, wurde durch die Tatsache verschärft, daß nicht nur die ökonomische Lage, sondern mehr noch die soziale Prestigestellung dieser Schicht bedroht erschien. Die heftige Reaktion, die sie zu großen Teilen in den Rechtsradikalismus getrieben hat, war in einem subjektiven Krisenbewußtsein gegenüber den gesellschaftlichen Umschichtungen des industriell-demokratischen Zeitalters begründet. Ständig nahm das Gewicht des alten Mittelstands innerhalb der expandierenden Bevölkerung ab; seine nervöse, für radikale Parolen anfällige Gereiztheit rührte von dieser Geltungseinbuße sowie wirtschaftlicher Bedrängnis her. Es war ein allgemeines Sekuritätsbedürfnis, das nach dem Katastrophenerlebnis der Inflation auf die neue Krise betont politisch reagierte, nachdem es der Demokratie so lange in apolitischer, berufsständischer Isolierung gegenübergestanden hatte. Und es suchte darum die «neue» Partei.[1]

Der erfolgreiche Angriff der nationalsozialistischen Ideologie auf den Mittelstand, der sich seit 1929 abzeichnete, hing eng mit der vielbeschworenen «antikapitalistischen Stimmung» gerade dieser Schichten zusammen. Freilich nicht einem Sozialismus, sondern dem Schutz des Kleinbesitzes vor den wachsenden Übergriffen des Großkapitals galten die Wünsche; das Bürgertum geriet entgegen den marxistischen Erwartungen nicht in den ideologischen Bereich des Sozialismus. Tatsächlich sind die desparaten Elemente des Mittelstands in Krisenzeiten geneigt, der faschistischen Parole zu folgen, die der Arbeiterschaft dagegen der kommunistischen. An der Kontroverse zwischen Eigentums- und Sozialisierungsidee, die besonders stark in industriell-agrarischen Mischgebieten hervortrat, schieden sich die Geister. Die nationalsozialistische Agitation verstand es, elastisch und attraktiv zu operieren, ohne die gewerkschaftlich-antikapitalistischen Stimmungen der mittelständischen Arbeitnehmerschaft außer acht zu lassen, der zuerst der Appell der «Arbeiterpartei» gegolten hatte. Mit der Parole vom Zweifrontenkampf des «idealistisch nationalen» Volkes gegen die verderblichen «Fremdmächte» des proletarischen wie des kapitalistischen Materialismus wurde der Primat des staatsnationalen «Idealismus» vor dem ökonomischen Materialismus proklamiert.

Der wachsende Druck von beiden Seiten, vom nivellierenden Sozialismus wie von erdrückenden kapitalistischen Großorganisationen her, drohte die Mittelschichten in äußerste Bedrängnis zu bringen und ihre Gruppierungen in hoffnungslos entmachtete «Interessentenhaufen» zu zersplittern. Hier aber war ein Programm, das die Spannung zwischen wirtschaftlicher Lage und sozialem Prestige zugunsten des letztgenannten aufzuheben und mit der sozial-imperialistischen Lösung einer Lebensraumpolitik zu verbinden versprach. In der Schlußphase der Republik richtete sich die nationalsozialistische Massenpropaganda fast ausschließlich an die Mittelstände, nachdem der Einbruch in die gewerkschaftlich unterbauten Arbeiterparteien – von den Arbeitslosen abgesehen – auch im Augenblick der größten Wahlerfolge offensichtlich mißglückt war. Die Konzentration der Werbung auf eine Schicht, die fraglos eine Schlüsselstellung besaß, brachte die locker gefügten Mittelparteien, mit Ausnahme des Zentrums, der Desintegration nahe. Sie mobilisierte überdies zahlreiche Neuwähler und Nichtwähler, stieß dann allerdings auf jene soziologisch bedingten Grenzen, die 1932 der weiteren Ausdehnung der NSDAP ein Ende setzten.

So ist die NSDAP zwar nicht, wie das ihre Ideologie beanspruchte, zur umfassenden Volksbewegung geworden, aber doch zur gewaltigen Sammelpartei der Mittelschichten. Tatsächlich lag dies nicht nur an den recht unqualifizierten wirtschaftlichen Versprechungen. Der heterogene und spannungsgeladene Charakter bürgerlich-mittelständischer Wirtschaftsmentalität setzte den Einigungsbemühungen auf wirtschaftsideologischer Ebene ohnehin natürliche Grenzen. Deshalb erfaßte auch die zeitgenössische sozialistische Interpretation, die die NSDAP rein soziologisch-ökonomisch als eine bürgerlich-bäuerliche Reaktionsbewegung deutete, nur die eine Wurzel des Phänomens und versagte schließlich vor der Aufgabe, es ideologisch zu entschleiern und politisch wirksam abzufangen. Wichtig ist vielmehr, daß die NS-Propaganda mit dem Appell an den «nationalen Idealismus» des Mittelstandes ideologische Attraktions- und Bindungsmittel einsetzte, die eine Integration jenseits der vielgestaltigen unmittelbaren Interessenrichtungen versprachen.

Nicht als sozial geschlossene Interessenbewegung des Mittelstands, als Klassenbewegung also, sondern gerade als betonte Einigungsbewegung verschiedenster antagonistischer Gruppen übte der Nationalsozialismus – wie der Faschismus – seine Dynamik und Anziehungskraft aus. Daß er über durchaus heterogene Interessen, Überlegungen und Gefühle hinweg diese Bindekraft entwickeln konnte, hängt mit der wenig begeisternden, vom militärischen Zusammenbruch und der Furcht vor einer Linksrevolution bestimmten Entstehungsgeschichte der Republik zusammen.

...

Die Wirtschaftskrise hatte vor allem eine Schwächung der Arbeiterorganisationen, der Gewerkschaften, zur Folge; sie traf damit eine der Stützen der demokratischen Republik. Das rasch wachsende Heer der Arbeitslosen entglitt mehr und mehr dem Einfluß und der Kontrolle der Gewerkschaften; ihre Mitgliederzahlen gingen zurück, ihre Finanzkraft schwand, die Waffe des Streiks wurde stumpf in dem Maße, in dem ein Überangebot an Arbeitskräften nachdrängte. Ähnlich waren die Auswirkungen auf die den Gewerkschaften verbündete größte Partei der Republik, die SPD, in der sich schon während des Jahres 1929 erneut die Neigungen verstärkten, aus der Regierungsverantwortung auszusteigen. Sie wurden noch verschärft durch die Haltung der bürgerlichen Koalitionspartner, insbesondere der DVP, die nach dem Tode Stresemanns deutlich nach rechts und aus der sozialdemokratisch geführten Regierung herausdrängte. Vor allem aber reiften nun erstmals in der Umgebung Hindenburgs, der bisher äußerlich verfassungsloyal amtiert hatte, die von rechtsgerichteten Publizisten, Staatsrechtlern, Militärs schon lange und oft erwogenen Pläne eines über- oder außerparlamentarischen Präsidialregimes heran.

In der Krise des Winters 1929/30 wurde fast schlagartig deutlich, daß auch die Periode der «Normalisierung» der Demokratie nur schwache Fundamente verschafft hatte. Das Parteiensystem zeigte erneut schwere Funktionsstörungen. Im politischen Bewußtsein der Bevölkerung stiegen wieder die Ressentiments gegen Versailles und den Kriegsausgang, die schreckhaften Erinnerungen an Inflation und Zusammenbrüche auf. Hier nun setzte die nationalsozialistische Agitation an, die aus der Kampagne gegen den Young-Plan direkt zu einem Generalangriff auf das Weimarer «System» übergehen konnte. Sie verfuhr nach dem alten Rezept, alle verwickelten Probleme und die unmittelbaren Beschwernisse des Tages auf einige wenige, scheinbar leicht verständliche Ursachen zurückzuführen: die «Novemberverbrecher» und die «Systemparteien», die Marxisten und Internationalisten, die Wirtschaftsgewinnler und hinter allem die Juden waren die Schuldigen auch der neuen Krise. Sie kam der nationalsozialistischen Führung mehr als willkommen, die sich hier in bezeichnender Übereinstimmung mit den feindlichen Brüdern auf der anderen Seite, den Kommunisten, befand. Für beide war die Krise notwendig und unvermeidlich eine Konsequenz des Regimes; beide folgten auf ihre Weise einer Verelendungstheorie, nach der erst die Katastrophe mit der Zerstörung der demokratischen Republik die Lösung bringen konnte; beide arbeiteten deshalb entschieden jedem Versuch zur Besserung der Lage entgegen. In diesem Sinne erklärte die nationalsozialistische Propaganda die deutsche Regierung für kreditunwürdig und warnte das Ausland vor jeder Finanzhilfe an die Republik. Wieder und wieder bekannten nationalsozialistische Führer zynisch offen, daß sie die Krise und den weiteren Niedergang der politischen und wirtschaftlichen Verhältnisse begrüßten und alles tun wollten, um sie noch zu beschleunigen. Nichts war ihnen weniger willkommen als deutsche Erfolge in der Revisions- und Reparationsfrage, auf die sie doch alle Misere zu schieben pflegten.

2. Wilhelm Hoegner
Justiz gegen die Republik

Die Juden waren wegen ihrer Rasse, ihres Anteils am Umsturz von 1918 und ihres Einflusses im neuen Staatswesen sehr häufig das Opfer der politischen Justiz. Der Führer des deutschvölkischen Jungsturms in Guhrau, der seine Jungen vor dem jüdischen Friedhof dreimal ausspukken ließ, wurde von der Anklage des Religionsvergehens mit der Begründung freigesprochen, daß er nicht die religiöse Gemeinschaft der Juden, sondern nur die jüdische Rasse habe treffen wollen. Gegen die Sänger des völkischen Liedes «Judenblut muß fließen» wurde nicht einmal wegen groben Unfugs eingeschritten, während es beispielsweise vom Bayerischen Obersten Landesgericht als grober Unfug geahndet wurde, daß ein Sozialdemokrat gelegentlich einer Demonstration seine Umgebung auf den anwesenden Polizeipräsidenten Pöhner aufmerksam machte. Als der sozialdemokratische Wahlverein in Emden einen Ausflug nach dem antisemitischen Badeort Borkum machte und antisemitische Bademeister mit Hilfe bewaffneter Reichswehrsoldaten den Zug sprengten und die roten Fahnen zerfetzten, lehnte der Staatsanwalt in Aurich die Strafanzeige der Geschädigten und Verprügelten ab und teilte mit, daß er wegen Zurschaustellung der schwarzrotgoldenen und roten Fahnen in dem antisemitischen Bad gegen die Teilnehmer des Ausflugs ein Strafverfahren wegen Erregung öffentlichen Ärgernisses eingeleitet habe.

Das Reichsgericht hob am 22. Juni 1923 das verurteilende Erkenntnis gegen einen Steuerinspektor, der in einer öffentlichen Versammlung das Lied gesunden hatte «Wir brauchen keine Judenrepublik, pfui Judenrepublik» mit der Begründung auf, daß nicht die Staatsform der Republik gemeint sein könne, sondern die «neue Rechts- und Gesellschaftsordnung in Deutschland, die unter hervorragender Beteiligung deutscher und ausländischer Juden aufgerichtet wurde» oder «die übermächtige Macht und der übermäßige Einfluß, den die kleine Anzahl der Juden nach Ansicht weiter Volkskreise in Deutschland tatsächlich ausübt». Anfang Februar 1930 stellte das Reichsgericht fest, daß die Behauptung, «der

Jude Rathenau sei ein Verräter» keine Beleidigung sei. Der Gesang des Liedes «und wenn das Judenblut vom Messer spritzt, dann geht's noch mal so gut» wurde an Nationalsozialisten mit 15 RM, die Äußerung von Kommunisten, «den national-sozialistischen Hund schlagen wir tot» vom Schöffengericht Naumburg mit sechs Monaten Gefängnis geahndet. Nach 1930 wurde dann auch die Ablehnung jüdischer Richter durch Nationalsozialisten wegen Befangenheit für begründet erklärt.

Ungleiche Urteile bei politischen Gewalttaten

Auch Verbrechen und Vergehen gegen Leib und Leben wurden von den Staatsanwaltschaften und Gerichten je nach der politischen Zugehörigkeit des Täters oder des Verletzten vielfach verschiedenartig behandelt. J. Gumbel zählt bis Ende 1922 an Mordtaten von rechts 354 Fälle auf, die mit ganzen 90 Jahren und 2 Monaten Einsperrung und einer lebenslänglichen Festungshaft abschlossen. Das bedeutet, daß der weitaus größte Teil gar nicht zur Aburteilung kam, namentlich die Ausschreitungen der Freikorps fanden fast niemals gerichtliche Sühne. Dagegen wurden für 22 von links begangene politische Morde 10 Todesurteile, 3 Lebenslängliche Zuchthausstrafen und 249 Jahre Einsperrung verhängt. Diese Todesstrafen wurden vollstreckt, während der Mörder des bayerischen Ministerpräsidenten Eisner, der Graf Arco, zwar zum Tode verurteilt, aber zu lebenslänglicher Festungshaft begnadigt und dann nach wenigen Jahren entlassen und als bayerischer Nationalheld gefeiert wurde.

Über die Einstellung vieler Gerichte zum demokratischen Staat gibt aber am meisten Aufschluß die Bestrafung des Hochverrats. Nach einer amtlichen Auskunft des bayerischen Bevollmächtigten beim Reichsrat wurden von den an der bayerischen kommunistischen Räterepublik beteiligten Personen eine (Leviné) mit dem Tode, 65 mit Zuchthaus, 1737 mit Gefängnis und 407 mit Festung bestraft. Von den rund 6000 Jahren ausgesprochener Freiheitsstrafen wurden etwa 3/4 verbüßt. Die Mitläufer aller Art, jeder Rotgardist, selbst die mit der Drucklegung von Zeitungen der Räterepublik befaßten Leute, wurden wegen Beihilfe zum Hochverrat verurteilt. Requirierung von Lebensmitteln wurde als räuberische Erpressung bestraft. Eine Amnestie für die Beteiligten wurde von der bayerischen Regierung verhindert, die Führer der Bewegung sind erst nach Ablauf von 5 bis 7 Jahren begnadigt worden.

Für die Teilnehmer am Kapp-Putsch dagegen wurde sofort eine Amnestie erlassen. Von 705 eingeleiteten Verfahren wurden 412 durch Amnestie, 109 durch Tod und andere Gründe erledigt, in 183 Fällen wurde das Verfahren eingestellt. Von 775 am Kapp-Putsch beteiligten Offizieren wurde keinem ein Haar gekrümmt. Urheber oder Führer des hochverräterischen Unternehmens waren von der Amnestie ausgenommen. Das

Reichsgericht ließ aber nur 9 Kappisten als Führer gelten. Auch von diesen wurde einzig und allein der frühere Polizeipräsident von Jagow mit 5 Jahren Festung bestraft.

...

Die Richter und das gehaßte «System»

Einen tiefen Blick in die Seele der republikfeindlichen Justiz gestatteten manche Urteile, die unmittelbar gegen den preußischen Staat erlassen waren. So hatte der Landtag des Kreises Emden der Borkumer Kurkapelle das Spielen eines antisemitischen Hetzliedes verboten. Auf Antrag des Gemeindevorstandes Borkum erließ der Amtsrichter von Steubner in Emden eine einstweilige Verfügung, durch die dem preußischen Staat bei Meidung einer Geldstrafe von 100000 Mark untersagt wurde, das Spielen des Borkumliedes zu verhindern. In der Begründung war dem preußischen Staat vorgeworfen, daß er bewußt zu Unrecht und in einer an Nötigung grenzenden Weise die Badverwaltung geschädigt habe.

...

Ergebnis

Die politische Justiz hat der Gegenrevolution als Schrittmacherin gedient. Sie hat dem Staat von Weimar häufig den Schutz der Strafgesetze gegen staatsfeindliche Erschütterungen versagt. Dadurch hat sie nicht nur der Polizei ihre Aufgabe, die Aufrechterhaltung der öffentlichen Ordnung, erschwert, sondern auch das Ansehen des Staates und der Staatsbehörden geschädigt und die Gegner der demokratischen Republik ermuntert, ihre Angriffe gegen den Staat fortzusetzen. Ein Staatswesen, das von seinen eigenen Justizorganen im Stiche gelassen wird, macht sich lächerlich, seine Vorschriften werden nicht mehr ernst genommen, seine Drohungen verfangen nicht mehr. Es bricht beim ersten kräftigen Anstoß zusammen.

In Deutschland hat sie die politische Justiz gelegentlich sogar in den Dienst der Gegner des Staatssystems gestellt. Sie hat sich als Gegenkraft gegen die Verwaltung ausspielen lassen. Die Möglichkeit dazu gab ihr jene in der Verfassung niedergelegte richterliche Unabhängigkeit, durch die das Walten der Justizorgane der unmittelbaren Volkskontrolle entzogen ist. Allein die richterliche Unabhängigkeit ist nie Selbstzweck, sie hat ihren Sinn verloren, wenn sie als Hammer gegen die staatliche Vollzugsgewalt gebraucht werden kann und die Gefahr heraufbeschwört, daß dadurch das ganze Staatsgefüge auseinandergesprengt wird. Richterliche

Unabhängigkeit will verdient, sie darf nicht Mittel zu politischen Zwekken sein.

Von den Nationalsozialisten sind der deutschen Justizbürokratie ihre Verdienste um das Dritte Reich schlecht gelohnt worden. Der nationalsozialistische Abgeordnete Freisler behauptete im Mai 1932 im preußischen Landtag, daß 90 Prozent der Staatsanwälte auf die Anklagebank gehörten. Am 24. Juni 1932 erklärte er an derselben Stelle, daß er die preußischen Gerichte in ihrer damaligen Zusammensetzung für die ungeeignetsten Verwalter des Rechtes halte, die man sich denken könne. Er sprach von einem lächerlichen preußischen Richterverein, drohte, die Richter der berechtigten Wut der breiten Volksmassen preiszugeben, nannte einen Oberstaatsanwalt einen Lumpen und niederträchtigen Provokateur, beschimpfte einen Richter, er schände das Recht, und drohte den preußischen Richtern in ihrer Gesamtheit mit dem Schicksal der in der Varusschlacht gefangenen römischen Richter, denen von den Germanen die Zungen herausgerissen worden seien. In der Tat scheint der deutsche Berufsrichter für das Dritte Reich viel zu gut gewesen zu sein. Die Nationalsozialisten beeilten sich, ihn bei den Nationaltribunalen durch SA-Leute und Fliegeroffiziere zu ersetzen. Erst diese konnten jenes «Recht» sprechen, das im Dritten Reich rechtens war.

3. Gabriele Hoffmann
Gewerkschaft, SPD und Berufsbeamtentum

Der Deutsche Beamtenbund war wenige Wochen nach der Revolution am 4. 12. 1918 gegründet worden. Diese Neugründung war eine Verschmelzung von vor dem Kriege gegründeten Beamtenvereinigungen, die von der kaiserlichen Regierung scharf bekämpft worden waren.[2] Vorsitzender des DBB wurde Ernst Remmers. Er war im 1890 gegründeten Verband deutscher Post- und Telegraphenassistenten tätig und Generalsekretär der Interessengemeinschaft deutscher Beamtenverbände gewesen, die, 1916 gegründet, als Vorläufer des DBB angesehen werden kann. Remmers gehörte der Verfassunggebenden Nationalversammlung als Mitglied der demokratischen Fraktion an.[3] Der Sozialdemokratie gehörten im Verband Falkenberg, Potthoff, Seppel und Flügel an. Flügel wurde 1926 Vorsitzender des DBB, Falkenberg war dort seit 1918 Direktor. Beide hatten schon während der Kriegsjahre auf die Einigung der zersplitterten Beamtenbewegung hingearbeitet aus der Überlegung, daß nur eine starke Beamtenorganisation der Reichsregierung, die die Beamtenverbände mißtrauisch betrachtete und weitgehend bekämpfte, entgegentreten könnte. Falkenberg charakterisierte die Beamtenverbände:

«Die Rang- und Besoldungsunterschiede der Beamtenkategorien spiegeln sich auch in der Beamtenbewegung wider und verursachen eine bis heute nicht restlos überwundene Zersplitterungssucht».[4] Dies sollte auch auf die Weimarer Republik zutreffen. Ähnlich äußerte sich Flügel.[5] Falkenberg forderte die Beamten nicht nur zum Zusammenschluß auf, sondern auch zum Umdenken, zur Änderung ihrer Einstellung zu der vor dem Kriege als staatsfeindlich bekämpften Sozialdemokratie. Die Regierung wollte Frieden machen mit der SPD, dafür stünden Kaiserworte, das Beamtentum möge den von der Staatsleitung beschrittenen Weg nicht durchkreuzen.[6] Anfang 1918 gab es etwa 330 Vereine, in denen über 450000 Reichs-, Staats- und Kommunalbeamte organisiert waren.[7]

Mit der Revolution wuchs das Bestreben unter den Beamten, die Beamtenorganisation auf gewerkschaftlicher Grundlage aufzubauen.[8] Im DBB, dessen Satzung in § 2,2 Wahrung der parteipolitischen Neutralität vorschrieb und der Beamtenführer verschiedenster politischer Richtungen vereinte,[9] gewann dieser Gedanke durch zahlreiche Mitgliederverbände an Boden. Andererseits zogen sich Beamtenverbände aus dem DBB zurück, vorwiegend Verbände höherer Beamter wie die «Vereinigung der höheren Beamten der Reichsministerien»[10] und der «Bund höherer Beamter»,[11] mit der Begründung, ihre ideellen und materiellen Interessen seien so besonders geartet, daß ihre Vertretung über den Aufgabenkreis der allgemeinen Beamtenorganisationen hinausginge, bzw. daß sie deren Bestrebungen z. B. hinsichtlich der Mitbestimmung aller Beamten und einer neuen Regelung der Laufbahnen nicht unterstützen könnten.

Die Politik des DBB wurde in den Anfangsjahren stark geprägt von den gewerkschaftlichen Bestrebungen.[12] Der Bund höherer Beamter dagegen erstarkte, indem er mehr und mehr Beamtenverbände an sich heranzog und zu einer Gesamtvertretung, dem «Zentralausschuß der höheren Beamten Deutschlands» vereinigte, der 1921 immerhin 90000 höhere Beamte vertrat.[13] Innerhalb des Zentralausschusses verstand es der Bund höherer Beamter, der nunmehr seinen Namen in «Reichsbund höherer Beamter» geändert hatte, die Befugnisse des Gesamtverbandes auf sich selber zu übertragen und die alleinige Vertretungsbefugnis der höheren Beamten in Anspruch zu nehmen.[14] Mit dem Machtanwuchs dieser kraftvollen und, wie sich zeigen wird auch einflußreichen Organisation der höheren Beamten war dem DBB das Mitgliederreservoir in der höheren Beamtenschaft erheblich geschmälert worden. Zu dieser weitgehenden Exklusivität der höheren Beamten hatten auch die gewerkschaftlichen Bestrebungen im DBB beigetragen. Mehr und mehr wurde deutlich, daß sich auch in der Gliederung der Beamtenvertretungen die sozialen Schichten der Beamten durchsetzten. Der DBB versuchte, soweit es ging, die Gegensätze zu überbrücken und von einer radikalen Politik abzusehen.

Den sozialdemokratischen Beamten schien die Vertretung im DBB nicht zu genügen. Sie gründeten eine «Zentralarbeitsgemeinschaft für Beamte und Angestellte sämtlicher Reichs- Staats-, Provinz-, Kreis-, Gemeindeverwaltungen, der Verwaltungen öffentlich-rechtlicher Körperschaften und für Privatbeamte». Als Zweck der Arbeitsgemeinschaft wurden die Stützung der jungen Republik, die Pflege demokratischer Gesinnung und sozialistischer Willensmeinung unter den Beamten und die Erörterung sämtlicher wirtschaftlicher und politischer Beamtenfragen angegeben, die ihrer Lösung durch parlamentarischen Einfluß zugeführt werden sollten. Die Zentralarbeitsgemeinschaft erkannte die Beamtenverbände an und wollte mit ihnen zusammenarbeiten.[15] Weiterhin wurde vom Parteivorstand eine «Zentralstelle für Beamtenagitation» gegründet. Mit dieser Stelle sollte keine sozialistische Sonderorganisation für Beamte geschaffen werden, ihre Bemühungen bestanden vielmehr darin, die Beamten der Parteiorganisation zuzuführen. Ihre Hauptaufgabe war es, Beamte mit den Problemen der Arbeiter und Arbeiter mit den Problemen der Beamten vertraut zu machen – beide Gruppen standen einander mißtrauisch gegenüber.[16]

. . .

Der auf freigewerkschaftlichen Grundsätzen beruhende ADB nahm 13 Beamtenverbände in sich auf, darunter die Beamtenzentrale des ADGB. Er zählte rund 400000 Mitglieder.[17] Der DBB erklärte nach der Gründung, er wolle den Kampf gegen den ADB aufnehmen. Der DBB träte ein für die Erhaltung des Berufsbeamtentums auf öffentlich-rechtlicher Grundlage, nur hier sei die Zukunft der deutschen Beamtenschaft als Berufsstand gewährleistet, der dem Staatswesen eine feste und sichere Stütze gäbe und geeignet sei, allen Volksschichten mit gleicher Hingabe zu dienen.[18]

Im «Freien Beamten», der immer wieder die Schaffung einer «freigewerkschaftlichen Beamtensäule» erörtert hatte,[19] wurde die Gründung des ADB begrüßt, denn wesentliches Unterscheidungsmerkmal zum DBB schiene zu sein, daß der ADB die Schaffung der auch vom Freien Beamten für notwendig gehaltenen Einheitsfront von Arbeitern, Angestellten und Beamten wolle, während der DBB das ablehne. Weiter schrieb der Freie Beamte, die Tatsache der Neugründung ließe darauf schließen, daß untere und mittlere Beamte der Besoldungsgruppe 1 bis 7 jede Hoffnung auf eine Umstellung der bisherigen Spitzenorganisationen verloren hätte.[20] Der freie Beamte hatte stets die Belange der unteren Beamten vertreten und sie auf ihren «Feind», den höheren Beamten, hingewiesen. Falkenberg und Völter verließen den DBB und gingen zum ADB.[21] Der Empfang des ADB beim Parteivorstand der SPD war vermutlich nicht so enthusiastisch, wie einzelne Äußerungen im Freien Beamten versprachen. Andere Äußerungen verraten ein gewisses Zögern und fordern den ADB auf, in der Frage des Streikrechts Farbe zu bekennen, da doch auch er nicht an den wohlerworbenen Rechten der Beamten rütteln wolle.[22] Darauf hin wehrte sich der ADB dagegen, parteipolitisch orientiert zu sein. Mit seiner Gründung habe die Masse der unteren und schlecht bezahlten Beamtenschaft gegen den DBB rebelliert.[23] Im ADB waren besonders die unteren und mittleren Beamten der Reichseisenbahn und Reichspost organisiert.

4. Gotthard Jasper
Die gescheiterte politische Bildung

So verstand man die Staatsbürgerkunde in erster Linie als Kunde, als Information über den bestehenden Staat.

Diese schon damals viel kritisierte Stoffbetontheit[24] war gewiß nicht zufällig, sondern ergab sich aus der aufklärerischen Weimarer Republik, ihrem rationalistischen Optimismus, der von staatsbürgerlichem Wissen auch staatsbürgerliche Haltung erhoffte, und nicht zuletzt ihrer Wertneutralität. Denn wie sollte man zu demokratischen Tugenden und Werten erziehen, wenn man Demokratie lediglich als Methode zur Erzeugung politischer Ordnungen empfand. Ein solches Demokratieverständnis ließ in der Tat für die staatsbürgerliche Erziehung nur die Vermittlung von Wissen über den demokratischen Staatsapparat übrig, und man durfte sich nicht wundern, wenn die also Belehrten ihr Wissen dazu benutzten, die Demokratie legal zu beseitigen.

Man wird diese Kritik allerdings nicht überspitzen dürfen. Denn es bleibt anzuerkennen, daß man sich damals intensiv um eine republikanische Erziehung bemühte in den Formen, die dem Demokratiebegriff der Zeit entsprachen. Daß man dabei auf den neutralen Stoff angewiesen blieb, spürte man allgemein als Mangel, und man versuchte auch, das durch eine starke Betonung nationalen Pflichtbewußtseins auszugleichen. Weiterhin wird niemand bestreiten wollen, daß für die politische Erziehung ein Mindestmaß an Stoffkenntnissen und an hoher Staats- und Pflichtethik unumgänglich ist, und man wird sich davor hüten müssen, die Männer, die damals ehrlich um eine Erziehung im neuen Staat rangen, mit dem Maßstab dessen zu messen, der in leidvollen Erfahrungen den Wert demokratischer Staatsordnung anders zu sehen gelernt hat und darum begreiflicherweise klüger ist als derjenige, dem diese Erfahrungen noch fehlten. Dennoch wird man im Rahmen dieser Untersuchung feststellen dürfen, daß das repbulikanische Erziehungsprogramm, wie es 1923 aufgestellt wurde, den speziellen Anforderungen des Republikschutzes kaum voll gerecht werden konnte. Die starke

Stoffbetontheit mußte die Jugend abstoßen und war gewiß nicht geeignet, Republikaner zu erziehen. Wenn man ferner so großen Wert auf Opferbereitschaft und Staatsgesinnung legte, so barg das in der Tradition deutscher Staatsbürgerpädagogik die Gefahr der Vereinseitigung und des Mißbrauchs in sich. In dieser Hinsicht wäre im Interesse des Republikschutzes ein Weniger an Staatsgesinnung und ein Mehr an Verfassungsbewußtsein zu wünschen gewesen.

Doch bei aller Kritik muß noch einmal betont werden, daß in den Richtlinien immerhin diskutable Ansätze gemacht wurden und der Wille zu einer demokratischen Erziehung unter dem Gesichtspunkt des Republikschutzes lebendig war. Es soll daher im folgenden noch danach gefragt werden, wie die hier gegebenen Impulse aufgenommen und praktisch durchgeführt wurden.

Für das Reichsinnenministerium war mit der Aufstellung eines Grundsatzprogramms und der Bereitstellung von Geldern für Lehrmittel und Fortbildungskurse der Rahmen des in seinen Zuständigkeiten Liegenden erfüllt. Es muß darum zunächst dargestellt werden, was die Länderminister aus den Erlassen machten. Den Richtlinien vom Juli 1922 hatten bis auf Bayern alle Länder zugestimmt. In Bayern versagte man sich ihnen, denn «das Unterrichtswesen war schon früher so freiheitlich, daß keine Änderungen notwendig» erschienen[25]. Der württembergische Kultusminister veröffentlichte die Richtlinien in seinem Amtsblatt, wie es verschiedene andere seiner Kollegen auch taten, unter ihnen sogar der preußische Kultusminister Boelitz, der damit aber nach Aussagen seiner Parteifreunde nur koalitionspolitischen Rücksichten und nicht eigenen Überzeugungen folgte[26]. Von durchgreifenden Maßnahmen war in den meisten Ländern nicht viel zu spüren, freilich blieb den zuständigen Ministern auch nicht wesentlich mehr als die Herausgabe allgemeiner Richtlinien und Erlasse.

Etwas energischer ging man nur in den sozialdemokratisch geführten mitteldeutschen Ländern, besonders in Sachsen und Thüringen vor[27]. Freilich beschränkte man sich hier fast ausnahmslos auf die in den Richtlinien geforderten defensiven Maßnahmen wie Verbote von Schülervereinen, Fahnen und Schülermützen, monarchistischen Liedern und Gedichten und eine Verschärfung der Disziplinarmaßnahmen. In Thüringen entzog man ferner allen nicht zweifelsfrei republikanischen Lehrern den Geschichtsunterricht und verlangte von sämtlichen Lehrern in einem berüchtigten Beamtenrevers eine Erklärung über ihre Zugehörigkeit zu vaterländischen Verbänden. So entstand hier das Schlagwort von der «Reaktion von links».

Die Neuschaffung von Lehrbüchern überließ man allgemein der freien pädagogischen und wissenschaftlichen Initiative, nur in Thüringen versuchte die Regierung mit einer Schülerzeitschrift «Republik und Jugend» die Lücke zu füllen, wobei sie sich jedoch erhebliche Kritik zuzog, die, wie man regierungsseits zugab, im einzelnen wohl nicht ganz unberechtigt war[28]. Allzuleicht stand man nämlich in der Gefahr, die unter den damaligen Umständen allerdings nur äußerst schmale Grenze zwischen republikanischer und speziell sozialdemokratischer Erziehung zu überschreiten.

Bezeichnenderweise wurden, nachdem 1924 in vielen Ländern ein unverkennbarer Rechtsruck stattgefunden hatte, manche dieser Ansätze sofort wieder abgebaut. Die Thüringer Schülerzeitschrift wurde abgeschafft, und in Braunschweig erschien 1926 eine Neuauflage des 1922 erstmals herausgegebenen Lesebuchs, in dem ein Gedicht über die neuen Reichsfarben sowie über die Not der Weber fehlte und statt dessen Soldatenlieder und Verse über Friedrich den Großen eingefügt waren[29].

Die gleiche Tendenz der Rückwärtsrevision zeigte sich in Württemberg, wo dem Demokraten Hieber der Deutschnationale Bazille im Kultusministerium folgte. An eine Verfassungsfeier in den Schulen wurde hier nie gedacht. Der 11. 8. lag in den Ferien, und den Gedanken, die Feier nachzuholen, wie man es etwa in Sachsen tat, konnte man Bazille kaum zumuten. Er ordnete vielmehr an, am 17. Januar 1925 des Reichsgründungstages im Unterricht zu gedenken[30]. Gewiß war das kein völlig unsinniges Anliegen, aber angesichts der politischen Gesamthaltung Bazilles – gerade auch den Verfassungsfeiern gegenüber[31] – lag darin doch eine antirepublikanische Demonstration. Man ging in Württemberg sogar so weit, beim Etat des Reichsinnenministeriums die Streichung der Kosten für die verfassungsmäßig vorgeschriebene Verteilung der Verfassungstexte an die abgehenden Schüler zu beantragen. Freilich blieb man bei diesem Vorstoß allein[32]. Alle diese Maßnahmen spiegeln deutlich wider, daß man auf eine entschlossene Durchsetzung einer staatsbürgerlichen Erziehung im Geiste der Weimarer Verfassung kaum hoffen konnte.

Im Reichstag raffte man sich zwar zu einigen Entschließungen auf, in denen die Reichsregierung ersucht wurde, die Geschichtsschulbücher nachzuprüfen, für republikanische Schulfeiern zu sorgen und «eingehenden Unterricht über die Geschichte der Reichsfarben» zu veranlassen, «insbesondere über ihre Bedeutung für die nationalen und freiheitlichen Bewegungen der ersten Hälfte des vorigen Jahrhunderts». Dieses Ersuchen des Parlaments beantwortete der deutschnationale Reichsinnenminister einige Monate später mit dem lakonischen Hinweis, der dafür zuständige Ausschuß habe seit acht Monaten noch nicht wieder getagt[33]. Auch im Reich war von der Aktivität und der Initiative Kösters und Oesers nicht mehr viel zu verspüren, was angesichts der Haltung gegenüber den sonstigen Maßnahmen zum konstruktiven Republikschutz nicht verwundert.

In einem sehr wesentlichen Punkte kamen die Länder den Forderungen der Verfassung und der Richtlinien überhaupt nicht nach: bis auf ganz geringe Ausnahmen unterließ man die Einführung des Faches Staatsbürgerkunde, obwohl sich der staatsbürgerliche Erziehungsausschuß 1923 noch nach ausführlichen Beratungen dafür eingesetzt hatte. Man rechtfertigte diese Unterlassung, indem man Staatsbürgererziehung zum Bildungsprinzip machte, das alle Fächer durchdringen sollte[34].

...

Praktisch blieb der staatsbürgerliche Unterricht in der Hauptsache den Geschichtslehrern überlassen; aber gerade diese standen der Republik besonders kritisch gegenüber, wie sich aus mancher unverhüllt antirepublikanischen Äußerung in dem Organ des Verbandes der Geschichtslehrer belegen läßt[35]. Auch bot gerade der Geschichtsunterricht, wenn man ihn nicht offen zum Widerstand gegen die Republik ausnutzte, neben der Flucht in die Vergangenheit in einer Bevorzugung der Kulturgeschichte und in der Verlagerung des Unterrichtsschwerpunktes auf den staatsbürgerlichen Wissensstoff bequeme Ausweichmöglichkeiten, die durch die Richtlinien geradezu angeboten wurden und an einer wirklich politischen Erziehung vorbeiführten[36].

Im Bereich der höheren Schule konnte man auch kaum auf eine langsame Besserung hoffen. Denn die Ausbildung der zukünftigen Geschichtslehrer an den Universitäten geschah vielfach in einem Geiste, der den neuen Staat ablehnte und möglicherweise noch betonter monarchistisch und antidemokratisch war als vor dem Weltkrieg. Das historische Denken verharrte den Kräften der neuen Epoche gegenüber in einer kritischen Abwehr und versuchte ein Höchstmaß an Werten der Vergangenheit über die als radikalen Kontinuitätsbruch empfundene Revolution hinüberzuretten. Die Betonung der Tradition und des historischen Machtstaatsgedankens führte dabei naturgemäß in einen schroffen Gegensatz zur Weimarer Republik[37]. Für Vorlesungen über Staatsbürgerkunde oder wissenschaftliche Politik, wie man sie auf der Konferenz 1923 verlangte, war die Universität kaum zu gewinnen, und bekümmert stellte Professor Schulte, Bonn, bei der Diskussion dieser Themen fest, daß die Politik ebenso wie die neueste Geschichte in der letzten Zeit wissenschaftlich «gottsträflich» vernachlässigt worden sei[38].

Aber es fehlte nicht nur bei den Lehrern, sondern auch bei der Schulverfassung an den wichtigsten Voraussetzungen zur demokratischen Erziehung und an der notwendigen Glaubwürdigkeit. Eine Schule, die nach dem Muster eines Obrigkeitsstaates verfaßt ist, ist kaum in der Lage zu einer freiheitlichen Staats- und Lebensordnung zu erziehen. Mit dem Lehrstoff Staatsbürgerkunde verwässerte man die wirklich konstruktiven Ansätze staatsbürgerlicher Erziehung im Wege des Arbeitsunterrichtes und der genossenschaftlichen Auflockerung der autoritären Schulordnung, wie sie Kerschensteiner und die Reformpädagogik konzipiert hatten. Wohl hatte Kultusminister Haenisch 1920 die Schülerselbstverwaltung in den höheren Lehranstalten eingeführt, aber diese

Versuche, die sich in der Einsetzung einer Art von Schulparlamentarismus erschöpften, wurden rasch wieder abgebaut. Sie scheiterten nicht zuletzt deshalb, weil eine formale Parlamentarisierung der Schule kaum angemessen war, da ihr keine echte Verantwortung entsprechen konnte und sie zur bloßen Parlamentsspielerei zu entarten drohte[39]. So blieb alles bei der alten obrigkeitsstattlich organisierten Lernschule, es kam zu keiner Demokratisierung, obwohl in der pädagogischen Diskussion Kerschensteiners Ideen längst allgemein Anerkennung gefunden hatten.

Freilich darf noch ein letzter Gesichtspunkt, der wesentlich über Erfolg und Mißerfolg demokratischer Erziehung mitentschied, nicht außer Betracht bleiben. Über den unmittelbaren Bildungsraum der Schule hinaus wirkt auch die politische Wirklichkeit als eminenter Erziehungsfaktor. Politische Erziehung geschieht wesentlich durch die Politik selbst. Wollte man zur Demokratie erziehen, so mußte man dafür Sorge tragen, daß der demokratische Staat in seiner tatsächlichen politischen Ausgestaltung moralische Eroberungen bei der Jugend machen konnte und in glaubwürdiger Weise die ihn tragenden Prinzipien darstellte. Aber gerade an diesem Punkte fehlte es in der Weimarer Republik. Die schwierige politische Lage nach dem Zusammenbruch, die intransigente Haltung der Alliierten machten es ihr fast unmöglich, sichtbare Erfolge aufzuweisen. Hatte sie aber tatsächlich einmal einen solchen errungen, dann verstand eine demagogische Opposition diesen durch stets überhöhte Forderungen zu zerreden.

Wichtiger war indes, daß die ständigen Regierungskrisen und das offensichtliche Unvermögen zu politischer Willensbildung sowie das unparlamentarische Verhalten mitunter selbst demokratischer Parteien und die unversöhnlichen politischen und weltanschaulichen Gegensätze einer Jugend, die nach Autorität und Führung verlangte, kaum als Ideal einer staatlichen Ordnung erscheinen konnten. Denn wo sollte sie diesen demokratischen Staat finden, wo war er in seinem Wesensgehalt für sie erlebbar? Das staatliche Leben besonders der späteren zwanziger Jahre mit seiner Versteifung der innerpolitischen Fronten und dem pluralistischen Auseinanderstreben aller politischen Kräfte war der dunkle Hintergrund, auf dem jene antidemokratischen Volksgemeinschaftsideologien und das Ideal einer autoritären Staatsordnung ihre strahlende Leuchtkraft entwickeln konnten.

Das gilt freilich nicht nur für den Bereich der Schule. Die nüchtern graue Wirklichkeit der Demokratie, der das Pathos und der Glanz des kaiserlichen Deutschland fehlte, war die Hauptbelastung für den gesamten konstruktiven Republikschutz. Aber in ihr lag eben gerade darum auch seine Notwendigkeit begründet.

Einige Politiker, so wird man zusammenfassend sagen können, hatten das durchaus erkannt und versuchten darum mit Feiern und Symbolen, mit Aufklärung und Erziehung die Republik mehr und mehr im Volke verwurzeln zu lassen. Sie fanden dabei im eigenen Lager wenig Unterstützung, da ihr Bemühen dem vernünftlerischen Optimismus der Weimarer Republikaner unnötig und unangemessen erschien. Stets setzten sie sich mit ihren noch so schüchternen Versuchen dem Verdacht aus, als Parteimänner zu handeln, und wurden sie in eine unschöne Polemik über die Vergangenheit hereingezogen, wodurch – mitunter infolge ungeschickten Manövrierens – republikanische Feiern und Symbole allzu leicht in die Rolle eines Geßlerhutes gedrängt wurden. Meist scheiterten ihre Ansätze an den Mehrheitsverhältnissen in den Parlamenten oder an der Obstruktion der Beamten, zum Teil versandeten sie in dem Gegeneinander von Reich und Ländern oder wurden sie auf der überparteilichen Ebene abstrakter Staatlichkeit neutralisiert und vom antidemokratisch gefärbten nationalen Gedanken überwuchert.

So galt für fast alle Maßnahmen des konstruktiven Republikschutzes, was Otto Braun von den Verfassungsfeiern berichtet[40]: sie blieben eine «befohlene frostige Angelegenheit».

5. Wolfgang Runge
Die neue Oberklasse

Ein weiteres Hindernis bildete der sog. Personalabbau, den die preußische Regierung nach dem Ende der Inflation vornehmen mußte, um Ausgaben im Staatshaushalt einzusparen. § 1 der Abbauverordnung verhängte eine allgemeine Einstellungssperre, bis das Verwaltungspersonal um 25 % vermindert war.[41]

Zu einer Säuberung der Beamtenschaft von Gegnern der Republik konnten die Abbaumaßnahmen nicht benutzt werden. § 20 der Verordnung bestimmte, daß die Auswahl der zum Abbau vorgesehenen Amtsinhaber nach dem «Wert ihrer dienstlichen Leistungen» oder nach ihren wirtschaftlichen oder Familienverhältnissen zu treffen war. § 21 verbot ausdrücklich, Gesichtspunkte wie politische oder konfessionelle Betätigung oder die Zugehörigkeit zu Parteien oder Berufsverbänden zu berücksichtigen. Obwohl das Kabinett diesen Grundsatz nicht durchweg einhielt, wurde die Verordnung doch keineswegs allein auf Gegner der Republik angewandt.[42] So befand sich unter den abgebauten Beamten auch ein Regierungspräsident, der der SPD angehörte.[43]

Wie Severing selbst den Erfolg seiner Bemühungen einschätzte, ergibt sich aus einem Briefwechsel, den er 1924 mit einem Angehörigen der DDP führte. Diesen beunruhigte es, «daß ein großer Teil der Beamten es bei einem Lippenbekenntnis für die Republik bewenden läßt, während jeder Staat von seinen Beamten volle Hingabe oder doch mindestens aktive Unterstützung verlangen muß». Severing fand diese Besorgnisse im Hinblick auf das Gros der Angehörigen des öffentlichen Dienstes «durchaus berechtigt». Er versicherte, daß in seinem Ressort alles getan werde, um Abhilfe zu schaffen. Was die preußischen Oberpräsidenten und Regierungspräsidenten angehe, so sei er allerdings überzeugt, «daß keiner . . . sich dazu verstehen wird, den geleisteten Diensteid in irgendeiner Weise umzubiegen oder abzuschwächen», und er glaube «auch von der übergroßen Mehrheit der preußischen Landräte sagen zu können, daß sie dem heutigen Staate gegenüber loyal ihre Pflicht erfüllt».[44]

Der vorsichtige Optimismus des Innenministers läßt sich durch die personalpolitischen Ergebnisse seiner Amtszeit bestätigen.[45] Vom April 1920 bis zum Oktober 1926 ernannte das Kabinett 7 Oberpräsidenten, 38 Regierungspräsidenten und mindestens 229 Landräte,[46] davon 92 in den Westprovinzen. Alle Oberpräsidien und fast alle Regierungspräsidien (mit Ausnahme von Hannover) und über die Hälfte aller Landratsämter waren damit in Händen von Beamten, die ihre Bestallung im republikanischen Staat erhalten hatte. Der Anteil der Außenseiter betrug bei den Oberpräsidenten 43 %, bei den Regierungspräsidenten 16 % und bei den Landräten gerade 10 %. Politisch standen sämtliche Oberpräsidenten und 34 der 38 Regierungspräsidenten im Lager der Koalitionsparteien (89 %). Bei den Neuberufungen von Landräten entfielen in den Westprovinzen 72 (78 %) auf Anhänger der Koalition (47 Zentrumsanhänger, 12 Sozialdemokraten, 7 Demokraten, 6 Voksparteiler) und 20 (22 %) auf Deutschnationale oder Parteilose. Die Demokratisierung der Landratsämter war damit in den Westprovinzen erheblich weiter fortgeschritten als im Osten, wo nur 46 Koalitionsanhänger (33 %) und 91 Parteilose (67 %) ernannt worden waren.

. . .

Die Frage nach dem adeligen Element kann daher nicht in dem Sinne gestellt werden, den Anteil einer bestimmten sozialen Gruppe an der Verwaltung zu bestimmen, da «der Adel» im Sinne einer durch bestimmte Statusmerkmale bestimmten Gruppe nicht mehr bestand. Sie soll vielmehr Aufschluß darüber bringen, inwieweit sich die republikanische Personalpolitik zu Ungunsten der adeligen Positionen auswirkte und in welchem Umfang die Tradition des Staatsdienstes in einer Zeit fortbestand, als ihre Voraussetzungen bereits der Vergangenheit angehörten.

Ein Vergleich des Anteils adeliger Beamter zwischen 1910 und 1928 ergibt folgendes Bild:

	1910	1916	1926	1928
Oberpräsidenten	92 %	92 %	8 %	8 %
Regierungspräsidenten	64 %	56 %	13 %	12 %
Vizepräsidenten d. OP.	50 %	33 %	18 %	10 %
Polizeipräsidenten	68 %	–	13 %	10 %
Landräte	57 %	54 %	27 %	–

Die Tabelle zeigt, daß die Adeligen gerade aus den leitenden Verwaltungsposten verdrängt wurden. Bei den Oberpräsidenten verkehrte sich das Verhältnis von Adeligen und Bürgerlichen gegenüber der Vorkriegszeit gerade ins Gegenteil. Seit 1920 gab es unter ihnen niemals mehr als einen Beamten adeliger Herkunft. Solange die Weimarer Parteien in Preußen regierten, stiegen nur zwei Angehörige des Adels, Dr. von Bülow (DVP) und Dr. von Halfern (DVP) in dieses Amt auf.

Die Zahl der adeligen Regierungspräsidenten, Oberpräsidialräte und Landräte war schon in den Jahren 1911 bis 1916 zurückgegangen, wohl als Ergebnis erster Bemühungen des Kabinetts, den im Laufe des 1. Weltkrieges notwendig gewordenen Personalwechsel zu einer vorsichtigen Auflockerung des Sozialgefüges der Beamtenschaft zu benutzen. Zwischen 1918 und 1926, d. h. in den Jahren der großen Revirements, schwächte sich das adelige Element weiter ab, behauptete sich aber besser als bei den Oberpräsidenten. Namentlich die Stellen der Vizepräsidenten waren noch zu einem beachtlichen Prozentsatz adelig besetzt. Noch besser konnten sich Adelige in den Landratsämtern behaupten. Hier wirkte sich nicht nur die vorsichtige Personalpolitik aller Innenminister, sondern auch die Tatsache aus, daß gerade die adeligen Regierungsassessoren häufig mit ländlichen Verhältnissen besonders vertraut waren. So hatten die Ostprovinzen 1919: 65 %, 1925: 29,7 % und 1930: 25,3 % adelige Landräte.[48] In den drei Westprovinzen sank ihr Anteil von 42,4 % (1918) auf 24,4 % (1926), stieg aber in den beiden nächsten Jahren wieder an und erreichte 1928 25,8 %. In den überwiegend ländlichen Bezirken Münster, Kassel und Minden, wo die Stellenbesetzung durch politische Ereignisse kaum beeinflußt wurde, waren sie sogar noch stärker vertreten.[49]

	Münster	Kassel	Minden
1918	50 %	53,8 %	50 %
1926	40 %	43 %	60 %
1928	40 %	45,4 %	50 %

Die Zahlen machen deutlich, daß die Adeligen immer noch einen beträchtlichen Anteil der Verwaltungsposten einnahmen. Unter der jüngeren Generation begann die Neigung für den Beamtenberuf allerdings spürbar nachzulassen. Von den Regierungsassessoren, die bei Oberpräsidien und Bezirksbehörden beschäftigt waren, stammten 1918 mehr als die Hälfte (94 von 169 = 55,5 %), 1922 nur noch jeder fünfte (51 von 250 = 20 %) aus adeliger Familie. 1926 waren es nicht einmal mehr 10 % (18 von 197 = 9,1 %), und 1930 erreichte der Anteil der adeligen Assessoren nur noch 8,7 % (8 von 91).[50] Wahrscheinlich bot die preußische innere Verwaltung den jungen, wohl überwiegend der DNVP zuneigenden Adeligen keine lohnenden Aufstiegschancen mehr, da die erstrebten Landrats- und Regierungspräsidentenstellen vorwiegend den Anhängern der Koalitionspartien zufielen. So blieb die Verwaltungstradition des Adels unter der Republik zwar bestehen, aber sie wurde doch fühlbar schwächer und die Zeit war abzusehen, in der die adeligen Beamten unter der Menge ihrer bürgerlichen Kollegen kaum noch ins Gewicht fielen. Vergeblich rief Ewald von Kleist-Schmenzin 1925 seine Standesgenossen dazu auf, ihre Macht zu behaupten und «für jeden Fetzen Einfluß» zu kämpfen.[51] Seine Mahnung verhallte ungehört.

Für die soziale Herkunft der Beamten geben die *Berufe ihrer Väter* wichtige Aufschlüsse. Bei 7 der 12 Oberpräsidenten und 26 der 32 Regierungspräsidenten des Jahres 1928 ließ sich der Beruf des Vaters feststellen oder mit hoher Wahrscheinlichkeit erschließen.[52] Da die Ausgangsberufe dieser Beamten für ihren sozialen Hintergrund ebenfalls von Bedeutung sind, werden sie in den folgenden Tabellen mit aufgeführt:

Oberpräsidenten

Beruf des Vaters	Bildungsgang des Sohnes	Ausgangsberuf des Sohnes
1 höherer Verwaltungsbeamter	Dr. rer. pol.	Universitätsprofessor
1 Gutsbesitzer, Beamter oder Offizier	Regierungsassessor	höherer Verwaltungsbeamter
1 Rechtsanwalt	Gerichtsassessor	Rechtsanwalt
1 Lehrer	Gerichtsassessor	höherer Kommunalbeamter
1 Kantor	Gerichtsassessor	Rechtsanwalt
1 Weber, späterer Fabrikbeamter	Korbmacher	Redakteur
1 Arbeiter oder Handwerker	Bürobeamter, später Dr. rer. pol.	höherer Kommunalbeamter
2 Arbeiter	Arbeiter	Partei- und Gewerkschaftssekretäre

Mit 22,2 % ist der Anteil der Beamten-, Offiziers- und Grundbesitzersöhne gegenüber 1910 fast ebenso stark abgesunken wie der des Adels. Handwerker- und Arbeitersöhne, die vor 1918 nicht einmal in den unteren Stellen der akademischen Beamtenlaufbahn, geschweige denn als Oberpräsidenten zu finden waren, stellen mit 44,4 % die größte Gruppe.

Regierungspräsidenten

Beruf des Vaters	Bildungsgang des Sohnes	Ausgangsberuf des Sohnes
10 Offiziere, höhere Staats- und Kommunalbeamte, Universitätsprofessoren und Gutsbesitzer	5 Regierungsassessoren 4 Gerichtsassessoren 1 Bergassessor	8 höhere Verwaltungsbeamte 1 höherer Kommunalbeamter 1 Versicherungsjurist und früherer Verwaltungsbeamter

4 Kaufleute	3 Regierungsassessoren 1 Gerichtsassessor	3 höhere Verwaltungsbeamte 1 höherer Kommunalbeamter
1 Arzt	1 Gerichtsassessor	1 höherer Verwaltungsbeamter
1 Pfarrer	1 Dr. rer. pol.	1 höherer Kommunalbeamter
mittlere Beamte	1 Gerichtsassessor 1 Gerichtsreferendar Dr. jur. 1 Arbeiter	1 höherer Kommunalbeamter 1 höherer Verwaltungsbeamter 1 Parteisekretär
1 Landwirt 3 Handwerker oder Arbeiter	1 Lehrer 3 Arbeiter	1 Amtsbürgermeister 3 Partei- oder Gewerkschaftssekretäre

Auch hier ist gegenüber 1910 ein Wandel zu erkennen. Die Söhne aus den früher bevorzugten Berufsschichten (Offiziere, höhere Beamte, Gelehrte, Grundbesitzer) sind nur noch mit 38,4 % (gegenüber 83 % im Jahre 1910) vertreten, stellen damit aber noch die relativ stärkste Gruppe. Mit je 23 % folgen die Söhne von Kaufleuten und freien Akademikern, deren Anteil gegenüber 1910 um 6 % gestiegen ist, sowie die Söhne von mittleren Beamten, die 1910 unter den Regierungspräsidenten gar nicht vertreten waren. Bauern-, Handwerker- und Arbeiterfamilien stellen 13,3 %. Im Gegensatz zu den Beamtensöhnen, die fast alle studiert hatten, waren diese Männer über kommunale Ehrenämter oder über die Partei- und Gewerkschaftsbürokratie aufgestiegen.

Über die Herkunft der übrigen Beamten liegen für die Jahre nach 1918 nur spärliche Angaben vor, die keine sicheren Schlüsse auf den sozialen Wandel innerhalb dieser Kategorien zulassen. Nur für die Landräte läßt sich, wenn wir andere Daten hinzuziehen, ein annäherndes Bild geben: Wie aus den Laufbahnen der Landräte hervorgeht, war die überwiegende Mehrzahl von ihnen bereits in den Jahren vor 1914 in den Staatsdienst eingetreten, d. h. zu einer Zeit, als sich der Nachwuchs zu etwa 70 % aus Offiziers-, Grundbesitzer- und Beamtenfamilien ergänzte. Unterstellen wir, daß die soziale Herkunft der 240 Landräte, die 1918 aus der normalen Verwaltungslaufbahn hervorgegangen waren, derjenigen der Regierungsassessoren des Jahres 1910 etwa entsprach, so wären demnach etwa 170 (69,1 %) aus den erwähnten Berufsschichten, 40 (16,4 %) aus Kaufmanns- und Unternehmerkreisen und ca. 30 (12,5 %) aus sonstigen Akademikerfamilien hervorgegangen.[53]

Da sich die Landräte im Jahre 1928 jedoch nur zu 55 % aus den Regierungsassessoren rekrutierten, wird man die errechneten Zahlen für die gesamte Beamtenkategorie nicht als repräsentativ ansehen dürfen. Die Justiz- und Kommunallaufbahn galt vor 1914 als weniger exklusiv als die allgemeine Staatsverwaltung, so daß Söhne von Nichtakademikern, vor allem von Lehrern und mittleren Beamten, unter den Gerichtsassessoren häufiger anzutreffen waren. Bedenkt man außerdem, daß die Mehrzahl der Gerichtsassessoren unter den Landräten ihr Examen erst nach 1918, d. h. zu einer Zeit ablegte, als ein starker Zustrom an die Universitäten aus Angestellten- und mittleren Beamtenfamilien einsetzte, so läßt sich annehmen, daß diese als Nachwuchsreservoir bisher atypischen Schichten einen erheblichen, wenn auch in seiner Größe nicht abschätzbaren Teil der aus der Justizlaufbahn hervorgegangenen Landräte stellten. Ähnliches dürfte für die aus anderen akademischen Laufbahnen kommenden Landräte gelten. Arbeitersöhne scheint es unter den Gerichtsassessoren allerdings nur in verschwindend geringem Ausmaß gegeben zu haben: Auf sie entfielen 1928 erst 0,68 % der Gerichtsreferendare und 1930 erst 1,6 % der Rechtsstudenten.[54]

Bei den Außenseitern und den akademisch nicht vorgebildeten Beamten dürfte es sich im wesentlichen um Söhne von Arbeitern, Handwerkern, zum Teil wohl auch von Landwirten und mittleren Beamten handeln. Die übliche Berufslaufbahn des Außenseiters ist in den Biographien bereits geschildert worden. Die des Bürobeamten begann in der Regel als Supernumerar oder Expedient und führte bis zum Regierungs- oder Kreissekretär, bevor mit der Ernennung zum Landrat der Sprung in die höhere Beamtenlaufbahn gelang.

Treffen diese Annahmen zu, so darf gefolgert werden, daß die Offiziers-, Grundbesitzer- und Beamtensöhne vornehmlich unter den Regierungsassessoren zu suchen sind. Ihre Zahl beträgt demnach ca. 170, d. h. mindestens 40,7 % aller 1928 amtierenden Landräte, wahrscheinlich liegt sie höher, da auch eine Reihe von Gerichtsassessoren aus diesen Familien stammte. Gegenüber der Zahl von 89 % im Jahre 1910, was einer fast alleinigen Anwartschaft auf die Landratsämter sehr nahe kam, sank ihr Anteil damit bis 1928 um 40 bis 50 %, blieb aber immer noch relativ hoch. Dagegen dürften höchstens 14 % der Landräte (d. h. die Außenseiter, die mittleren Beamten und ca. 0,7 % der Gerichtsassessoren) aus bäuerlichen, handwerklichen oder Arbeiterfamilien gekommen sein. Für die Söhne aus den drei übrigen Gruppen der Kaufleute und Unternehmer, der freien Akademiker und der mittleren Beamten blieben damit 40 bis 45 %, was einer Zunahme von mehr als 30 % gegenüber 1910 gleichkäme.

An den Väterberufen wird somit ein spürbarer Wandel in der sozialen Herkunft der politischen Beamten erkennbar. Die Vorrangstellung der oberen Mittelschicht war gegenüber 1910 eingeschränkt, wenn auch keineswegs gebrochen, da ihr noch je zwei Fünftel der Regierungspräsidenten und Landräte und ein Fünftel der Oberpräsidenten entstammte. Innerhalb dieser Gruppe verschob sich das Schwergewicht leicht zugunsten der Kaufmanns- und Unternehmerfamilien. Aber während dieser

Prozeß bereits in der wilhelminischen Zeit eingesetzt hatte, war der Aufstieg von Lehrer- und Beamtensöhnen, d. h. von Angehörigen der unteren Mittelschicht, eine neuartige Erscheinung. Einer weiteren Öffnung der Behördenlaufbahn nach unten, vor allem für die Arbeiterschaft, die 1925 fast 45 % der Bevölkerung Preußens ausmachte,[55] setzte das im Einzelfall zwar durchbrochene, grundsätzlich aber nicht angetastete Juristenmonopol enge Grenzen. Diese konnten nur überschritten werden, wenn Arbeitersöhne in größerer Zahl zum Hochschulstudium gelangten. Solange diese noch nicht 2 % der Rechtsstudenten stellten, fehlten alle Voraussetzungen, um die Bürokratie, wie es die SPD wünschte, auch aus dieser Bevölkerungsgruppe zu ergänzen. Dieses Ziel hätte eine Verbindung der republikanischen Personalpolitik mit einer auf die Brechung der überkommenen Bildungsprivilegien zielende Kulturpolitik erforderlich gemacht. Über das Ausmaß derartiger Bemühungen läßt sich wenig in Erfahrung bringen. Augenfällige Resultate können sie aber kaum erbracht haben.

Neben der einheitlichen Herkunft aus den Familien der Oberschicht und der oberen Mittelschicht hatte auch der «Korporationsnepotismus»[56] zur inneren Gleichförmigkeit des Beamtentums beigetragen. Unter den Verbindungen galten vornehmlich die Korps des Kösener S.C. als günstige Ausgangsbasis für den höheren Verwaltungsdienst. Es war daher zu untersuchen, wieviele Beamte vor und nach der Novemberrevolution einer solchen Verbindung angehörten.

Ehemalige Korpsstudenten[57]:

	1918	1928
Oberpräsidenten	8 (64 %)	1 (8 %)
Regierungspräsidenten	12 (33 %)	5 (18 %)
Vizepräsidenten beim OP.	3 (42 %)	2 (16 %)
Regierungsvizepräsidenten	8 (23 %)	7 (22 %)
Polizeipräsidenten	9 (39 %)	3 (7 %)
Landräte (Westprovinzen)	40 (31,2 %)	27 (22,8 %)

Die Tabelle zeigt die gleiche rückläufige Tendenz, die wir beim Anteil des Adels und der bevorzugten Berufsschichten feststellen konnten. Mit durchschnittlich 12 % gegenüber 38 % im Jahre 1918 erscheint die Stärke der Korporierten vergleichsweise gering. Läßt man jedoch die Oberpräsidenten und Polizeipräsidenten, die zum erheblichen Teil ohne akademische Vorbildung waren, außer Betracht, so gelangt man für die Regierungspräsidenten, die Vizepräsidenten des Oberpräsidiums, die Regierungsvizepräsidenten und die Landräte auf die beachtliche Durchschnittsrate von 20 %, d. h. nach 1928 war jeder fünfte politische Beamte Alter Herr in einem Korps des Kösener Verbandes. Dies mag sich aus dem Umstand erklären, daß der Korpszugehörigkeit nicht notwendigerweise eine bestimmte soziale Herkunft, Konfession oder politische Haltung entsprach. Zwar stammte die Mehrheit der korporierten Beamten aus evangelischen Familien der oberen Schichten. Wir begegnen in dieser Gruppe aber auch Söhnen mittlerer Beamter, für deren sozialen Aufstieg die Mitgliedschaft im Korps eine gewisse Bedeutung gehabt haben mag, sowie einer Anzahl von Katholiken. Ebenso gab es, obwohl die meisten Korpsstudenten der DVP oder DNVP nahestanden, unter ihnen auch Anhänger des Zentrums, der DDP, selbst der SPD.

Der Anteil von Mitgliedern anderer Korporationen konnte nur für den katholischen C. V. lückenlos ermittelt werden.[58]

1928 waren von:

	akad. vorgebild.	Katholiken	C. V. Mitgl.
12 Oberpräsidenten	8	2	1 (Ehrenmitgl.)
33 Regierungspräsidenten	27	7	2 (1 %)
12 Vizepräsidenten beim OP.	12	5	1 (8 %)
32 Regierungsvizepräsidenten	31	11	3 (9,1 %)
42 Polizeipräsidenten	20	5	2 (4,7 %)
120 Landräten (Westprov.)	109	69	12 (10 %)

Damit stellten frühere Mitglieder des C. V. 7,6 % aller politischen Beamten und 8 % der Regierungspräsidenten, Vizepräsidenten und Landräte. Dieser Prozentsatz ist nicht so gering, wenn man bedenkt, daß der C. V. auf katholische Akademiker begrenzt war. Von den katholischen Beamten entfielen 23,3 %, d. h. fast ein Viertel, auf Angehörige dieses Verbandes.

Der Einfluß des Zentrums auf die Personalpolitik bewirkte einen auffälligen Wandel in der *konfessionellen Zusammensetzung* der Beamtenschaft. Die Zahl der katholischen Beamten betrug unter den[59]

	1916	1926	1928
Oberpräsidenten	1 (8 %)	3 (25 %)	3 (25 %)
Regierungspräsidenten	3 (8 %)	6 (19 %)	7 (22 %)
Vizepräsidenten beim OP.	–	1 (8 %)	2 (17 %)
Regierungsvizepräsidenten	3 (8 %)	9 (28 %)	10 (31 %)
Polizeipräsidenten	–	5 (21 %)	8 (26 %)
Landräten	72 (15 %)	116 (28 %)	–

Aus dem evangelischen Bevölkerungsteil stammten:

	1916	1926	1928
Oberpräsidenten	11 (92 %)	5 (40 %)	6 (50 %)
Regierungspräsidenten	33 (92 %)	23 (74 %)	23 (72 %)
Vizepräsidenten beim OP.	12 (100 %)	10 (91 %)	10 (83 %)
Regierungsvizepräsidenten	32 (92 %)	23 (72 %)	22 (69 %)
Polizeipräsidenten	–	14 (45 %)	15 (36 %)
Landräten	409 (85 %)	271 (65 %)	–

62 % der leitenden Verwaltungsposten in der Provinz waren demnach 1928 mit Protestanten, 25 % mit Katholiken und 13 % mit Dissidenten oder Andersgläubigen besetzt. Bei einem Verhältnis der Gesamtbevölkerung von 63 % Protestanten zu 32 % Katholiken[60] bestand damit eine annähernde Parität. Die drei Westprovinzen hatten entsprechend ihrer Konfessionsstruktur einen wesentlich höheren Anteil katholischer Landräte aufzuweisen als dem preußischen Durchschnitt entsprach. Er betrug:

1918	48 von 128 Landräten	(37,5 %)
1929	69 von 120 Landräten	(57,5 %).

Neben der Konfessionszugehörigkeit verdient die *landsmannschaftliche Herkunft* der Beamten unsere Aufmerksamkeit. Sie war für die Auswahl namentlich der Landräte und Oberpräsidenten von erheblicher Bedeutung, da die regionalen und lokalen Parteistellen sich in der Regel für Kandidaten einsetzten, die nicht nur den fachlichen, politischen und konfessionellen Erfordernissen entsprachen, sondern zugleich durch Geburt oder frühere Tätigkeit mit den sozialen und wirtschaftlichen Verhältnissen des Kreises oder der Provinz vertraut waren.

In der Rheinprovinz und in Oberschlesien bekam der Wunsch nach eingesessenen Beamten einen besonderen politischen Akzent, da er wiederholt mit dem Hinweis auf Loslösungsbestrebungen unterstrichen wurde.[61]

Ihrem Geburtsort nach stammten im Jahre 1929 aus den:

	Oberpräsidenten	Regierungspräsidenten
ostelbischen Provinzen einschl. Berlin sowie aus Sachsen und Hannover	9 (75 %)	15 (45,4 %)
Westprovinzen und Süddeutschl.	2 (17 %)	12 (36,4 %)
unbekannt	1 (8 %)	6 (18,2 %)

Demnach stellten die nordwestlichen und ostelbischen Provinzen Preußens 54,3 %, die Westprovinzen und Süddeutschland 31,1 % der leitenden Beamten. Diese Zahlen entsprachen der Bevölkerungsverteilung in Preußen (1925 wohnten 60 % in den östlichen und nordwestlichen Provinzen und 40 % in Westfalen, Hessen-Nassau und der Rheinprovinz,[62] so daß von einer Überrepräsentation des nord- und ostdeutschen Elements in der Verwaltungsspitze nicht mehr gesprochen werden kann. Leider fehlen vergleichbare Daten aus der Zeit der Monarchie; die Herkunft einiger königlicher Ober- und Regierungspräsidenten deutet jedoch darauf hin, daß ein verstärkter Zustrom von Rheinländern, Westfalen und Hessen-Nassauern bereits in den Jahren vor 1914 einsetzte.

Ähnlich wie in der Monarchie, als die Oberpräsidenten in ihrer Provinz häufig begütert waren, standen auch ihre Nachfolger in engen persönlichen Verbindungen zu ihrem Verwaltungsbereich. Von den 12 Oberpräsidenten des Jahres 1929 hatten 8 (66 %) dort als Anwälte, Beamte oder Gewerkschaftssekretäre gearbeitet, 5 waren sogar dort geboren oder aufgewachsen.

Für die Auswahl der Regierungspräsidenten war ihre regionale Herkunft von ungleich geringerer Bedeutung, obwohl sich dank der Mitsprache der Provinzialausschüsse die Tendenz zur Ernennung einheimischer Beamter verstärkt zu haben scheint. Nur bei 8 der 33 Regierungspräsidenten (24 %) lagen Geburtsort oder bisherige Tätigkeit in der gleichen Provinz wie der von ihnen verwaltete Bezirk, 5 weitere hatten diesen auf früheren Stationen ihrer Karriere kennengelernt, waren aber inzwischen in andere Gegenden versetzt worden, die übrigen kamen mit ihrem Bezirk erst jetzt in Berührung. Die Laufbahn der Regierungspräsidenten hatte in der Regel kreuz und quer durch das preußische Staatsgebiet geführt. So stammte Karl von Halfern (Stettin) aus einer Aachener Familie. Er war zunächst Landrat in seiner Heimatprovinz, später Polizeidirektor in Saarbrücken, Ministerialrat im preußischen Finanzministerium und Regierungspräsident in Hildesheim gewesen. In umgekehrter Richtung verlief der Weg seines Kollegen Dr. Friedensburg, eines gebürtigen Breslauers, der nach seiner Tätigkeit als Landrat eines westpreußischen Kreises als Vizepräsident an das Berliner Polizeipräsidium kam und von dort nach Kassel versetzt wurde. Ähnliches gilt für die meisten Vizepräsidenten und Polizeipräsidenten, die im Laufe ihrer Dienstzeit in den verschiedensten Gegenden Preußens eingesetzt waren.

Dagegen bestimmte sich die Auswahl der Landräte in starkem Maße nach landmannschaftlichen Gesichtspunkten. Die folgende Tabelle zeigt dies für die westlichen Provinzen:

Geburtsort der Landräte	1918	1929
Westfalen, Rheinland, Hessen-Nassau	81 (64,8 %)	86 (74,1 %)
übriges West- und Süddeutschland mit Elsaß-Lothringen	4 (3,2 %)	8 (6,5 %)
Berlin, Mittel-, Nord- und Ostdeutschland	33 (26,4 %)	22 (18,0 %)
außerhalb des Reiches oder unbekannt	7 (5,6 %)	6 (4,9 %)

Wie aus diesen Zahlen hervorgeht, wurde 1918 nur etwa ein Viertel aller westlichen Landratsämter von Beamten aus den nordwestlichen oder ostelbischen Provinzen verwaltet. Bereits im Jahrzehnt vor dem 1. Weltkrieg scheint das preußische Staatsministerium von dem Brauch abgegangen zu sein, in die Westgebiete vornehmlich Altpreußen zu entsenden. Es bedurfte daher nach 1918 keiner nennenswerten Verschiebungen, um dem Verlangen nach einheimischen Kreisverwaltern zu entsprechen.[63] Der Zuwachs an Beamten aus dem Westen und der Rückgang der Ostelbier hielt sich mit 10 % bzw. 6,4 % in relativ engen

Grenzen. Bei den Süddeutschen handelte es sich meist um Angehörige der Verwaltung von Elsaß-Lothringen, die 1919 im preußischen Staatsdienst Aufnahme gefunden hatten.

Vorbildung und Laufbahn

Wie bereits erwähnt, waren bis 1918 die politischen Verwaltungsposten fast ausschließlich Juristen vorbehalten, die das Regierungsreferendariat durchlaufen hatten. Der Homogenität in sozialer Herkunft und Erziehung entsprach damit eine Gleichartigkeit der Berufsvorbildung und Laufbahn, die beide dem preußischen Beamtentum die Züge einer dem Offizierskorps ähnlichen «Gesinnungsgemeinschaft» aufprägten.[64]

Die folgenden Tabellen zeigen den Auflockerungsprozeß, den die republikanische Personalpolitik in diesem starren Gefüge herbeiführte.

Anteil der Juristen:[65]

	1916	1926	1928	1929
Oberpräsidenten	12 (100 %)	6 (50 %)	6 (50 %)	6 (50 %)
Regierungspräs.	36 (100 %)	25 (81 %)	24 (75 %)	23 (72 %)
Vizepräsidenten beim OP.	12 (10 %)	10 (91 %)	11 (92 %)	11 (92 %)

	1916	1926	1928	1929
Regierungsvizepräs.	35 (100 %)	32 (100 %)	32 (100 %)	30 (94 %)
Polizeipräsidenten	–	12 (50 %)	13 (42 %)	17 (41 %)
Landräten	452 (94 %)	–	347 (83 %)	343 (84 %)

Der Prozentsatz der Juristen ging damit bis 1929 auf durchschnittlich 72,2 % zurück. An dieser Zahl wird deutlich, daß die preußische Regierung von ihrer Möglichkeit, Außenseiter einzustellen, nur sparsam Gebrauch machte. Rechnet man die Oberpräsidien und Polizeipräsidien ab, wo es nach Ansicht der preußischen Innenminister eher auf politisches Urteilsvermögen als auf juristische Examina ankam, gelangt man für 1929 sogar auf einen Durchschnitt von 85,5 % juristisch vorgebildeter Beamter. So blieb die Vorrangstellung der Juristen trotz der außenseiterfreundlichen Politik Severings und Grzesinskis im wesentlichen gewahrt.

Allerdings kam der juristische Nachwuchs nur noch zu einem Teil aus der Schule der Regierungsreferendare. Von den Landräten waren:[66]

	1926	1928	1932
Regierungsassessoren	246 (59 %)	239 (55 %)	240 (59 %)
Gerichtsassessoren	104 (25 %)	108 (26 %)	103 (24 %)

Die Regierungsassessoren bildeten mit 55 bis 59 % zwar immer noch den Stamm der Landräte. Neben ihnen gewannen aber die «reinen

Juristen», d. h. die Absolventen der Staatsprüfung für das Richteramt, über deren Konkurrenz bereits vor 1914 in Beamtenkreisen geklagt wurde[67] und die in anderen Verwaltungszweigen die Mehrzahl der Stellen innehatten,[68] auch in der inneren Verwaltung ein größeres Gewicht. Diese Tendenz ist um so bemerkenswerter, als in der öffentlichen Diskussion um die Reform des höheren Dienstes ziemlich einhellig die Ansicht vertreten wurde, man müsse vom Typ des vorwiegend juristisch geschulten Verwaltungsbeamten allmählich loskommen oder wenigstens im Ausbildungsplan auf die Wirtschaftswissenschaften ein größeres Gewicht legen.[69] In der Praxis war die Ergänzung des Beamtenkörpers aus den Justizjuristen jedoch kaum zu vermeiden, da die Zahl der bei den Bezirksbehörden ausgebildeten Referendare hinter dem Nachwuchsbedarf ohnehin zurückblieb und auch für eine Demokratisierung der Verwaltungsspitze nicht ausgereicht hätte.

Juristisch nicht Vorgebildete nahmen 1926: 22,2 %, 1928: 25,3 % und 1929: 27,8 % der politischen Beamtenstellen ein. Über ihren Bildungsgang liegen Angaben aus dem Jahre 1929 (für die Landräte 1928) vor. Danach waren von den:

6 Oberpräsidenten:	3 Akademiker (2 Dr. rer. pol., 1 Ingenieur), 2 Partei- und Gewerkschaftssekretäre und 1 Redakteur.
9 Regierungspräsidenten:	3 Akademiker (1 Gerichtsreferendar und Dr. jur., 1 Bergassessor, 1 Dr. rer. pol.), 1 Volksschullehrer, 4 Partei- oder Gewerkschaftsangestellte, 1 Redakteur.
1 Vizepräsident beim OP.:	Akademiker (Philologe).
2 Regierungsvizepräsidenten:	1 Akademiker (Dr. rer. pol.), 1 Volksschullehrer.
25 Polizeipräsidenten:	3 Akademiker (unbekannter Fachrichtung), 2 Volksschullehrer, 20 Partei- oder Gewerkschaftsangestellte.
70 Landräten:	15 Akademiker (unbekannter Fachrichtung), 16 mittl. Verwaltungsbeamte (Regierungs- oder Kreissekretäre), 41 Volksschullehrer, Partei- oder Gewerkschaftsangestellte.
Insgesamt:	24 Akademiker, 16 mittlere Verwaltungsbeamte und 73 Volksschullehrer, Partei- oder Gewerkschaftsangestellte (64,6 %).

Parteizugehörigkeit

Die politische Zusammensetzung des Beamtenkörpers läßt sich an den folgenden Übersichten ablesen:[70]

Oberpräsidenten	1918	1920	1925	1929
Konservativ/deutschnational	11	1	–	–
Nationalliberal/DVP	1	1	1	2
Z	–	2	3	3
DDP	–	4	4	3
SPD	–	4	4	4

Regierungspräsidenten	1918	1920	1925	1929
Konservativ/deutschnational	32	16	1	1
Nationalliberal/DVP	2	3	9	9
Z	–	4	7	7
DDP	–	5	9	8
SPD	–	4	6	6
unbekannt	–	2	2	1

Die Parteizugehörigkeit der Polizeipräsidenten und der Vizepräsidenten konnte für die Jahre 1925 und 1929 ermittelt werden.

Polizeipräsidenten	1925	1929		1925	1929
parteilos	7	2	Z	2	7
DVP	1	4	DDP	2	7
DNVP			SPD	1	24

Vizepräsidenten beim Oberpräsidium	1929	Regierungsvizepräsidenten 1929
Konservativ/DNVP	1	3
DVP	3	5
Z	3	10
DDP	1	6
SPD	2	7
unbekannt	3	1

Landräte	1918	1920	1925	1929
Konservativ/DNVP	121	36	23	17
Nationalliberal/DVP	2	16	20	8
Z	1	37	54	57
DDP	–	3	10	14
unbekannt	–	25	15	13

1929 befanden sich unter den 540 politischen Beamten außerhalb der Ministerien: 107 Sozialdemokraten, 72 Demokraten, 112 Zentrumsanhänger und 95 Mitglieder der DVP. Etwa 50 Beamte, meist Landräte, dürften der DNVP angehört, ihr zumindest nahegestanden haben. Der politische Standort der restlichen 100 Beamten ließ sich nicht zuverlässig bestimmen.[71]

Setzt man die Parteizugehörigkeit der Beamten in Beziehung zu ihrer sozialen Herkunft, Vorbildung und Berufslaufbahn, so ergeben sich weitgehende Parallelitäten.[72] Die Anhänger der Rechtsparteien entstammten fast sämtlich der oberen Mittelschicht und hatten das Assessorexamen abgelegt. Von den Sozialdemokraten waren zwei Drittel aus der unteren Mittelschicht oder Unterschicht hervorgegangen und vier Fünftel ohne juristische Vorbildung. Dagegen spiegelt sich bei den Demokraten und Zentrumsanhängern die größere soziale Vielfalt ihrer Parteien. Beide kamen je zur Hälfte aus der oberen Mittelschicht und den nach Einkommen und Prestige unter diesen stehenden Sozialgruppen;[73] sie hatten mit 83 % (DDP) und 91 % (Z) einen weit höheren Anteil von Juristen aufzuweisen als die SPD. So bildeten die politischen Beamten der Republik keine politisch und sozial geschlossene Gruppe mehr, sondern eine Reihe, an deren Anfang der «rechtsstehende» Fachbeamte «alter Schule» stand und die über den früheren Bürgermeister und Rechtsanwalt verschiedenster Herkunft und Parteizugehörigkeit beim Typus des sozialdemokratischen Außenseiters aus der Partei- oder Gewerkschaftslaufbahn endete.

Eine regionale Differenzierung der Parteiquoten läßt erkennen, daß die Zentrumspartei in ihren Hochburgen auch die Mehrzahl der Verwaltungsposten besetzte. So wiesen die Rheinprovinz, Westfalen und Oberschlesien einen besonders hohen Anteil von Zentrumsbeamten auf. In allen drei Provinzen stellte das Zentrum die Oberpräsidenten sowie 4 der 7 Regierungspräsidenten. Unter den 82 Landräten in Westfalen und der Rheinprovinz befanden sich 58 Zentrumsanhänger. Auch andere überwiegend katholische Gebiete, zum Beispiel der Regierungsbezirk Osnabrück oder die Kreise Fulda und Limburg, wurden von Angehörigen dieser Partei verwaltet. Aus ähnlichen Gründen gehörten die Oberpräsidenten von Niederschlesien und Sachsen oder die Regierungspräsidenten der Industriebezirke Düsseldorf, Arnsberg und Merseburg meist der SPD an.[73]

Die SPD besaß jedoch in keiner Provinz ein ähnliches Übergewicht wie das Zentrum im Rheinland. Ihre Beamten waren ebenso wie die der übrigen Parteien ohne erkennbare Schwerpunkte über das gesamte Staatsgebiet verstreut. Der Grundsatz politischer Parität von Verwaltungsbeamten und Bevölkerung fand seine Grenzen an den staatspolitischen Zielen der Personalauslese. So wurde in den östlich der Elbe gelegenen Wählerzentren der DNVP zwar eine Reihe deutschnationaler Landräte, aber nie ein deutschnationaler Regierungspräsident angestellt. Anscheinend sollte die Ernennung von Mitgliedern der DVP zu Regierungspräsidenten in Stettin, Schneidemühl, Königsberg und Allenstein die Absicht der Regierung bekunden, in Gebiete mit rechtsgerichteter Bevölkerungsmehrheit Beamte zu entsenden, die dem Denken der Bevölkerung nahestanden. Grundsätzlich galt jedoch das Prinzip des Proporzes, d. h. jede Partei sollte an den Verwaltungsposten sowohl innerhalb des ganzen Staatsgebiets als auch innerhalb einer Provinz beteiligt sein. So amtierten in Ostpreußen ein demokratischer Oberpräsident und vier Regierungspräsidenten, von denen zwei der DVP und je einer der DDP und dem Zentrum angehörten. Hannover hatte einen sozialdemokratischen Oberpräsidenten und als Regierungspräsidenten zwei Anhänger der DVP, einen Zentrumsmann, einen Demokraten, einen Sozialdemokraten und einen Deutschnationalen. Ähnlich verteilten sich die Behördenchefs in anderen Gebieten. Nach dem Grundsatz, daß jede Koalitionspartei in der Verwaltung einer Provinz vertreten sein sollte, wurden auch die einzelnen Behörden mit Beamten verschiedener Parteizugehörigkeit besetzt. Dem Oberpräsidenten Noske (SPD) war als Vertreter ein Demokrat beigegeben, der unter ihm amtierende Regierungspräsident von Velsen (DNVP) hatte einen Sozialdemokraten als Stellvertreter. Umgekehrt stand dem Oberpräsidenten Fuchs (Z) in der Rheinprovinz ein sozialdemokratischer Vizepräsident zur Seite, die Regierungspräsidenten Friedensburg (DDP) und von Harnack (SPD) wurden jeweils durch einen Deutschnationalen vertreten. Auf der Kreisebene ist eine ähnliche Stellenvergabe nachweisbar, wenn etwa ein rechtsgerichteter Landrat einen Assessor erhielt, der einer der Weimarer Parteien angehörte.[74]

Dieses System einer «planvollen Mischung aller politischen Anschauungen»[75] von der SPD bis zur DNVP trug nicht nur den Wünschen der Parteien nach Teilhabe an der «Herrschaft des Alltags» (M. Weber) Rechnung, es bot auch in staatspolitischer Hinsicht manche Vorteile. So entsprang die Ernennung eines Sozialdemokraten zum Regierungsvizepräsidenten in Hannover der Absicht des Innenministers, dem dortigen Bezirkschef, der noch in der Monarchie ernannt worden war, einen jüngeren «demokratisch-republikanischen» Beamten beizugeben;[76] wahrscheinlich wurden aus diesem Grunde für deutschnationale Landräte bevorzugt sozialdemokratische Assessoren als Hilfsarbeiter ausgewählt. Aber auch innerhalb der Koalitionsparteien bestand auf diese Weise die Möglichkeit gegenseitiger Kontrolle. Ein Beamter hatte deshalb nur begrenzte Chancen, die eigene Partei im Amte zu begünstigen. So gewährleistete das Proporzsystem, daß der Wille der Regierung in der Provinz zur Geltung kam, es verhinderte aber zugleich, daß der Behördenapparat einer einzelnen Partei dienstbar gemacht wurde.

Berufsauffassung der Beamten

a) Verhältnis zu den Parteien

Der politische Standort zahlreicher Amtsträger kann mit Angabe der Parteizugehörigkeit nur unzulänglich bestimmt werden. Beamte, die der DVP, der DNVP oder dem Zentrum zuneigten, unterschieden sich in ihrer Grundeinstellung oft nur um Nuancen. Wie aus zahlreichen Selbstzeugnissen hervorgeht, verband sie eine betont «vaterländische» Gesinnung und die Begeisterung für die Traditionen des Bismarckreiches, für das «alte Heer» und für die schwarzweißroten Farben.[77] Sie nährte sich aus den Reminiszenzen an die Vorkriegszeit, aus dem Erlebnis des Krieges und – im Rheinland und in Oberschlesien – der Besatzungszeit, in deren Verlauf die leitenden Beamten vielfach ausgewiesen, zum Teil sogar verhaftet worden waren. Dieser nationalistischen Grundstimmung entsprach ein tiefeingewurzelter Widerwille gegen «internationales» Denken, «Pazifismus», «Klassenkampf» und «utopische Volksbeglükkungsideen».[78] Der Zusammenarbeit mit sozialdemokratischen Kollegen oder Kreistagsmitgliedern tat diese Einstellung allerdings wenig Abbruch, unter den Beamten der Rheinprovinz bildete sich unter dem Druck der Besatzungsverhältnisse sogar ein Korpsgeist, der den Gegensatz zwischen Bürgerlichen und Sozialisten weitgehend in den Hintergrund treten ließ.[79]

Andererseits bestanden oft erhebliche Unterschiede zwischen den Mitgliedern derselben Partei. Unter den deutschnationalen Beamten gab es eine Minderheit, die aus ihrer Abneigung gegen die «rote Regierung» in Preußen keinen Hehl machte,[80] und eine Mehrheit, deren «loyale Einstellung gegenüber der republikanischen Staatsform und ihrer Regierung . . . außer jedem Zweifel» stand.[81]

Auch die Gruppe der Zentrumsbeamten spiegelt die politischen Gegensätze innerhalb dieser Partei. Eine Anzahl konservativer Katholiken, die sich während des Kaiserreiches dem Zentrum ferngehalten und erst 1918 den Anschluß an die Partei gefunden hatten, stand ihren deutschnationalen Berufskollegen näher als ihren Parteifreunden vom «linken» Flügel oder gar den Außenseitern aus der christlichen Gewerkschaftsbewegung.[82] Diese Männer, die häufig noch unter der Monarchie in den Staatsdienst eingetreten waren, standen durch ihre Tätigkeit und durch Familienbande in engen Beziehungen zu den Verbänden der rheinisch-westfälischen Landwirtschaft und vertraten die dort gepflegten Ideen einer «christlichen Demokratie», die im Gegensatz zu der «formalen» Weimarer Demokratie «in liebevoller Fürsorge der öffentlichen Gewalt für alle Klassen und Schichten der Bevölkerung . . . und Schutz der sozialen Gerechtigkeit durch die Staatsautorität» bestehen sollte.[83] Im Sinne dieses ständisch-autoritären Leitbildes wünschten sie eine stärkere Rechtsorientierung ihrer Partei.

. . .

Die Tatsache, daß ein Beamter sich zur DVP bekannte, besagte ebenfalls nur wenig über seine politische Einstellung. Neben einer Anzahl rheinischer und westfälischer Beamter, die aus liberaler Gesinnung oder auf Grund ihrer engen amtlichen oder persönlichen Verbindungen zum Unternehmertum sich der DVP angeschlossen hatten,[84] standen andere, die persönlich eher den Deutschnationalen zuneigten,[85] so daß Otto Braun einmal von der «volksparteilichen Schutzfärbung reaktionärer Beamter» sprach.[86] Damit wollte er andeuten, daß nicht selten Karrieregründe einen Beamten in diese Partei führten, die 1921 bis 1925 in der preußischen Regierung saß und die auch später bei der Stellenvergabe stets berücksichtigt wurde.

Eine exakte Bestimmung des politischen Standortes ist auch deshalb schwierig, weil die meisten Fachbeamten (im Gegensatz zu den Außenseitern) ihren Parteien nur lose verbunden waren. Trotz eindeutiger Sympathien konnten sich viele nicht zum förmlichen Beitritt entschließen,[87] andere vermieden in der Öffentlichkeit sogar jede Geste, die als Sympathieerklärung gedeutet werden konnte.

. . .

Auch diejenigen Fachbeamten, die eingeschriebene Parteimitglieder waren, traten außerhalb ihres Amtes nur selten politisch hervor.

. . .

In der Parteiarbeit traten politische Beamte selten hervor. Als Inhaber hoher Parteiämter konnten ein Regierungspräsident (Jänicke, Mitglied des Reichsparteiausschusses der DDP) und zwei Landräte (von Bismarck als Führer der deutschnationalen «Kampfstaffeln» und Schwebel als Mitglied des Reichsführerrings der Volkskonservativen Vereinigung) ermittelt werden. Eine nicht genau zu bestimmende Zahl politischer Beamter betätigte sich in örtlichen Parteivereinen, andere arbeiteten in der Parteipresse mit und beschäftigten sich dort mit sozialpolitischen Problemen, mit Fragen der kommunalen Neugliederung des Ruhrgebietes oder mit der Reichsreform.[89] Aber diese Tätigkeit war in der Regel nur sporadischer Natur. Etwa 80 % aller Fachbeamter auf politischen Verwaltungsposten dürfte sich außerdienstlicher politischer Tätigkeit enthalten haben.

Diese spürbare Distanz der Fachbeamten gegenüber den Parteien ist aus äußeren Umständen nicht hinreichend zu erklären, etwa aus ihrer dienstlichen Inanspruchnahme, die ihnen eine längere Abwesenheit vom Sitz ihrer Behörde nicht gestattete oder aus der Einführung des Verhältniswahlrechts, das den Einfluß örtlicher Honoratioren und damit auch den des Landrats auf die Kandidatenauslese zugunsten der regionalen und zentralen Parteiinstanzen ausschaltete. Sie ergab sich in starkem Maße aus einer spezifischen Berufsmentalität, die uns in den Zeugnissen von Beamten aus den verschiedensten Dienstzweigen entgegentritt. Hier wirkte sich nicht zuletzt die Eigenart der juristischen Schulung aus, die sie gelehrt hatte, Verwaltungsfragen «sachlich» und «objektiv», d. h. ausschließlich nach den Regeln logisch unanfechtbarer Gesetzesinterpretation und administrativer Zweckmäßigkeit zu behandeln. Der Einfluß positivistischer Lehren, die während ihrer Studienzeit gerade im Öffentlichen Recht vorgeherrscht und eine rein dogmatische Behandlung staatlicher Verhältnisse unter striktem Ausschluß politischer Fragen gefordert hatte, mag dazu verleitet haben, den politischen Kern verwaltungsrechtlicher Normen zu übersehen und diese als einzig mögliche und zeitlos gültige Regeln zu betrachten, eine Auffassung, die sich durch die

Dauerhaftigkeit preußischer Verwaltungsinstitutionen – Teile des Allgemeinen Landrechts waren noch 1930 geltendes Recht – zu bestätigen schien.[90] Wenn neuerdings das Erlebnis der Kontinuität von Staat und Recht im Wechsel der politischen Systeme die Betonung formaler Gesichtspunkte und die Orientierung am gesetzten Recht als wesentlich für die Verwaltungspraxis in der entwickelten Industriegesellschaft schlechthin hervorgehoben worden ist,[91] so dürften diese Merkmale gerade in der zwischen 1910 und 1930 in Deutschland tätigen Beamtengeneration vorhanden gewesen sein. Ihr Berufsstolz gründete sich auf eine in jahrelanger Routine erworbene Kenntnis der Gesetze und aller in ihren Arbeitsbereich fallenden Fachprobleme. Sachwissen, Fleiß und Fähigkeit zur Objektivität galten als oberste Maßstäbe für die Eignung zum Staatsdienst.[92] In diesen Begriffen lag eine unverkennbare Abgrenzung gegen die Politik, besonders gegen die Parteipolitik. Wenn ein Beamter einen Minister oder Abgeordneten objektiv nannte, so bedeutete dies stets ein hohes Lob.[93] Denn Parteipolitik wurde gern mit Dilettantismus, unfruchtbarer Polemik, mit Konzessionen an bestimmte Wählergruppen oder engstirnigem Dogmatismus gleichgesetzt. Nun war die «sachliche» Denkweise vieler Beamter ebensowenig unpolitisch wie der staatsrechtliche Positivismus, der nach Ansicht Carl Schmitts dem «gouvernementalen Status quo des Kaiserreiches» die «Würde unpolitischer reiner Richtigkeit» verliehen und der den Behörden «handliche, unverfängliche Formeln» zu seiner Behauptung geliefert hatte.[94]

Parteipolitik fand sich auch bei Beamten, die weder der DVP noch der DNVP nahestanden. Ministerialdirektor Arnold Brecht (DDP), der Vertreter Preußens im Reichsrat, schreibt, er habe «fünf- oder sechsmal» die Übernahme von Staatssekretärsposten abgelehnt, da er keine Stellungen annehmen wollte, die ihn «in zu enge Berührung mit der Politik gebracht hätten» und er die «unabhängige Arbeit als Sachverständiger auf dem Gebiete der Verfassung, der Verwaltung und des Finanzwesens» vorzog. Er habe nur zu genau gewußt, wie sehr die Arbeit der Minister und Staatssekretäre «durch politische und organisatorische Unzulänglichkeiten gelähmt» worden sei.[95] Die gleiche Mentalität trat bei Hermann Pünder, dem langjährigen Staatssekretär in der Reichskanzlei und späteren Regierungspräsidenten in Münster, zutage, als er 1932 Bedenken hatte, gemäß einer Anregung Brünings in der Parteispitze des Zentrums tätig zu werden. Er bemerkte dazu, er habe zwar seinen politischen Standpunkt, werde sich aber «. . . zum richtigen Parteipolitiker und Volksredner . . . als Freund rein sachlicher Arbeit wohl kaum entwikkeln».[96]

Mit dem Ethos der Sachlichkeit verband sich das Bewußtsein, als Diener des «Staates» oder des «Volkes» einem Gesamtinteresse verpflichtet zu sein, das den Zielen der einzelnen Parteien vorgeordnet war.

Damit ergab sich die Pflicht zu einer Amtsführung, die jeden Verdacht einer Begünstigung bestimmter Bevölkerungsgruppen ausschloß. Dem Willen zur Überparteilichkeit gaben gerade die Landräte wiederholt Ausdruck, da sie von allen Staatsbeamten besonders engen Kontakt zu den politischen Parteien unterhalten mußten.

...

Mancher Sozialdemokrat scheint sich im Staatsdienst seiner Partei sogar entfremdet zu haben. Auf einem Bezirksparteitag in Schleswig-Holstein wies Grzesinski 1929 auf die «bedenkliche» Erscheinung hin, «daß es ... eine Reihe von Beamten gibt, die, aus unseren Reihen hervorgegangen, nunmehr der Auffassung zu sein scheinen, daß sie sich so schnell wie möglich in die Beamtenschaft auch der Anschauung nach eingliedern müssen». Diese Männer hätten zwar ihre Parteizugehörigkeit nicht bewußt aufgegeben, aber doch «allzuschnell in ihrem Handeln und in ihrer Haltung den Ton des Bürokraten und die Art des Bürokraten» angenommen, «weil sie der grundsätzlich irrigen Meinung sind, sie dürften sich von den übrigen Beamten nicht mehr unterscheiden». Man könne sehr wohl Beamter sein und dennoch jederzeit zu erkennen geben, «daß man Sozialist ist, daß man aus der Arbeiterschaft kommt und daß man in Denken und Fühlen auf seiten der Arbeiterschaft steht».[97]

Während sich der größere Teil der Außenseiter damit in den Rahmen der bürokratischen Konvention einfügte, riefen andere durch ihr Verhalten heftige Kritik hervor. Zwar erwiesen sich die meisten Hinweise auf Unkorrektheiten sozialdemokratischer Amtsträger als unbegründet. Sie resultierten aus den parteipolitischen Gegensätzen in einzelnen Gebieten und der Animosität gegen den «roten» Landrat oder Oberpräsidenten.[98]

...

b) Staatspolitische Haltung

Das Verhältnis der Beamten zur Regierung wies je nach Dienstalter und persönlichen Sympathien starke Unterschiede auf. Für die Außenseiter und diejenigen Fachleute, die den Koalitionsparteien nahestanden, liefen Partei- und Regierungsbindung weitgehend parallel. Wesentlich differenzierter war die Haltung der übrigen Beamten, sowohl der älteren, die bereits unter dem königlichen Staatsministerium als Landräte, Abteilungsdirigenten in Bezirksbehörden oder Vortragende Räte gedient hatten, als auch der jüngeren Regierungsassessoren, die erst nach 1918 in derartige Posten einrückten. Ihrem parteipolitischen Standort nach – als konservative Katholiken, Anhänger der DVP, als Deutschnationale oder Volkskonservative – waren sie Gegner oder doch zumindest keine Anhänger des sozialdemokratisch geführten Kabinetts in Preußen; einzelne haben dies später offen bekannt.[99] Ihre innere Beziehung zur Parlamentarischen Exekutive beruhte auf dem Grundsatz der «Loyalität». Dieser

Begriff wurde sowohl von den sozialdemokratischen Ministern wie von den Beamten selbst benutzt, um die Basis ihrer Zusammenarbeit zu kennzeichnen. Was darunter zu verstehen war, läßt sich an zwei Beispielen verdeutlichen: Regierungspräsident Dr. Rose (Stade) war zugleich Abgeordneter der DVP im preußischen Landtag und unterstützte dort nach dem Ende der großen Koalition jeden Mißtrauensantrag seiner Fraktion gegen die Regierung Braun.[100] In seinem Staatsamte erwies er sich gleichwohl als «gouvernementaler Verwaltungsbeamter, der tat, was von ihm verlangt wurde» (Noske). Ähnlich urteilte Noske über den Regierungspräsidenten in Hannover, von Velsen: dieser habe von seiner deutschnationalen Gesinnung «amtlich keinen Gebrauch gemacht» und «nie gegen den Stachel gelöckt».[101]

Loyalität bedeutete somit eine unpersönliche Einordnung in den Regierungskurs. Sie ließ die innere Überzeugung des Beamten unberührt, erlaubte ihm also, ohne Preisgabe persönlicher Grundsätze einer «an sich wesensfremden Regierung»[102] zu dienen. Sie verpflichtete ihn zum Gehorsam gegenüber allen gesetz- und verfassungsmäßig zustandegekommenen Weisungen seiner Vorgesetzten, zur Handhabung des Ermessensspielraums nach den Richtlinien der Regierung und zum Verzicht auf jeden Versuch, eigene abweichende Ansichten in der Verwaltungsarbeit zur Geltung zu bringen. Sie hinderte ihn aber auch nicht, unter einer anderen Regierung für entgegengesetzte Ziele zu wirken.

In diesem Sinne dürfte die überwiegende Mehrzahl der politischen Beamten außerhalb der Koalitionsparteien ihre Pflicht erfüllt haben. Sie gehorchten, selbst wenn sie Anordnungen aus den Ministerien für verfehlt hielten. Soweit die amtlichen Unterlagen Aufschluß geben, kam es nur 1919/20 im Bereich der Lebensmittelzwangswirtschaft zu «Sabotageakten» einzelner Landräte. Auch die Zahl derer, die sich der Durchführung der Maßnahmen zum Schutz der Republik zu entziehen suchten, scheint relativ gering gewesen zu sein,[104] obwohl die Fälle der Landräte Schulze-Pelkum, von Frese und von Gilsa deutlich zeigen, daß in der Praxis die Grenzen zwischen unbewußter Nachlässigkeit und bewußter Obstruktion nur schwer zu ziehen waren. Selbst während der beiden Volksbegehren «Freiheitsgesetz» (1929) und «Landtagsauflösung» (1931), die gerade deutschnationale Beamte in einen Konflikt zwischen Dienstpflicht und Parteibindung brachten, erwies sich die Mehrzahl als zuverlässig. Die ständigen Ermahnungen und der Kontakt, den die Besprechungen im Innenministerium zwischen der Regierung und den leitenden Beamten, die Konferenzen in der Bezirkshauptstadt zwischen Regierungspräsident und Landräten herstellten, mochten dazu beigetragen haben, die Verwaltungsbehörden fest an den Kurs des Staatsministeriums zu binden. Wenn sich die Einbeziehung der Kreisinstanz in politische Aufgaben mitunter als schwierig herausstellte – ihre Berichte über den Stand der nationalsozialistischen Bewegung ließen vielfach zu wünschen übrig –, so lag dies, wie Regierungspräsident Friedensburg im Dezember 1930 für den Bezirk Kassel feststellte, an der Eigenwilligkeit mancher Landräte, die sich in erster Linie als Kommunalbeamte ihres Kreises betrachteten und für die staatliche Seite ihres Amtes wenig Verständnis aufbrachten.[105] Sympathien für die anwachsende NSDAP dürften hier kaum im Spiel gewesen sein. Ein sozialdemokratischer Regierungsrat, der im Juli 1930 auf einer Konferenz der Polizeichefs der Provinz Hessen-Nassau die Mängel in der Berichterstattung auch darauf zurückführte, daß die Bedeutung und Gefährlichkeit der NSDAP von den Kreisbehörden weit unterschätzt würden,[106] erklärte gleichwohl, es liege ihm fern, «die loyale Einstellung auch nur eines Landrats gegenüber der gegenwärtigen Staatsform anzweifeln zu wollen».[107]

Ähnliche Unterschiede wie im Verhältnis zur Regierung, traten unter den Beamten in der Bewertung der Staatsform hervor. Die Außenseiter und die meisten sozialdemokratischen, demokratischen und Zentrumsjuristen waren überzeugte Anhänger der Republik. Ferdinand Friedensburg (DDP) wurde bald nach seiner Ernennung zum Regierungspräsidenten in Kassel von der Landtagsfraktion der DNVP heftig angegriffen, weil er es in einem Interview als seine Aufgabe bezeichnet hatte, die kurhessische Bevölkerung zur «Staatsbejahung» zu erziehen.[108] Er war überzeugt, «daß der mühsame demokratische Staatsaufbau ein rückhaltloses Bekennen und Eintreten seiner Diener für die tragenden Staatsideen verlangte», er «sah die heraufziehende tödliche Bedrohung sehr klar» und wollte sich davor nicht in die «verführerisch bequeme Rolle des zur Neutralität verpflichteten hohen Staatsbeamten zurückziehen».[109] Friedensburg teilte diese Auffassung mit seinen Amtskollegen Ernst von Harnack, einem der wenigen Regierungsassessoren, die im November 1918 Anschluß bei der SPD gesucht hatten,[110] und Rudolf Amelunxen (Z), der 1927 bei der Amtseinführung eines neuen Landrats betonte, der Eid auf die Verfassung bedeute «nicht nur Duldung der Republik und Heraushängen der Nationalfahne, wenn es von Berlin aus befohlen wird, er bedeutet den kraftvollen Willen zur Durchtränkung der Verwaltung und des öffentlichen Lebens mit dem Geist der Verfassung.»[111] Friedensburg und von Harnack mußten es in Kauf nehmen, daß viele Bezirksbewohner ihrer eigenen Tradition und Erziehung – beide stammten aus der sozialen Oberschicht und waren ehemalige Burschenschaftler – ihnen mit «unverhohlener Abneigung» begegneten.[112]

Die älteren, aus der Monarchie übernommenen Verwaltungsjuristen kostete es manchen inneren Kampf bis sie sich mit den neuen Verhältnissen abgefunden hatten. Wahrscheinlich rangen sie sich allmählich dazu durch, die Republik anzuerkennen und ihr loyal zu dienen, spielte doch nach ihrem Dienstverständnis die Frage der Staatsform gegenüber den Werten «Staat» und «Vaterland» eine untergeordnete Rolle. Einige zogen einen Schlußstrich unter die monarchische Vergangenheit und stellten sich ganz bewußt auf den Boden der Republik . . .

Der Begriff der Verfassungstreue oder Verfassungsloyalität, der auf die übrigen angewandt wurde, bedeutete dagegen nach zeitgenössischem Sprachgebrauch nicht mehr als die Bereitschaft, den Staat in seiner augenblicklichen Form zu respektieren.

Teil III
Wo blieb das «aktive Eintreten» oder Die stille Passivität der Beamten

1. Karl Dietrich Bracher
Die enthaltsame Bürokratie

Eine Betrachtung der Weimarer Republik sieht sich auch heute noch der Tatsache gegenüber, daß die Rolle der Beamtenschaft und im weiteren Sinne der Bürokratie im Rahmen der politischen Gesamtstruktur vorwiegend in ihrer staatsrechtlich-theoretischen, kaum jedoch in ihrer politisch-soziologischen Bedeutung gewürdigt wird.[1] Selbst die antibürokratische Literatur beschränkt sich in ihren Untersuchungen meist auf flüchtig herangezogene Beispiele, die selten in ihrer historischen und soziologischen Bedingtheit und Bezogenheit situationsgemäß erfaßt wurden. Erst wenn man den Begriff des Beamten politisch und soziologisch differenziert,[2] wird jedoch die Bedeutung der Existenz- und Interessengebundenheit dieser sozialen Gruppe gegenüber dem Staat und innerhalb der Gesellschaft sichtbar, auch insofern sie die augenfälligen Existenzbedürfnisse wie Anstellung, Besoldung und Pension überschreitet.[3]

Grundlinien der Problematik

Es war für die Verhältnisse der Weimarer Republik kennzeichnend, daß die Verwaltung weitgehend Juristenmonopol war und daß die praktische Auslese auf mancherlei unkontrollierbare Protektions- und Interessenmechanismen zurückgriff, wobei gesellschaftliche Beziehungen, wie sie z. B. die aristokratische Korporation des Kösener S. C. bot, eine große Rolle spielten.[4] Das akademische Monopol sollte dann auch vom Nationalsozialismus nur unwesentlich durchbrochen werden.[5] Auch die Bürokratie der Industrie, der Arbeiterbewegung, der Kirche, der Schule und der Presse tendierte zwar auf eine gewisse Exklusivität hin. Sie hatte jedoch vor der staatlichen Bürokratie bessere Auswahlprinzipien, ein klareres Bewußtsein ihrer Aufgaben und ein bejahendes Verhältnis zu ihren Funktionen und deren Trägern voraus:[6] «das großartigste Beispiel einer demokratisch ausgewählten, aristokratisch herrschenden und monarchisch beherrschten Bürokratie» bot die Organisation der katholischen Kirche.[7]

Das Bild, das die antibürokratische Literatur von dem Gegeneinander einer freien Gesellschaft und einer zahlen- wie machtmäßig ständig anwachsenden bürokratischen Kaste zeichnet,[8] ist freilich unscharf und unterschätzt Übergänge wie gegenseitige Durchdringung beider Gruppen.[9] Bürokratisierung im strengen Wortsinn ist eine Entwicklung, die mit der Ausweitung und Komplizierung des modernen Staates immer weitere Fortschritte macht. Sie greift von der öffentlichen auf die private Sphäre, vom Staat auf die Gesellschaft über und äußert sich besonders in der Ablösung unmittelbarer durch mittelbare Bindungen, im hierarchisch-monokratischen Kompetenzenaufbau, im Überhandnehmen des Funktionärtums und in der mechanischen Rationalisierung aller Beziehungen.[10] Die Bürokratie bemächtigt sich fast aller sozialen Lebenserscheinungen, wird selbst zu einem unentbehrlichen Machtstand mit einer festen, alle Standesmitglieder umfassenden Herrschaftsbeziehung, zu einer Interessengemeinschaft der Funktionäre, deren sich in der Folge die verschiedensten politischen und gesellschaftlichen Mächte als Instrument bedienen können.

Wir beschränken uns hier auf einige Aspekte dieses Prozesses, der ein durchaus ambivalentes Gesicht hat und sich positiv wie negativ auswirken kann.[11] Die verschiedenen Typen des Beamten sind keineswegs immer nach Stellung und Funktion, sondern vielfach eher nach der psychologisch-politischen Haltung bestimmbar, die allerdings weitgehend von der sozialen Situation des Betreffenden abhängt. Herkunft, Bildungspatente, Einkommen und Standesüberlieferungen sind wichtige Faktoren bei der Herausbildung eines deutschen Beamtentypus, der im ganzen doch recht einheitlich erscheint und in dieser Form die Struktur der Bürokratie überhaupt kennzeichnet.[12] Auch Gliederung und Politik der Beamtenverbände in der Weimarer Republik vermitteln für Differenzierungen, die über die Trennung nach höheren, mittleren und niederen Beamten hinausgehen, wenig Anhaltspunkte; sie lassen nur erkennen, daß – wie die Angestellten – die Beamtenschaft zahlenmäßig ständig anwuchs und – mehr noch als jene – sich überwiegend in antigewerkschaftlich-«nationalen» Verbänden organisierte.[13] Am aufschlußreichsten sind noch politische Auffassungen und Äußerungen der höheren Beamten. Dagegen können die sogenannten politischen Beamten, deren Zahl ständig zurückging, der Art ihrer Stellung nach eher als besonders exponierte Vertreter und nicht als typisch für die Beamtenschaft gelten, die in der Mehrheit diesen nach parteipolitisch-parlamentarischen Gesichtspunkten berufenen «Außenseitern» sehr kritisch gegenüberstand.[14]

Man könnte aus dem auffassenden Fehlen wissenschaftlicher Untersuchungen über soziale Bindungen und vor allem über politische Aktivität der Beamtenschaft auf ihre offensichtliche Zurückhaltung schließen.[15]

Doch hatte diese «Neutralität» wie das ebenso beliebte Ideal der «Unparteilichkeit» auch wesentliche negative Gründe und Auswirkungen. Sie verhinderte unter Berufung auf die notwendige Technisierung des Staates und die technische Überlegenheit des bürokratischen Mechanismus, des Fachbeamtentums ähnlich wie bei der Armee ein wirkliches Hineinwachsen in die politischen Funktionsverhältnisse, wirkliche Integration, und sie deckt gleichzeitig die bewußt dagegen gerichteten Bestrebungen.[16] Der Schluß von den mangelnden Nachrichten auf eine Irrelevanz des Problems übersieht zudem die außerordentlichen Schwierigkeiten, denen sich jede politisch-soziologische Untersuchung der Bürokratie gegenüberfindet.

Der Beamte stand nach der in Deutschland unvermindert vorherrschenden Auffassung in einem besonderen Treue- und Gehorsamsverhältnis zum Staat.[17] Nach der Weimarer Verfassung (Art. 130, Abs. 2) besaß er Freiheit der politischen Überzeugung und Äußerung sowie Vereinigungsfreiheit nur, insofern diese nicht mit der geforderten Loyalität gegenüber der Obrigkeit kollidierte. Das bedeutet auf jeden Fall «eine gewisse politische Resignation»[18] von wenigstens eineinhalb Millionen Staatsbürgern, die doch auf der anderen Seite tatsächlich oder potentiell wesentlich in den politischen Prozeß eingeschaltet waren.[19] Als Angestellter des Staates war der Beamte direkter Träger des staatlichen Mechanismus und von dessen Funktionieren unmittelbar abhängig; er stand nicht – wie etwa Parteien und Interessenverbände – aus seiner Bestimmung heraus in einem dialektischen Verhältnis zum Staat, brachte nicht in derselben Form wie diese seine Interessen zum Ausdruck, befand sich überdies in natürlicher Spannung zur kapitalistischen Gesellschaftsform.[20] Obwohl die deutsche Beamtenbürokratie sich in Übereinstimmung mit der allgemeinen Vorstellung aber nach wie vor im betonten Gegensatz zu den parteipolitischen Kräften als den überparteilichen Repräsentanten der ideellen Grundlagen der Staatsorganisation betrachtete,[21] so ermöglichte doch die Wählbarkeit der Beamten in parlamentarische Ämter, die der Reformeifer sozialistischer und liberaler Politiker nach der Revolution mit dem Postulat der politischen Gleichberechtigung bestätigt hatte,[22] jetzt einem erheblichen Teil auch ein aktives Eingreifen in die Parteipolitik.[23] Die Beamtenverbände unterstützten entsprechende Kandidaturen in verschiedenen Parteien, um dadurch eine möglichst breite Einflußbasis zu gewinnen: so besaß etwa der Deutsche Beamtenbund parlamentarische Querverbindungen durch sämtliche Parteien.[24] Der Einfluß der Beamtenschaft in allen legislativen Körperschaften und Ausschüssen war denn auch erheblich und wurde besonders aktiv bei der Behandlung von Fragen des öffentlichen Dienstes.[25]

Eine Schlüsselposition innerhalb des höheren Beamtentums hatte die Ministerialbürokratie inne; ihre Macht wuchs in den letzten Jahren der Republik in dem Maße, in dem die Macht der direkten Organe der parlamentarischen Demokratie abnahm. Staatssekretäre, Ministerialdirektoren und Ministerialräte hielten den Ressortbetrieb zusammen; sie fühlten sich mit Grund als ruhender Pol in der Flucht der Kabinette, im Wechsel demokratischer Politik.[26] Oft verwalteten sie monatelang selbständig die Ministerien: wie etwa Zweigert als Staatssekretär des Innern oder Trendelenburg als Staatssekretär des Wirtschaftsministeriums. Vor allem die zunehmend ausgebreitete Praxis der übertragenen Gesetzgebung und der Notverordnungspolitik sowie der schwindende parlamentarische Einfluß auf Budgetpolitik und Verwaltung kamen dieser Entwicklung zugute;[27] die energischen Forderungen nach einer vereinfachenden Verwaltungsreform beriefen sich ständig auf die kostspieligen Kompetenzschwierigkeiten, die daraus für alle Teile erwuchsen.[28] Nicht weniger bedeutsam wird die Tatsache, daß auch die Richterschaft aus der politischen Neutralität vielfach in eine legalisierte Aktivität hineintrat. Nach ihren Konsequenzen in der Endphase der Republik wirkte diese Neigung auf Erweiterung jener Kluft zwischen der politischen Konzeption vom Richterbeamtentum und der *ratio consitutionis* hin, die schon in zweifelhaften politischen Gerichtsentscheidungen der ersten Jahre der Weimarer Republik verschiedentlich sichtbar aufgebrochen war.[29] Die Frage nach den Ursachen und Erscheinungsformen dieses Mißverhältnisses, das sich keineswegs auf ausnahmsweise Abweichungen im konkreten Fall beschränkte, sondern allgemeineren Charakter annahm, führt auf das politisch-soziologische Zentralproblem der Untersuchung hin. Ihre Beantwortung erfordert einige allgemeine historische Bemerkungen.[30]

Kampf um das Berufsbeamtentum

Der Einbau des vom monarchischen Absolutismus geschaffenen Berufsbeamtentums[31] in die parlamentarische Demokratie war von vornherein behindert durch die starke ständische Bindung dieser weitgehend bewußt aus dem Volksganzen gelösten sozialen Gruppe, die allein zusammen mit dem Adel den Abbau des Ständestaats überdauert hatte.[32] Nach der absolutistischen Reform des Beamtenwesens durch die Maßnahmen des preußischen Innenministers v. Puttkamer in der Bismarckzeit war die traditionell aufgeklärte, vielfach antifeudale Haltung dieser Schicht durch die hierarchische Geschlossenheit einer Kaste abgelöst worden, die eine oft bis ins Groteske gehende Gleichartigkeit der Gewohnheiten und Anschauungen und nicht zuletzt eine verhältnismäßig uniforme Einstellung zu politischen Fragen, zur konservativen Obrigkeit besaß.[33] Der Monarch stand bestimmend an der Spitze der strikt organisierten exekutiven Hierarchie,[34] die auch – und nicht das Parlament – das «Reservoir für den Ministernachwuchs» bildete.[35] Der Ruf nach der «Entpolitisierung des Beamtentums» geht auf diese Zeit zurück; er hat vor und nach der Revolution auch in Max Webers Kritik an der konservativen Patronage und politischen Exklusivität des Beamtentums Ausdruck gefunden.[36]

In der Tat war die vorwiegend konservative Grundhaltung des Beamtentums, ein Faktum der Vorkriegszeit,[37] auch ohne Zusammenhang mit Parteien durch Struktur und Stellung des Standes gegeben.[38] Regierung und Verwaltung bildeten eine politische Einheit.[39] Konnte das deutsche Beamtentum, dessen fachliche Fähigkeit auch seine ausländischen Bewunderer gefunden hat, sich in den geänderten Verhältnissen zurechtfinden und ein entsprechendes Verhältnis zu der neuen staatlichen Struktur einer parlamentarischen Demokratie gewinnen? Wie würde sich die den bisherigen Verhältnissen entsprechende Anschauung von der Überparteilichkeit einer monarchischen Exekutive auswirken, was würde aus dieser Standesideologie, in deren Rahmen bisher der Beamte allein seine Aufgabe, gegenüber den partikularen Tendenzen des Partei- und Interessenwesens die universalen «staatspolitischen» Belange wahrzunehmen, erfüllt hatte?[40]

Der Kampf um das Berufsbeamtentum,[41] das aus geschichtlichen Gründen mit der Struktur der kontinentalen Staaten eng verbunden war, setzte denn auch in der Republik sofort ein: ein Kampf, wie er ja ein halbes Jahrhundert früher unter ähnlichen Bedingungen in Frankreich,[42] aber auch in den Vereinigten Staaten, in der Schweiz und in Österreich lange erbittert geführt worden ist.[43] Denn auch in Demokratien hängen die Menschen von bürokratischen Organisationen ab. Wohl wirkt von unten die Selbstverwaltung auflockernd, doch bleibt die Gesellschaft bürokratisch verklammert. Dies um so stärker, je mehr die innen- und außenpolitischen Reibungen eine einheitliche Befehlsgewalt zu fordern scheinen. Gleichzeitig wird der politische Wille zur Selbstverwaltung geschwächt, an ihre Stelle tritt der Oberbürgermeister als bürokratischer «Führer». Eine unmittelbare Gefahr für die Demokratie selbst entsteht.[44] Die Haupteinwände, die übrigens jede Art der Bürokratisierung (auch innerhalb der Parteien) betreffen, galten dem ungenügenden Kontakt der «Staatsdiener» mit den sozialen Gemeinschaftsformen, ihrer Entfremdung vom Volk, das nur noch als Objekt genommen werde, der Ausbildung eigenmächtiger, irrational verbrämter Führungsansprüche.[45] Zwar standen Bemühungen um den Vorrang der Eignung vor der Herkunft sowie um ein honoratiorenmäßiges Ehrenbeamtentum[46] oder ein demokratisches Wahlbeamtentum eine zeitlang im Mittelpunkt der revolutionären Reformbestrebungen.[47] Sie wurden aber nicht nur von den restaurativen Gruppierungen bekämpft, sondern auch von Preuß und grundsätzlicher noch von Max Weber mit dem Hinweis auf die besondere Notlage des Staates zurückgewiesen.

So verkümmerten denn die Ansätze zur Ausdehnung der Zahl und der Kompetenzen «politischer», absetzbarer Beamten in der Folge wieder fast gänzlich; diese Praxis wurde im Reich und in den Ländern verschieden gehandhabt, kam jedoch nie zu großer Bedeutung.[48] Die für das Funktionieren jeder Demokratie wesentliche Frage, ob und wieweit die Besetzung der Exekutivposten in den Aufgabenbereich der Parteien fällt, wurde nie endgültig beantwortet, und die Umbildung der Exekutive unterblieb aus denselben Gründen, die jede Schwächung des traditionellen Staatsgefüges auch in anderer Hinsicht zu verbieten und eine Lösung der Probleme durch weitgehende Kompromisse der jungen Demokratie mit den alten Ordnungsmächten nahezulegen schien.[49] Auch grundsätzliche Bedenken etwa gegen die «Politisierung» der Kommunalwahlen im Falle des Wahlbeamtentums[50] trugen dazu bei, daß in der Weimarer Verfassung bis in die Regierung selbst hinein das Berufsbeamtentum verankert und nur ganz ungenügend der Kontrolle und dem Einfluß des Parlaments unterworfen wurde.[51]

Dieser Kompromiß, der im einzelnen sowohl in der Weimarer Verfassung wie in den Länderverfassungen nicht klar genug ausgedrückt war, ließ aber eine Kluft zwischen Legislative und ihren Exekutivausschüssen und einem unbeeinflußbaren Teil der Exekutive bestehen; sie wurde besonders durch die Unabsetzbarkeit der Beamten (nach Art. 129 der Verfassung) vertieft und mußte mit der Bürokratisierung des Kabinetts durch die Doppelstellung der Minister (als unmittelbare Staatsorgane und zugleich Angehörige des Beamtentums) fortwährende Komplikationen schaffen.[52] Manche «gefühlsehrlichen» Sozialisten und Demokraten gingen bei der Suche nach einem Ausweg aus diesem Dilemma bis zu Gedanken an einen parlamentslosen Sozialismus oder eine parlamentslose Demokratie: doch hat schon 1917 Max Weber auf die Nachteile einer solchen «rein passiven Demokratisierung» hingewiesen, die «eine gänzlich reine Form der uns wohlbekannten kontrollfreien Beamtenherrschaft, die sich ‹monarchisches Regiment› nennen würde», zur Folge hätte.[53]

So verharrte eine im modernen Verwaltungsstaat ständig anwachsende Bürokratie mit ihren vordemokratischen Traditionen in einer latenten Gegenstellung zur parlamentarischen Demokratie, zum Parlament, zu den Parteien und ihren direkten Organen.[54] Je weniger dieser Zustand die privilegierten Rechte des Beamtentums berührte,[55] desto mehr wirkte er sich auf dem politischen Gebiet aus. Die paradoxe Situation trat schon deutlich genug in jenem Artikel 130 der Weimarer Verfassung hervor, der die Beamten als «Diener der Gesamtheit, nicht einer Partei» deklariert, um (in ähnlicher Widersprüchlichkeit wie bei der Bestimmung des Abgeordneten) fortzufahren: «allen Beamten wird die Freiheit ihrer politischen Gesinnung gewährleistet».[56] Auch hier, wie bei der Übergehung der Parteien, versagte die Verfassung vor der politischen Wirklichkeit, ließ dem Widerspruch eines politisch tätigen und zugleich neutralen Dieners einer ständig wechselnden Parteienregierung freien Lauf und entfachte eine ausgedehnte politisch-publizistische Diskussion, deren Grundtenor die Fragwürdigkeit der Weimarer Lösung war. Immerhin verstärkte sich auch in der wissenschaftlichen Behandlung der beamtenrechtlichen Probleme das Bestreben, statt der verwaltungsrechtlichen die verfassungsrechtliche Bedeutung des Gegenstandes in den Vordergrund zu schieben und zum Ausgangspunkt und Maßstab der Beurteilung zu machen. So blieb die Frage, wie sich das Beamtentum als eine Grundeinrichtung des Staates in den Gesamtzusammenhang der Verfassung einfüge, weiterhin im Mittelpunkt des Interesses.[57] Wenigstens eine entschieden demokratische Orientierung überhaupt mußte man von diesem Beamtentum verlangen, wenn man ihm rechtlich schon die parteipolitische Neutralität im Dienst einer universal zu fassenden Staatsräson[58] und als Instrument einer bewundernswert durchtechnisierten Verwaltung[59] zuerkannt hatte.

Hier zeigte sich die Resistenzkraft besonders der Ministerialbürokratie. Wir sehen diese einflußreichste Zentralgruppe des Beamtentums selten ausdrücklich zu den eigentlichen Problemen der Demokratie Stellung nehmen; ihre Tendenz und ihr Anliegen gingen im wesentlichen dahin, politische Probleme auf verwaltungstechnische Aufgaben zu reduzieren, Gesetze durch Überspezialisierung zu «juristischen Logarithmentafeln»[60] zu machen und so der Legislative zu entziehen, kurz, alles Leben in Verordnungen zu spannen. Die Schwäche der parlamentarischen Kontrolle wie der ministeriellen Vorgesetzten verstärkte diese vorwiegend technologische Einstellung,[61] die auch mannigfachen politischen Intrigen, ja oft genug «bürokratischer Sabotage» Raum bot.[62] Ihr mußte denn auch das autoritäre Staatsbild einer auf technischer Leistungsfähigkeit aufgebauten Ordnung, die förmliche Vergottung eines hierarchisch gestrafften Obrigkeitsstaates näherliegen als eine bewegliche, sozial offene demokratische Staatskonzeption. Personalpolitik und Verhalten der Ministerialbürokratie trugen dann besonders auch in den Jahren des Übergangs zur nationalsozialistischen Herrschaft jenen exklusiven, kritisch-abwartenden Charakter, durch den die Haltung der Beamtenschaft schon im Übergang zur Republik gekennzeichnet war.[63] Er wurde noch durch die Kämpfe um die Besoldungsordnung verstärkt, die auch der «überparteilichen» Beamtenschaft interessenpolitische Initiativen «ihrem» Staat gegenüber auferlegten, die «Überparteilichkeit» zur Fiktion machten.[64]

Die außerordentliche Bedeutung der Beamtenpolitik angesichts dieser Lage wurde von republikanischer wie von antirepbulikanischer Seite gleichermaßen erkannt, die beide ständig – jede in ihrem Sinne – die «Purifikation des Beamtenstandes»[65] forderten. Nur die eine Seite kam aber mit den Maßnahmen Papens in Preußen nach dem 20. Juli 1932 und mit dem nationalsozialistischen «Gesetz zur Wiederherstellung des Berufsbeamtentums» vom 7. April 1933 zur Geltung.[66] Dabei boten schon die Maßnahmen Fricks in Thüringen 1930 ein Vorspiel, das über die Intentionen der NSDAP und deren verwaltungstechnische Unzulänglichkeit und Willkür kaum Zweifel lassen konnte.[67] Im Anschluß an ein mit knapper einfacher Mehrheit durchgebrachtes Ermächtigungsgesetz, das der Regierung ein außerordentliches Gesetzgebungsrecht auf dem Gebiet der ganzen inneren Verwaltung einschließlich der Verwaltungsgerichtsbarkeit und der Polizei zusicherte, sollten schon damals «die gesamte Landesverwaltung, der gesamte Behördenaufbau zur Vereinfachung und Verwirklichung der Verwaltung umgebildet werden».[68] Das gab aber (nach § 3 Abs. 1 dieses Gesetzes) die Möglichkeit, fast alle Beamten nach Belieben abzubauen. Es ist einzusehen, wie sehr allein die Möglichkeiten, die sich in diesem Ermächtigungsvorspiel für die Zukunft ankündigten, die politische Haltung vieler Beamten beeinflussen mußten.[69]

Bürokratie und Republik

Die echte Problematik dieser Übergangssituation ist schon von zeitgenössischen Betrachtern nachdrücklich empfunden und formuliert worden.[70] Dennoch beugte man sich fast allgemein der Einsicht, daß auch die neue Demokratie als moderner Verwaltungsstaat auf ein qualifiziertes Beamtentum nicht verzichten konnte. In den Worten Max Webers: «Es hat eine Zeit gegeben, wo die Demokratie eine Hauptaufgabe in der Verhinderung der Entstehung eines Beamtenstandes mit festen Ehrbegriffen sah. Sie ist für immer dahin. Möge die Demokratie nicht glauben, ein Beamtentum ohne Amtsehre werde fähig sein, die hohe Integrität und Fachqualität des bisherigen deutschen Beamtentums erhalten zu können.»[71] Dieser scharfe Gegner nicht nur des persönlichen Regimes, sondern auch des Beamtenstaats konnte sicherlich nicht im Verdacht einer Überschätzung des Berufsbeamtentums stehen. Er unterschätzte nur das Gewicht der Tatsache, daß die Revolution zwar den schon in der Vorkriegszeit sich abzeichnenden Verlust des unbedingt gültigen monarchischen Integrationspunktes besiegelte, das Beamtentum aber trotz seiner äußeren Hinwendung zum neuen Staat[72] nur schwer den Ersatz in einem echten Verhältnis zur parlamentarischen Demokratie und ihren sozialen und politischen Anliegen fand. Auf weitere Sicht hin war die Frage nach der politischen Einordnung des Beamten in ein gewandeltes Staatswesen, das Problem der «Symbiose zwischen Demokratie und Beamtentum»[73] mit einer unter dem Zwang der Verhältnisse von 1918 erfolgten Hinwendung der Beamtenschaft zur Republik und mit der taktischen Entscheidung aller demokratischen Parteien für ein allgemeines Berufsbeamtentum[74] nicht gelöst. Es konnte in jeder politischen Krise sich schwerwiegend auswirken.

Neben Parlament und Regierung blieb so die Bürokratie ein drittes Staatsorgan, das zwar in dieser Eigenschaft verfassungsmäßig ebensowenig wie die Parteien anerkannt wurde, das aber gerade angesichts der Rivalitäten zwischen den labilen politischen Instanzen seine stabile Sicherheit und Geschlossenheit in die Waagschale zu werfen und seine beherrschende Position im Funktionszusammenhang auch der Demokratie zu behaupten vermochte. Demgemäß suchten nun, nachdem eine verfassungsmäßige Ortsbestimmung der exklusiven Bürokratie in der parlamentarischen Demokratie ausgeblieben war, die Parteien und Interessenverbände auf ihre Weise Einfluß auf die politische Struktur der Beamtenschaft[75] oder aber – dies der umgekehrte Weg – auf ihre Berufsorganisationen zu gewinnen.[76] Das entsprach dem verständlichen Bestreben der republikanischen Parteien, die innere Sicherung des neuen Staates über eine Besetzung der wichtigsten Stellen mit überzeugten Demokraten noch nachträglich zu erreichen. Es entsprach aber zugleich auch den interessengebundenen, restaurativen oder schlechthin republikfeindlichen Bestrebungen jener Gruppen, die angesichts der allmählichen Stabilisierung des neuen Staates die Demokratie mit demokratischen Mitteln – von den bedeutsamen Ansatzpunkten aus, die das improvisierte Kompromißsystem der Republik belassen hatte – überwinden zu können hofften.[77]

Der Einfluß der Parteien auf die Besetzung der Bürokratie soll also gewiß nicht unterschätzt werden. Wenn auch exakte Feststellungen verständlicherweise nicht möglich sind, so sei doch auf die Personalreferenten in Parteien und Fraktionen hingewiesen, die zeitweilig eine beträchtliche Aktivität zu entfalten und wichtige Teile der Berufsbeamtenschaft zu kontrollieren vermochten.[78] Es entwickelte sich vielfach der Brauch der «Quotierung», der koalitionsmäßigen Verteilung bestimmter Schlüsselposten in Reich und Ländern, auch zur Versorgung verdienter Parteimitglieder;[79] es gab besonders unter den Landratsämtern traditionelle Domänen, und diese Tendenz griff auf die Justiz über.[80] Dies war aber schon eine bedenkliche Kehrseite des Dilemmas,[81] und die Ansatzpunkte, die sich der nationalsozialistischen Manipulierung der Bürokratie auch von hier aus boten, dürfen keineswegs übersehen werden.[82] Denn das Bemühen um parteipolitische Demokratiesierung, das aus der Not eine Tugend zu machen bestrebt war, griff selbst auf die Gemeindeverwaltung über und setzte neben die bisherige «Vetterleswirtschaft» und kryptoparteiliche Patronage eine Politisierung auch des regionalen und lokalen Beamtenwesens.

Diese bedenklichen Teilentwicklungen sind jedoch nur zu verstehen, wenn man immer wieder feststellt, daß auf eine eigentliche «Demokratisierung», die den geschlossenen Beamtenstand durch eine allgemeine Zugänglichkeit der Ämter und einen größeren Einfluß der öffentlichen Meinung bei der Kontrolle der bürokratischen Herrschaftsgewalt abgelöst hätte,[83] von vornherein verzichtet worden war. Wir sahen, daß dies teilweise an der Verfassung lag, die den eigenartigen Bedingungen der Beamtenschaft Rechnung tragen und diese durch weitgehende Kompromisse an die neue Staatsstruktur, an die erstmals gewonnene Vereinigung von Staat und Volk und ihr Ethos vom Dienst an der Gesamtheit heranführen wollte. Zugleich hat die Staatsmündigkeit der Nachkriegszeit, aus der nicht zuletzt die inneren Krisen herauswuchsen, und besonders die so allgemein berufene «Krise der Staatsidee» überhaupt, die in den letzten Jahren der Weimarer Republik die immer latent vorherrschende Forderung nach dem «autoritären», absolute Wertvorstellungen setzenden Staat zu einem so wirkungsvollen Schlagwort werden ließ,[84] die politische Indifferenz der Beamten verstärkt, soweit nicht der Umbruch von 1918 schon ihren inneren Konnex mit dem Staat gelöst, das Streben nach parteipolitischer Neutralisierung nicht gänzlich politisches Verantwortungsbewußtsein durch eine detachierte Fachmannsideologie ersetzt hatte.[85]

Allgemeine Überschätzung der bürokratischen *efficiency*, deren Maßstäbe auch auf die einem geschlossenen Beamtenstand gegenüberstehenden Minister angewandt wurden; gleichzeitige Unterschätzung des «Politischen», dessen umfassenderer Charakter und weitere Funktion eben nicht in bürokratischer Vorbildung, bürokratischem Denken aufgehen kann: dies waren die auch sehr stark psychologisch bestimmten Gründe, die eine Verbeamtung selbst der Regierung zu einer weitverbreiteten Zielvorstellung machten. Eine Tendenz zur Verselbständigung der politisch nicht genügend integrierten Bürokratie – die nur zu leicht in den Dienst einer kryptoparteilichen Machtpolitik gerät[86] – und ein ständiger Machtzuwachs der Exekutive waren die Kehrseite dieser Entwicklung, die sich Hand in Hand mit der Kritik am parlamentarischen System, der Zunahme der präsidialen Gewalt und dem Überhandnehmen des Notverordnungsrechts vollzog. In der Ära Papen wurden das Übergewicht und das politische Heraustreten der Bürokratie aus der Deckung der «Neutralität», die in Brünings Notverordnungsregime wenigstens formal noch gewahrt blieb, zu einem politischen Faktum ersten Ranges.[87] Der Nationalsozialismus hat dann den für die Struktur der modernen Gesellschaft charakteristischen Prozeß der Bürokratisierung bis zum Extrem fortgeführt. Während die Demokratie noch gewisse Möglichkeiten der Wahl zwischen konkurrierenden Organisationen gelassen hatte, wurde mit der totalitären Umwandlung zur Einparteiengesellschaft, ideologisch unterbaut durch den exzessiven Führergedanken und das nebulose Prinzip der Volksgemeinschaft, die Bürokratie autoritärer Körperschaften besonders in Partei und Staat allherrschend.[88]

Die natürliche, fach- und standesbedingte Skepsis des Beamtentums gegenüber einem politischen System, das «seinen» Staat in ein ungeordnetes, ständig in Bewegung befindliches Objekt des Parteienpluralismus zu verwandeln schien, verband sich mit traditionellen beruflichen Existenzinteressen. Sie wurde schließlich zu einem wichtigen, wenngleich schwer greifbaren Faktor im Prozeß der Auflösung der Weimarer Republik. Denn die Kritik an der parteistaatlichen Beeinflussung und Manipulierung der Bürokratie, die mit einem gewissen Recht an offensichtlichen Auswüchsen ansetzte, ging durchaus parallel mit den Bemühungen um einen überdemokratischen *pouvoir neutre*, sei es durch Steigerung der präsidialen Macht, sei es durch Einschränkung des Parteienkoalitionswesens und der Parlamente. Einsetzend bei den widersprüchlichen Bestimmungen der Weimarer Verfassung (Art. 130), schob sie den Gedanken der Inkompatibilität,[89] der Unvereinbarkeit von Beamten- und Abgeordnetenstellung, von administrativer und parteipolitischer Aktivität beiseite.[90] Sie gipfelte zunächst in der Forschung eines permanenten, also parteiunabhängigen Staatssekretärs nach englischem Muster, der die stabile Stütze des Berufsbeamtentums in jedem Ministerium bilden und die Nachteile der parlamentarischen Kabinettswechsel für die Kontinuität der Verwaltung abschwächen sollte.[91] Jedoch zeigte sich bald, daß solche Gedankengänge gerade den Gegnern der Republik willkommene Ansatzpunkte bieten und der Kritik Carl Schmitts[92] wie schließlich den Eingriffen Papens gute Argumente liefern konnten.

Die Kritik an der Tatsache, daß durch das Eindringen mächtiger, von Parteien und Interessengruppen gestützter Personen in die Beamtenhierarchie die bürokratische Subordinationsstruktur gesprengt und partikularer Ämterschacher begünstigt wurde,[93] muß doch zugleich am Wirklichkeitswert der Alternativlösung – «Neutralisierung» – gemessen werden. Hier lag ein echtes Problem. Und da hat die historisch-politische Erfahrung viel eher die ungenügende demokratische Integration als etwa eine – ohnehin schwache – parteiparlamentarische Kontrolle der Bürokratie oder ein dadurch bedingtes Versagen ihrer hierarchischen Subordinationsstruktur unter die Gründe der Schlußkatastrophe der Weimarer Republik zu rechnen. Freilich: man schwieg das Problem einfach tot, und dies war die schlechteste aller Lösungen.

Auch ein neues, absolutistisch geordnetes System würde unter diesen Umständen die wenn nicht gesinnungsmäßige, so doch technische Unterstützung der Bürokratie finden. Der Nationalsozialismus sollte denn auch nicht am Mangel an qualifizierten Kräften für staatliche und kommunale Verwaltung scheitern, wie die Vertreter des: «laßt sie nur an die Macht, sie werden sich totlaufen!» geglaubt hatten. Denn der Gedanke des nur fachlich geschulten, unpolitischen Berufsbeamtentums hatte eine kaum bestrittene Herrschaft in fast allen politischen Gruppen, in der Praxis wie in der Theorie behauptet. Er hatte innerhalb der Demokratie und besonders mit der zunehmenden Lähmung ihrer normalen Funktionsweise, mit der Ausweitung der Exekutive gegenüber Parlament und Parteien seinen Anspruch und sein Gewicht sogar noch erheblich zu steigern vermocht. Das «Einschnappen»[94] des unentbehrlichen bürokratischen Mechanismus sollte bei der Machtübernahme von 1933 ebenso reibungslos und ohne wesentliche formale Änderung vor sich gehen wie schon bei der Ablösung der Monarchie durch die parlamentarische Demokratie anderthalb Jahrzehnte zuvor oder schon bei der Entlassung Bismarcks, der doch im Laufe 20jähriger Herrschaft seine Ministerkollegen in bedingungslose bürokratische Abhängigkeit gebracht hatte.

Wir hatten immer wieder zu fragen, wieweit jene Beamtenideologie überhaupt realistisch war, wieweit nicht schon unter der Monarchie eine unpolitische Überparteilichkeit in Wirklichkeit die größere Gefahr der Kryptoparteilichkeit beschworen hatte. Nun sollte die Kehrseite dieses Phänomens sichtbar werden: «Der Berufsbeamte ist dazu erzogen, unter allen Umständen eine Sache, die von ihm verlangt wird, zustande zu bringen. Er hat nicht gelernt, auch einmal zu sagen, ‹nein, das mache ich nicht, sucht Euch dazu einen andern!›. Das ist aber ein Nachteil, und deshalb bestreite ich, daß der fachlich geschulte Berufsbeamte stets fester steht als der politische Beamte.» So ein Einwurf bei der Diskussion auf der Staatsrechtslehrertagung zu Ende des Jahres 1931.[95] Die Entwicklung der folgenden Monate war Probe; die nationalsozialistische Machtergreifung sollte das Problem auf gewaltsame Weise lösen. Die Ambivalenz der modernen Bürokratisierung und die Problematik des Berufsbeamtentums in der Demokratie war damit in Deutschland vorläufig nach der negativen Seite hin entschieden.

Damit war freilich nicht etwa der monarchische Beamtenstaat des «Zweiten Reichs» wiederhergestellt. Jene Einheitlichkeit der konservativen Gesinnung, die im Bismarckschen Verwaltungsstaat das Übergewicht der monarchischen Staatsführung über das demokratisch-parlamentarische Element gestützt hatte, hat im modernen Einparteienstaat einer durch Zwang ständig aufs neue zu erzwingenden und zu behauptenden Ausrichtung der Bürokratie Platz gemacht. Hier waren alle rechtsstaatlich-konstitutionalistischen Schranken beseitigt, und während nun jedes Gegengewicht zur absolutistischen Staatsführung fehlte, erfuhr das Prinzip der parteipolitischen Neutralisierung, dessen Implikationen gerade den Kritikern der Demokratie zahlreiche Argumente gegen die «Parteipolitik» geliefert und die Ablösung der Republik so wesentlich erleichtert hatten, eine äußerste Widerlegung in der nationalsozialistischen Beamtenpolitik.[96] So setzte gerade unter Hitler, dessen Propaganda sich doch aller Argumente gegen die «parteipolitische Korruption des Systems» zu bedienen gewußt hatte, ein durch Spitzelsystem und raffinierten Terror gestützter Politisierungsprozeß des Beamtentums ein, dessen Ausrichtung auf die *eine* Partei alle früheren Entwicklungstendenzen in den Schatten stellen sollte.

Die «Politisierung der Justiz»

Im Zusammenhang mit dem Problem der exekutiven Bürokratie in der Demokratie spielen auch die unter dem Schlagwort von der «Politisierung der Justiz» zusammengefaßten Erscheinungen eine wichtige Rolle.[97] Dieser fragwürdige Begriff läßt freilich die Einsicht außer acht, daß die Justiz dem Bereich des «Politischen» überhaupt angehöre. Seine Unklarheit symbolisiert die Unsicherheit und Verwirrung der Maßstäbe,[98] die infolge der mangelnden Beziehung der Beamten auf eine konkrete Staatsidee, auch infolge der mangelnden Fähigkeit oder Bereitschaft vieler Juristen, ihre Wissenschaft und Praxis im richtigen sozialen und politischen Zusammenhang zu sehen,[99] das Rechtswesen der Republik kennzeichnete. Da die Justiz, die dank ihrer Doppelfunktion als unmittelbares Staatsorgan und als ausführendes bürokratisches Organ der Justizverwaltung eine unklare Zwischenstellung einnahm,[100] zumal nach deutscher Auffassung sich auf überpragmatische Begründungen ihrer Stellung und Tätigkeit zu stützen vermochte, konnte sie trotz der Abnahme des Glaubens an ein metaphysisches Gerechtigkeitsprinzip in der modernen Gesellschaft[101] zu einem psychologisch besonders wirkungsvollen Instrument bei der Bildung und Lenkung der öffentlichen Meinung werden.

Da jede Rechtsordnung durch ihre Gestaltung direkt auf eine Machtverteilung innerhalb der betreffenden Gemeinschaft einwirkt,[102] ist Mißbrauch der Justiz in jedem Rechtssytem möglich. Auch in der Weimarer Republik wurde dies sogleich fühlbar;[103] darauf wirkte nicht zuletzt die Zunahme der Macht des Richters hin, die in der Tendenz zur fachlichen Spezialisierung und zur gesellschaftlichen Abschließung des akademischen Juristenstandes von je beschlossen lag. Eine eigenwillige Personalpolitik verstärkte noch jene Erweichung und Auflösung des Rechtsbegriffes, die in den politischen Prozessen wie in der verfassungsrechtlichen Entwicklung Ausdruck fand.[104] Während die Ausbildung des Richters seinen lebendigen Zusammenhang mit dem gesellschaftlichen und politischen Geschehen vernachlässigte, ermächtigte ihn das vielumkämpfte richterliche Prüfungsrecht dazu, die Gesetze auf ihre Vereinbarkeit mit der Verfassung und besonders mit den sehr allgemein gehaltenen Grundrechten kritisch zu beurteilen.[105] Hatte es unter der Monarchie oft als Kontrolle in demokratischem Sinne gewirkt, so verstärkte das Prüfungsrecht unter den gewandelten politischen Verhältnissen umgekehrt eine Neigung zum Konflikt mit den demokratischen Organen und Prozessen.

In entsprechender Weise hatte sich die Stellungnahme der Parteien und auch der öffentlichen Meinung gewandelt; die liberalen und sozialistischen Gruppen wurden aus Vorkämpfern zu Gegnern des Prüfungsrechts, während es bei konservativen und restaurativen Gruppen wachsenden Anklang fand.[106]

Diese politische Machterweiterung des Richteramts wurde noch gestützt durch die Tätigkeit eines Staatsgerichtshofs, der juristische Entscheidungen zu erstrangiger politischer Bedeutung erhob.[107] Realistische und skeptische Beobachter konnten feststellen, wie dadurch eine Art von «justizförmiger Politik» Einfluß gewann,[108] die in dem staatsgerichtlichen Verfahren Reich–Preußen im Jahre 1932 seinen Höhepunkt erreichen sollte. Carl Schmitts Angriffe richteten sich (in der für ihn typischen Vermischung rational korrekter Beobachtung mit konfessionsartig vorgetragenen subjektiven Schlüssen) gerade auch gegen die «krampfhafte Fiktion», die Staatsgerichtsbarkeit brauche nicht auf das Gebiet der Politik überzugreifen, da ein politisches Problem durch die Erörterung in einem staatsgerichtlichen Verfahren juristifiziert werden könne.[109] Obwohl unter dem Nationalsozialismus dann in anderer Weise ausgenützt, war die Kritik doch durchaus relevant, die in dieser wachsenden Machtstellung des *Supreme Court* in den Vereinigten Staaten verweisen; es kam eben über die theoretischen Einsichten einer ausgedehnten Diskussion hinaus alles auf die politische Einstellung des Richters zum Staat überhaupt und zu seinem demokratischen Funktionieren an. In vielen wichtigen Fällen erschien diese Einstellung aber durch erhebliche Skepsis gegenüber den Trägern und Organen der Demokratie bestimmt.

Besonders in der Durchführung der politischen Prozesse trat die Tendenz zur Ermessensüberschreitung hervor, die durch das politische Interesse der Richter gegeben war.[111] Sowohl für die Haltung der Justiz wie für die politische Atmosphäre der Öffentlichkeit sind die Fälle aufschlußreich, die durch einseitige Beweiswürdigung, unangemessenes Strafmaß oder fragwürdige Amnestieanwendung auffallen mußten.[112] Früh geriet die weitgehend von einer politischen Minderheit bestimmte Rechtsprechung mit der demokratisch kontrollierten Verwaltungspolitik in einen Konflikt, der staatliche wie individuelle Belange ernstlich gefährden konnte.[113] Ein Vergleich der Verfahren und Urteile gegen links- und rechtsradikale Gruppen legt den Schluß nahe, daß die oft deutliche einseitige Politisierung der Justiz bis in die höchsten Instanzen fortschritt.[114]

Freilich war nicht eine offene Verletzung der juristischen Interpretationsgrundsätze, sondern die innere Einstellung der Richter zur Republik dafür in erster Linie verantwortlich. Weite Kreise der Öffentlichkeit kritisierten das ungleiche Vorgehen nicht nur der Regierung, sondern vor allem der Justiz gegen Bayerische Räterepublik und Kapp-Putsch 1920, gegen das Linksregime in Sachsen und das Rechtsregime bzw. den

Hitler-Putsch in Bayern 1923.[115] Nicht minder einseitig wirkte die Tatsache, daß jede Kritik, die liberale, pazifistische oder sozialistische Politiker und Publizisten an der illegalen Institution der Schwarzen Reichswehr und anderen Erscheinungen eines militaristischen Rechtsradikalismus übten, als Landesverrat geahndet wurde,[116] während es dagegen in den Feme-Prozessen zu erstaunlich milden Strafen kam.[117] Auch im Leipziger Hochverratsprozeß gegen nationalsozialistische Offiziere bewiesen die Ladung Hitlers als «Zeuge», die Durchführung des Prozesses selbst und die unverständlichen Unterlassungen der Reichsanwaltschaft in der Hauptverhandlung die politische Anfälligkeit oder doch Schwäche der höchsten Spitzen der Justizbürokratie. Hitlers zweistündige Polemik gegen die bestehende Demokratie blieb unbeantwortet und ungeahndet, obwohl sie unmittelbar in den Bereich des Republikschutzgesetzes fiel.[118] Und auch in der Folge wurden angesetzte Hochverratsprozesse gegen die NSDAP wieder und wieder verschleppt oder mit dem Hinweis auf die kommunistische Gefahr abgesetzt: so etwa 1932 im Fall der berüchtigten Boxheimer Dokumente.[119] Die politische Wirkung solcher Erscheinungen mochte schließlich auch ganz unbewußt befördert werden: einseitige Urteile in politischen Fällen erfüllten die zu Unrecht Behandelten mit Haß, die Begünstigten mit skeptischer Verachtung und machtrealistischer Einschätzung der Justiz.[120] Besonders die deutschnationale und die nationalsozialistische Propaganda machten sich diese Stimmung paradoxerweise zu scharfen Angriffen gegen die «marxistische Fesselung und Verseuchung» der Justiz zunutze.[121] 25 Sammelamnestien und zahlreiche Einzelbegnadigungen konnten nur noch weiter darauf hinwirken, den Sinn für politische Verbrechen abzustumpfen.[122] Das alles spielte sich vor dem Hintergrund jener Entwicklung ab, die ein Anwachsen der Macht der Richter zu Ungunsten des Parlaments und der demokratischen Kontrollinstanzen einschloß.

Schon aus diesen knappen Bemerkungen wird deutlich, welcher Rang jenen Bemühungen um eine klare politische und soziale Ortsbestimmung der Justiz im Rahmen der Demokratie zukam, die sich um die Forderung nach einer demokratischen Rechtsordnung und einer Justizreform gruppierten. Auch hier hatte das Ereignis der Revolution und der Kompromißbau von Weimar den Kreis der grundsätzlichen Probleme vorgezeichnet. Die Legitimierung der neuen Staatsordnung auf der *De-facto*-Grundlage eines revolutionären Übergangs von der Monarchie zur Republik ließ eine Fülle von verfassungsrechtlichen Fragen offen. Sie stellte zugleich die Revolution als Rechtsproblem in den Mittelpunkt einer rechtspolitischen Diskussion, bei der besonders die Gegner der Republik ihre Argumente geltend machen konnten. Wer sich nicht mit den politischen Ereignissen und ihrem geschichtlichen Sinn abfinden wollte, zweifelte einfach die Legitimität der veränderten Rechtsgrundlagen und die notwendige Umwertung einer Reihe wichtiger Begriffe an, ohne sich dabei die Mühe zu nehmen, die alten Vorstellungen und Schablonen in ein tragbares Verhältnis zu der gegebenen Situation zu setzen.

Zweifellos lagen hier echte innere und äußere Schwierigkeiten, die durch die ambivalente Behandlung der Bürokratieprobleme nicht eben gemindert wurden. Es mußte aber doch einsichtig sein, wie wenig in Wirklichkeit die Argumente der Dolchstoß- und Putschlegenden das Wesen der Revolution von 1918 und des Durchbruchs der demokratischen Bewegung, zugleich die echte Tragweite der Abdankung des monarchischen Systems in allen deutschen Staaten treffen konnten. Die Grundlage der Weimarer Republik bildete nicht ein Bruch oder eine Vernichtung, sondern eine gewaltige Erweiterung der Rechte des einzelnen wie der politischen und sozialen Gruppen. Das darin durchgebrochene Entwicklungsgesetz der modernen Gesellschaft und ihrer staatlichen Form, nicht der Erfolg eines willkürlichen Rechtsbruchs legitimierte die veränderten Bedingungen und Aufgaben, denen sich auch die Justiz in der Republik gegenüberfand. Das hinderte nicht, daß die tiefergehenden Auseinandersetzungen um den neuen Staat gerade auch an jenen neuralgischen Punkten ansetzten, die besonders die juristische Behandlung politischer Fragen schonungslos offenlegten.

Die Entwicklung verlief ähnlich wie bei der Bürokratie im engeren Sinn. Der Gedanke der «Unabhängigkeit der Justiz», als Gemeinplatz doppelt gefährlich und geeignet, tatsächlich Bindungen und Zusammenhänge zu verschleiern, wurde zum Leitbild derselben ehrlichen Reformer wie jener unehrlichen Republikgegner, die auch die «Überparteilichkeit» der Bürokratie auf den Schild erhoben hatten. Eine demokratische Justizreform war die Forderung der Stunde. Aber sie durfte nicht utopischen Leitbildern nachhängen, um dann deren halbe Verwirklichung zur Zielscheibe der grundsätzlichen Angriffe werden zu lassen. Sie mußte vor allem realistisch das gegebene Maß an Bindungen und Verpflichtungen erkennen, denen die Träger des Rechts unterworfen waren, um die nötigen Kontrollen gegenüber der Ermessensfreiheit einer bürokratisch «unabhängigen» Justiz aufzurichten.

Diese Aufgabe wurde gesehen, aber versäumt. Die Oberhand behielt die Theorie, nach der – wie die Bürokratie – die Justiz, als ein weiterer *pouvoir neutre, per se* vom Fluß der politischen Entwicklungen und Entscheidungen detachiert sei. Dies entsprach der weitverbreiteten Meinung, man könne und müsse der Betrachtung und Analyse politischer Phänomene die Annahme eines dem Verhältnis von Recht und Macht analogen Wesensunterschieds von statischem und dynamischem Prinzip zugrunde legen. Besonders im Rahmen der Verfassungsgerichtsbarkeit ergaben sich Möglichkeiten und Beispiele dafür, wie im Schutz der Fiktion von der selbständigen Stellung des Rechts im Staat der Charakter des Rechts als einer Funktion der politischen Macht ausgenutzt werden mochte. Dies zeigte sich seit Beginn der Notverordnungspolitik auch bei den Maßnahmen nach Artikel 48, wo das Ermessen des Reichspräsidenten selbst vom Gericht nicht nachgeprüft wurde, solange es sich nicht als «offensichtlicher» Mißbrauch oder offensichtliche Überschreitung darstellte. Das Urteil beruhte also nicht auf der Kenntnis des gesamten Tatbestandes, sondern nur eines Teiles desselben. Der unbekannte Teil, das Ermessen, die Absicht, der Zweck wurde als angemessen, richtig und korrekt, damit als verfassungsmäßig unterstellt und folglich juristisch im Urteil nicht berücksichtigt. Der Grund hierfür war weitgehend politisch. So ging das Argument des Staatsgerichtshofs anläßlich der Prüfung der mit der Reichsexekution gegen Preußen 1932 verbundenen Maßnahmen dahin, man dürfe es nicht riskieren, daß auf Grund einer Nachprüfung des Ermessens Dinge zutage treten, die das Ansehen und damit den Bestand der Staatsautorität gefährden könnten.[123] Dadurch aber, daß das juristische Urteil einen politisch imponderablen Bestandteil hatte, wurde der «reine» Rechtsspruch zum mehr oder minder einseitigen politischen Akt.

Welche Entscheidung damit in die Hand der Richter gelegt war, wird auch deutlich an dem erstaunlichen Vordringen der Generalklauseln in diesen Jahren. Mit der Auflockerung strenger Rechtsätze im Sinne einer Ausweitung der Deutungs- und Interpretationsmöglichkeiten geriet die alte Spannung zwischen festumrissenen Einzelsätzen und unbestimmten Generalklauseln in ein Stadium, das diesem eine wichtige politische Funktion vermittelte.[124] Als eine Begleiterscheinung der Politisierung der Justiz wirkte der Drang zur Generalklausel besonders auch in die politische Sphäre des Verwaltungs- und Staatsrechts hinein. Er wuchs in Reaktion auf die kritisierte Vielfalt unkontrollierbarer pluralistischer Kräfte im politischen Raum, in der besonders die Gegner der Republik deren «empirisch wirklichen» Zustand sahen. Man hatte diesen Staat als ein «Kompromißobjekt sozialer und wirtschaftlicher Machtgruppen, ein Agglomerat heterogener Faktoren, Parteien, Interessenverbänden, Konzerne, Gewerkschaften, Kirchen usw., die sich untereinander verständigen», denunziert.[125] Zwar protestierten besonnene Betrachter bis zuletzt und unter Hinweis auf das faschistische Italien gegen die Forderung vieler Staatsrechtler, diesen Pluralismus durch eine autoritäre Staatsführung zu überwinden. Das hinderte nicht, daß die Sehnsucht nach dem totalen Staat, der Schrei nach Diktatur als Lösung des Dilemmas immer stärker wurde und gemäßigtere Vertreter wenigstens die Stärkung einer überparteilichen Stelle, einer «neutralen» Gewalt befürworteten. Man setzte angesichts der deutschen Tradition vor allem beim Berufsbeamtentum ein, das man aus der «parteipolitischen Verseuchung» lösen und vom politischen Führertum der Minister trennen wollte, um in dem pluralistischen Durcheinander eine Säule der «Unparteilichkeit» zu errichten.[126]

Die Bemühungen um einen «autoritativen» Ausgleich zwischen den verschiedenen regulären oder irregulären Gewalten bedienten sich der verstärkten Anwendung juristisch-politischer Generalklauseln, deren Universalität in Wirklichkeit zweideutig, einseitiger Interpretation zugänglich war und keineswegs durchgängig auf der unterstellten Zustimmung der Gesellschaft beruhte. Ein extremes Beispiel sollte die Generalklausel vom «gesunden Rassenempfinden» werden.[127] Die Form solcher Ausgleichungen durch Generalklauseln, die die Bloßstellung eines Gegeneinanders vermeiden sollten, war für die Weimarer Republik vor allem durch die sogenannte Ermächtigungs- und Notverordnungsgesetzgebung bestimmt. Ermächtigungslegislation und präsidiale Notverordnung aber beruhten gleichermaßen auf jenem Artikel 48, dessen Grundlage die Generalklausel von der «Wiederherstellung der öffentlichen Sicherheit und Ordnung» war.

Nach der nationalsozialistischen Machtergreifung wurde diese Gefahr für alle kritischen Beobachter schonungslos deutlich: «Offen zutage liegen die literarischen Bestrebungen, den Staat auch aus der Umklammerung solcher letzter Formeln zu lösen und ihn zum nackten Gewalt- oder Machtstaat zu deklarieren. Dann also würden seine Organe an nichts mehr, weder an Treu und Glauben, noch an Sicherheit und Ordnung gebunden sein.»[128] Jetzt setzte also ein unkontrollierbarer «Staat» als oberste Macht selbst die Generalklauseln für sein eigenes Verhalten; mit dem Zusammenfließen von Beweglichkeits- und Machtfaktor hörte die Generalklausel auf Maßstab zu sein, und wurde zur einseitig und unkontrollierbar geführten Waffe. Die politische Ausweitung der Generalklausel mußte konsequent zur Auflösung des Rechtsstaates führen, wenn sich der Träger der Macht des Unterschieds zwischen den wirklichen staatsnotwendigen Fragen und einem unantastbaren System von Grundrechten, ja, der unverzichtbaren Beschränkung aller Notmaßnahmen durch eine demokratische Rechtsordnung nicht bewußt blieb. Vielleicht hätte dies vertrauensselig auf das politische Ermessen und Verhalten eines einzelnen Menschen gestützte Postulat, von dem die Verfechter eines gemäßigt autoritären Präsidialsystems ausgingen, die Anwendung der Generalklauseln noch in einem erträglichen Maß zu halten vermocht. So fragwürdig aber jene Unterscheidung und die Möglichkeit ihrer Realisierung erscheinen mußte, so sichtbar wurde sie schon von der letzten Führung der Republik beiseitegeschoben; von Hitler vollends ist sie nicht übernommen und nie anerkannt worden.

2. Karl Dietrich Bracher
Die Auflösung der Republik

Die Berufung Hitlers zum Reichskanzler erfolgte vor dem Hintergrund eines Zerfallsprozesses des demokratischen Rechtsstaats, der nicht auf eine einfache Ursachenformel gebracht werden kann. Weder genügt es, nach einer weitverzweigten Verschwörung gegen die Demokratie zu suchen, noch reicht die Analyse der verfassungs- und wirtschaftspolitischen Strukturprobleme zu einer Erklärung der Vertrauenskrise, die den Aufstieg der nationalsozialistischen Diktaturbewegung ermöglicht und getragen hat. Neben Konstruktionsfehlern im Aufbau der Republik und ihrer Verfassung hat die Belastung durch historische, soziale und ideologische Hemmnisse ein Ausreifen jenes politisch wachen Bürgersinns gestört, ohne den demokratische Ordnung nicht bestehen kann, weil nicht institutionelle Sicherung, sondern erst eine fortwährend lebendige, von allen Teilen der Bevölkerung getragene Gestaltung des öffentlichen Lebens demokratische Politik verbürgt. Überwiegendes Bedürfnis nach bloßer Ordnung, Geborgenheit, Unterwerfung, Sicherheit auch um den Preis der Freiheit hatte schon den Verlauf der Revolution von 1918 bestimmend beeinflußt. Es beherrschte die innenpolitische Atmosphäre der Republik und besiegelte dann auch ihre Wehrlosigkeit gegenüber der Drohung einer autoritären oder gar totalitären Umwandlung des Staates, die sich seit dem Einbruch der Wirtschaftskrise abzeichnete. Denn im Augenblick der krisenhaften Verschärfung dieser vielschichtigen Dynamik, die fast durchweg gegen die parlamentarische Demokratie als Sündenbock gerichtet war, begann dann auch der äußere Rahmen abzubröckeln und Stück für Stück einzustürzen.

Auch die Details der Parteien- und Wahlentwicklung deuten darauf hin, daß vor allem im protestantischen Bürgertum und bei den Bauern der Drang von der Mitte zu den Flügeln, von den Demokraten über die Volkspartei zu den Deutschnationalen und schließlich Nationalsozialisten die Geschichte der Weimarer Republik bestimmt hat. Das Dilemma wurde durch die Haltung der größten Partei noch vertieft. In den kritischen Aufzeichnungen, die Julius Leber 1933 in der Haft zum Schicksal der sozialdemokratischen Partei gemacht hat, steht Gültiges über die Hemmnisse ihrer Repräsentanten;[129] seit dem Verzicht auf Regierungsbeteiligung im Sommer 1920 hat die politische Abstinenz der SPD auf Reichsebene die Koalitionsverhältnisse ständig kompliziert. Da war die Furcht, durch Beteiligung an unpopulären Regierungen Anhänger an die linksradikale Konkurrenz zu verlieren, dahinter stand die allgemeinere Tatsache, daß sich Führung, Funktionärskorps und Stammanhänger nur schwer von der langen Oppositionstradition der Kaiserzeit zu lösen, das Kompromißgebilde von Weimar kaum halben Herzens zu bejahen vermochten. Nur zögernd stellte man sich auf jene neuartige staatspolitische Funktion ein, die den Parteien 1918 zugefallen war; wenige sind wie Friedrich Ebert über die alten Traditions- und Denkschranken hinausgewachsen, vor allem auf Länderebene (Otto Braun, Carl Severing) oder in der jüngeren Generation der Leber oder Schumacher, Haubach oder Mierendorff. Trotz den ursprünglich so guten Aussichten, die Schranken der Klassen- zur Volkspartei zu durchbrechen und, wie etwa in Skandinavien, zur Majoritätspartei zu werden, blieb der demokratische Sozialismus in Deutschland in den Turm der 30% eingesperrt.

Aus all diesen Gründen haben auch so einsichtsvolle Beteiligte wie Arnold Brecht die schicksalhafte Entwicklung dieses Staatswesens in einem scheinbar von Anfang an ausweglosen Dilemma determiniert gesehen.[130] Daß weitere Kreise der Bevölkerung der neuen Ordnung alle Schuld an den Schwierigkeiten gaben, die in Wahrheit aus dem Erbe der Monarchie, eines vierjährigen Krieges, aus den harten Bedingungen eines unvermeidlichen Friedens erwuchsen, daß sie mit der Erinnerung an eine glückliche Vorkriegszeit das Verlangen verbanden, statt der schwerfälligeren und glanzlosen parlamentarischen Demokratie wenn nicht das verlorene Kaiserreich, so doch eine straffere Staatsführung zu erlangen – diese Tatsache hatte doch dazu geführt, daß kaum zehn Monate nach Inkrafttreten der Weimarer Verfassung, schon in der ersten Reichstagswahl vom Juni 1920, die Anhänger der Republik – SPD, Zentrum, Demokraten – in die Minderheit geraten waren und auch in den Folgejahren nie wieder eine Mehrheit im Reichstag erlangt haben. Den schwarz-rot-goldenen Verfassungsanhängern stand nun eine schwarz-weiß-rote und eine rote Verfassungsopposition gegenüber, deren Existenz tatsächlich das normale Wechselspiel von Regierung und Opposition ausschloß. Die Bildung einer stabilen demokratischen Regierung blieb für alle Folgezeit in Frage gestellt; entweder regierten nun unwillig tolerierte Minderheitenkabinette oder innerlich labile Große Koalitionen oder schließlich außer- oder sogar antiparlamentarische Präsidialkabinette autoritären Zuschnitts. Die 20 Weimarer Kabinette konnten sich meist nur wenige, durchschnittlich 8½ Monate halten, und die absolut längste Frist von 21 Monaten war der mühselig operierenden Großen Koalition von 1928 vergönnt, deren Sturz die letzte große Staatskrise einleitete. So ging die Tendenz bis hin zu Brüning und Papen fast folgerichtig auf Bürgerblockregierungen mit Einbeziehung der Rechten: zunächst der Volkspartei, die bis zum Tode Stresemanns kooperationsfähig blieb, dann zeitweilig sogar der Deutschnationalen, schließlich jener Konservativen um den Grafen Westarp, die Hugenbergs Radikalkurs widerstrebten. Es war ein fragwürdiger Zustand, der meist die Tolerierung durch die SPD erforderte, ohne daß man daraus aber die Konsequenz stetiger sozialdemokratischer Regierungsbeteiligung gezogen hätte. Zu stark waren die Hemmnisse auf beiden Seiten; vieles lag gewiß an den traditionellen Ressentiments der bürgerlichen Parteien, aber nicht weniger an der unbeweglichen Oppositionsneigung und dem allzu schwachen Machtinstinkt der sozial-demokratischen Führung, die der Funktion der größten Partei in einer parlamentarischen Demokratie nicht gerecht zu werden vermochten.

Insgesamt gesehen, prägte sich in der Leidensgeschichte der Kabinettsbildungen während der ganzen Dauer der Republik der starre, weltanschaulich verkrampfte, von sozialem Prestigebedürfnis und obrigkeitsstaatlicher Bewußtseinstradition bestimmte Charakter der deutschen Parteien aus. Ihre geringe Koalitions- und Kompromißfähigkeit erscheint als eine Folge jener teils von oben erzwungenen, teils selbstverschuldeten Zurückdrängung von Parlament und Parteien in der Kaiserzeit, deren negative Aspekte Max Weber schon vor dem Ende des ersten Weltkriegs so klar gesehen hat. In seiner vorausweisenden Abhandlung über «Parlament und Regierung im neugeordneten Deutschland» hat er damals betont, nicht das Fehlen eines Zweiparteiensystems sei das bedeutendste Hindernis: «Weit wichtiger ist eine andere Schwierigkeit: parlamentarische Regierung ist nur möglich, wenn die größten Parteien prinzipiell zur Übernahme der verantwortlichen Leitung der Staatsgeschäfte *überhaupt bereit* sind. Und das war freilich bisher bei uns keineswegs der Fall.»[131] Nun, seit der Durchsetzung eines vollparlamentarischen Regierungssystems war diese Entwöhnung von positiver Verantwortungsfunktion noch fühlbarer, weil politisch unmittelbar wirksam, hervorgetreten. So blieb eine Neigung zu überparlamentarischer, bürokratisch-verwaltungstechnischer Bewältigung der Politik bestimmend. Sie beherrschte nicht nur die staatsrechtliche Diskussion und Kritik am parlamentarischen Mehrparteienstaat, sondern auch das Verhalten und die innere Unsicherheit der Parteien. Auch die folgenschwere Geschichte von Einsatz, Ausweitung und Mißbrauch der präsidialen Diktaturvollmachten wäre ohne diese Grundstimmung, ohne diese Hilflosigkeit gegenüber einer fatalisierten Krise des Parteienstaats seit seiner Begründung in Deutschland nicht denkbar. Selbst die bedenkliche Wahlentwicklung erscheint demgegenüber fast als etwas Sekundäres, gewissermaßen Abgeleitetes, als Folge, nicht Ursache, auch wenn sie dann die Verantwortungsscheu der Parteien noch steigern mochte.

Man mag es unter diesen Umständen geradezu erstaunlich finden, daß die Republik nicht nur das Jahrfünft der Anfangskrisen überstand, sondern sogar in ein Jahrfünft der Stabilisierung gelangte. Der politische Radikalismus ging zurück, es wuchsen die Aussichten auf eine allmähliche Gewöhnung der Bevölkerung an den neuen Staat, auch wenn Stresemanns außenpolitische Revisionsbemühungen nur langsame Fortschritte erzielten und die inneren Probleme durchaus fortbestanden. Bedenklich freilich, daß auch während der gesamten Reichstagsperiode von 1924 bis 1928 die SPD in der Opposition blieb und dem Bürgerblock einer

Minderheit, der sich wiederholt um die Deutschnationalen nach rechts erweiterte, Regierung, Macht und also weitere Gestaltung der Republik überließ: Noch immer wirkten die Traditionen der Staatsenthaltung und bürgerlich-antimarxistischen Affekte mit der geradezu notorisch gewordenen Hoffnung zusammen, in der Opposition noch stärker zu werden, zugleich mit der Furcht, durch Regierungsbeteiligung Wähler an die kommunistische Konkurrenz zu verlieren. In Wahrheit war damit das große Potential der sozialdemokratischen Anhängerschaft von der politischen Mitbestimmung in der eigenen Republik ferngehalten, und das zu einer Zeit, da nicht mehr ein sozialdemokratischer Präsident, sondern ein vorrepublikanischer Marschall an der Spitze dieser Republik stand. Zwar stellte die SPD bis zur Kapitulation vor dem Papen-Putsch von 1932 im größten deutschen Land den Ministerpräsidenten und partizipierte auch in anderen Ländern sowie auf kommunaler Ebene an der Macht. Aber auf Reichsebene blieb die Situation dadurch gekennzeichnet, daß die größte Partei entgegen der Hitlerschen Propagandalegende von der SPD-Republik nur in 4 der 20 Regierungen das Kanzleramt besetzt und sich auch nur an 8 Kabinetten überhaupt mit eigenen Ministern beteiligt hat. Zwar hat die SPD nach den Wahlen von 1928 dann eindreiviertel Jahre lang den Reichskanzler gestellt, aber nur ungern und ständig auf Rückkehr in die Opposition bedacht. Und die verhängnisvolle Flucht aus der Regierung im Frühjahr 1930, die die Schlußkrise der parlamentarischen Demokratie in Deutschland eingeleitet und mit der größten Partei auch die Weimarer Republik selbst in eine ausweglose Situation manövriert hat, ist nicht zuletzt aus diesem Verhalten und der Gewöhnung daran zu erklären.

Diese Entwicklung war doppelt schwerwiegend, weil der Einbruch der Wirtschaftskrise und das Ansteigen der Arbeitslosigkeit seit 1929 eine soziale Unruhe über Stadt und Land brachte, die, wie schon 1923, der Propaganda der radikalen Gruppen nun auch wieder greifbare politische Erfolge vermittelte. Schon die Kommunal- und Landtagswahlen von 1929 zeigten allenthalben eine Kräfteverschiebung, die in erster Linie dem nationalsozialistischen, erst in zweiter dem kommunistischen Radikalismus zugute kam. Dazu trat nun die illusionsreiche Unterstützung des Nationalsozialismus durch die industrie- und pressemächtige Hugenberg-Gruppe, die Hitler den Zugang zu neuen Einflußbereichen geöffnet und die Deutschnationalen entgegen dem Willen der gemäßigten Konservativen in die lärmende Front einer «Nationalen Opposition» mit dem Nationalsozialismus gebracht hat, die schon seit Herbst 1929 mit allen Mitteln auf eine endgültige Zerstörung der parlamentarischen Demokratie hinwirkte.

Es ist also richtig, daß die neuerliche Wende zum endgültigen Zerfall sich anbahnte, als die zeitweilig verdrängten, aber nie überwundenen Zerstörungskräfte gleichsam in dem Brennglas der 1929 einbrechenden Wirtschafts- und Arbeitskrise gesammelt und konzentrisch auf die schwachen Stellen der erst zehnjährigen Demokratie gerichtet wurden. Aber hier nun zeigen sich auch die Grenzen einer kausal-deterministischen Erklärungsweise, die von den skizzierten Strukturfehlern allein den Untergang der Republik abzuleiten sucht oder gar so weit geht, in Nichtachtung auch der Wahlergebnisse, die bis zuletzt eine stattliche nicht-nationalsozialistische Mehrheit ausweisen, Hitlers Triumph als «die Konsequenz der Demokratie» zu interpretieren.[132] Sowenig die Rettung der Republik im Jahre 1923 in dies Schema paßt und so bedeutsam etwa die Rolle Eberts in diesem Zusammenhang erscheint, sowenig ist der andersartige Verlauf der Schlußkrise allein ökonomisch von den Verhältnissen her oder gar politisch als «Konsequenz der Demokratie» zu erklären. Erste Bedeutung gewannen in dieser Situation vielmehr die konkrete politische Aktivität und der Entscheidungsspielraum einflußreicher, individuell handelnder Kritiker und Gegner der Republik. Dies trifft nicht nur auf Hitler und Hugenberg zu, sondern fast noch mehr auf die Personen an der Spitze des Staates: Von den wohlgemeinten Fehlentscheidungen Brünings ausgehend, spannt sich der Bogen der Männer, die auf ehrgeizige und irregeleitete Art «Geschichte machten», von Schleicher und Papen über Hindenburg Vater und Sohn bis zu dem alle Regimewechsel überdauernden Adlatus Meißner.

Gewiß hat der Ausbruch der Weltwirtschaftskrise, die seit 1930 mit dem Sturz der Produktionsziffern die wirtschaftspolitische, mit dem riesigen Anwachsen der Arbeitslosigkeit die soziale und psychologische Situation aufs bedrohlichste veränderte, auch das politische Leben schwer belastet. Aber während die Krisenjahre von 1920/23 mit ihrer gewiß nicht geringeren inneren, gewiß größeren äußeren Belastung dank der ausgleichenden Führung des ersten Reichspräsidenten Ebert ohne Schaden für die demokratische Ordnung überstanden worden waren, fiel diese Aufgabe jetzt einem legendär glorifizierten (wenngleich militärisch besiegten und politisch wenig erfahrenen) kaiserlichen Feldmarschall zu, der trotz anfänglicher Loyalität von einer tiefen Abneigung gegen zivile und vollends republikanische Politik erfüllt blieb und sich denn auch seit Ausbruch der neuen Krise durch seine Ratgeber zunehmend auf den Weg autoritärer, außerparlamentarischer Regierungsexperimente drängen ließ.

Der Diktaturartikel 48, der dafür den Einsatzpunkt bot, war zwar zum Schutz der Republik konzipiert, doch verhängnisvollerweise ohne ausreichende Umgrenzung geblieben; zwar konnte der Reichstag die Aufhebung solcher Maßnahmen verlangen, doch saß der Präsident dank seiner Auflösungsbefugnis gegenüber dem Parlament am längeren Hebel. Da er überdies das Recht besaß, ohne Mitwirkung des Reichstags Reichskanzler und Regierung zu ernennen oder zu entlassen, konnte er praktisch ohne parlamentarische Kontrolle regieren. Die Kopplung dieser drei präsidialen Befugnisse, die in der Ebert-Ära durchaus dem Schutz der demokratischen Ordnung zugute gekommen waren, hat seit 1930 in der Hand Hindenburgs zunächst die Ausschaltung des Reichstags, dann die autoritären Experimente Papens und Schleichers, die Gleichschaltung Preußens und zuletzt auch den terroristischen Machtergreifungskurs einer Minderheitsregierung unter Hitler ermöglicht. Schon hier tritt also die Bedeutung des persönlichen Moments klar hervor. Denn man mag wohl feststellen, daß der Übergang von der parlamentarischen Demokratie zum Einparteienstaat mit dem Sturz der Großen Koalition im Frühjahr 1930, also mit dem Versagen der beiden Flügelgruppen der Koalition vor der Aufgabe des politischen Kompromisses begann. Und man mag auch betonen, daß hier der Einfluß antagonistischer Interessengruppen auf die auseinanderstrebenden Parteien ganz besonders wirksam geworden war: einerseits der Unternehmerverbände, die wesentlich hinter der DVP standen und jetzt nicht mehr von Stresemann zurückgehalten, vielmehr von dem neuen deutschnationalen Parteichef Hugenberg mobilisiert wurden, anderseits der freien Gewerkschaften, die die SPD aus der unpopulären Regierung drängten und auf den Kurs einer noch viel unpopuläreren Tolerierungspolitik ohne politische Entwicklungsmöglichkeit zurückwarfen. Aber diese Regierungskrise erhielt ihre verhängnisvolle Bedeutung erst durch die Tatsache, daß die prinzipielle Kritik vieler Staatsrechtler und Publizisten an der parteienstaatlichen Demokratie und am Parlamentarismus eben erst von der Reichswehrführung und von den konservativen Ratgebern Hindenburgs aufgegriffen und verdichtet wurde zu dem konkreten Plan einer autoritären Reform der Weimarer Staatsstruktur, zur Schaffung eines strafferen Präsidialregimes «über den Parteien» – das sich freilich deutlich nach rechts orientieren sollte.

Das waren Bestrebungen, die mit allem Nachdruck und all den darin liegenden Gefahren der ungenügenden Kontrolle und der Zersetzung demokratischer Willensbildung darauf ausgingen, der lange angebahnten Steigerung der Exekutivgewalt gegenüber der parlamentarischen Legislative zum Durchbruch zu verhelfen. Mit der Regierung Brüning, die nun zwei Jahre in steter Steigerung ihres autoritären Charakters allein mit präsidialen Notverordnungen amtete, wurde das Parlament auf eine negative Funktion beschränkt und das Übergewicht der bürokratischen Instanzen besiegelt. Reichspräsident und Reichswehr waren die Stützen eines Kurses, dem mit der Ausschaltung der parlamentarischen Willensbildung auch die Kontrolle der öffentlichen Meinung und politischen Stimmung der regierten Bevölkerung mehr und mehr entglitten. Im entsprechenden Verhältnis wuchs die Anziehungskraft radikalistischer Propaganda, beschleunigte sich der Aufstieg extremistischer Massenbewegungen, die an die verschiedensten Interessen und Instinkte appelierten, allen aber die starke Ordnung einer Klassen- oder Führerdiktatur versprachen.

An diesem Punkt nun scheiden sich auch heute noch die Meinungen. Viele Interpreten in Publizistik und Wissenschaft, vielleicht die Mehrheit, neigen im Hinblick auf die ständigen Koalitionsschwierigkeiten und Regierungswechsel noch immer dazu, diese autoritäre Zwischenstufe als unvermeidliche Folge einer ausweglosen Strukturkrise der Parteiendemokratie überhaupt zu fatalisieren.[133] Es scheint geboten, demgegenüber nachdrücklich zu betonen, daß die parlamentarische Alternative zum Präsidialexperiment seit Ende 1929 gar nicht mehr ernsthaft geprüft worden ist. Die Kabinette wurden von jetzt an ohne Parteienverhandlungen und mit verblüffender Schnelligkeit bewußt als überparlamentarische Hindenburg-Regierung ins Leben gehoben. Parlament und Parteien waren dadurch ohne weiteres jener Verpflichtung zur konstruktiven Zusammenarbeit, jenes Zwangs zum Kompromiß und zur Gruppierung arbeitsfähiger Mehrheit enthoben, die doch das Fundament ihrer Existenz in der Demokratie ist. Der bequeme Ausweg des Präsidialregimes hat ihre Aktivität abgelenkt und ihr Verantwortungsbewußtsein gelähmt. Er hat zugleich jener antidemokratischen Reform- und Diktaturpropaganda, die jetzt unter Berufung auf Wirtschafts- und Parlamentskrise den autoritären Umbau des Staates zur Forderung der Stunde erheben konnte, die sichtbarsten Ansatzpunkte verschafft. Und er hat schließlich den willkommenen Vorwand geliefert für die nationalsozialistische Taktik, den totalitären Umsturz auf pseudolegalem Wege zu erreichen. Wie die Berufung Brünings ganz auf präsidiales Diktum hin und bewußt über den Kopf des Reichstags hinweg erfolgt war, so hat Brüning wenig später auch das Parlament, das ihm auf dem Weg autoritärer Notverordnungspolitik nicht folgen wollte, um zwei Jahre vorzeitig und ausgerechnet im Augenblick der sich ständig verschärfenden Krise auflösen lassen. Der Reichstag war damit endgültig auf eine bloße Tolerierungsrolle beschränkt: Die Wahl vom September 1930 hat seine Zusammensetzung aufs ungünstigste verändert und mit der gewaltigen Zunahme nationalsozialistischer Abgeordneter (von 12 auf 107) bestätigt, wie verhängnisvoll unzeitig Brünings Entschluß war – vielleicht auch, daß die moderne Demokratie auf Meinungs- und Wahlbeobachtung nicht verzichten kann. Hier wird schon eine Reihe krisenverschärfender Faktoren sichtbar: die vorzeitige Auflösung eines dem Notverordnungskurs wohl widerstrebenden, aber noch keineswegs radikalisierten Parlaments im Augenblick der Krise und mit dem Erfolg einer ersten schweren Niederlage der demokratischen durch die radikalen Parteien; das fatale Nebeneinander von halbdiktatorischer Regierung, ausgeschaltetem Parlament und auf die Straße verdrängter Radikalisierung der Öffentlichkeit; der Glaube endlich, man könne durch einen außenpolitischen Erfolg den Wettlauf mit der innenpolitischen Krise gewinnen: All dies verschärfte nur noch die Krisenlage und war nicht einfach, wie immer wieder behauptet wird, ihre natürliche Folge oder gar das einzig mögliche «staatspolitische» Gegenmittel.

Denn nun war der Reichstag erst recht eigentlich handlungsunfähig geworden, während das Präsidialkabinett, von Anfang an keine echte Repräsentation des Bevölkerungswillens, noch stärker als bürokratischer Fremdkörper empfunden wurde. Gewiß, die Meinung bleibt weitverbreitet, eine Krisensituation erfordere ein parlamentarisch ungebundenes Fachkabinett. Aber die Erfahrung von Weimar setzt hier ein Fragezeichen. Seit 1930 jedenfalls hat die Existenz einer autoritär abgestützten, von der Öffentlichkeit distanzierten Präsidialregierung den Zug zum Radikalismus noch fühlbar verstärkt. Da im Unterschied zur englischen Krisenpolitik auf den Versuch einer breitfundierten Regierungsbildung endgültig verzichtet wurde, erschien der Öffentlichkeit eine Einwirkung auf die Politik über demokratische Parteien und Parlament jetzt weniger denn je möglich. Auf der Suche nach demonstrativen Oppositionsmöglichkeiten strömten vor allem der krisenfällige Mittelstand und die Bauern der alles versprechenden nationalsozialistischen Sammelbewegung, verelendete Arbeitermassen dem kommunistischen Antipoden zu.

Was in diesem Zusammenhang bedeutsam erscheint, ist die Reaktion der Demokratie auf den stürmischen Aufstieg der totalitären Parteien, die es dann tatsächlich im Sommer 1932 zu einer freilich unechten Mehrheit destruktiver Oppositionsstimmen im Reichstag gebracht haben. Es gab im Grunde zwei Wege, dieser Drohung zu begegnen: entweder die Erwägung, die Nationalsozialisten unter vorsichtiger Absicherung an einer parlamentarischer Regierung zu beteiligen und dadurch ihre bequemen Oppositionsmöglichkeiten einzuschränken; oder aber entschieden, politisch wie auch juristisch, gegen ihre antidemokratische Aktivität vorzugehen. Tatsächlich aber geschah nichts, sowenig Zweifel auch über die legalistische Verschleierungstaktik der nationalsozialistischen Führung erlaubt waren. Wie immer man das Problem eines Parteienverbots unter einer Demokratie beurteilen mag, der antidemokratische und antiparlamentarische Grundcharakter der nationalsozialistischen Bewegung war auch juristisch und verfassungsrechtlich mühelos zu erfassen. Das Versagen der Justiz wurde wohl am eklatantesten sichtbar, als im Herbst 1931 der Oberreichsanwalt eine Klageerhebung gegen die Urheber der Boxheimer Dokumente ablehnte, obgleich in ihnen doch die terroristischen Umsturzplanungen der Nationalsozialisten klar zutage getreten waren.

Dies war die Wirklichkeit. Wohl gab es Pläne, Entwürfe, eindeutige Materialsammlungen bei der Reichsregierung und den Länderregierungen, kam es auch zu einzelnen Maßregelungen und regionalen Gegenmaßnahmen. Aber eine wirksame Gegenwehr unterblieb, nicht nur von den Präsidialkabinetten, sondern auch bei den demokratisch regierten Ländern. Welche Folgen diese Immobilität für die rasche innere Aushöhlung der Republik hatte, freilich auch, welche Konsequenzen sich aus den autoritären Ansätzen der Regierung Brüning ergaben, das zeigte sich geradezu schlagartig im Frühjahr 1932. Durch eine keineswegs zufällige Koinzidenz der Ereignisse verlor Brüning die beiden Hauptstützen seiner halbparlamentarischen, halbautoritären Fachkabinettspolitik: den Reichspräsidenten und die Reichswehrführung. Es mag noch umstritten sein, wie stark an diesem verhängnisvollen Regierungssturz die verschiedenen Urheber beteiligt waren: Reichswehrführung, agrarische Interessengruppen und ehrgeizige Einzelpersonen. Brüning selbst hatte, als die siebenjährige Amtsperiode Hindenburgs ablief, sogar den Gedanken einer Restauration der Monarchie über eine vorläufige Regentschaft Hindenburgs erwogen und war schließlich nach erfolglosen Verhandlungen mit Hitler und Hugenberg für die Wiederwahl des nun 84jährigen Reichspräsidenten eingetreten. Es war sein letzter Erfolg, daß er dafür die Parteien seiner Tolerierungsmehrheit von den Sozialdemokraten bis zur gemäßigten Rechten gewinnen und damit im April 1932 doch noch einen eindeutigen Sieg über den nationalsozialistischen Machtanspruch sichern konnte. Scheinbar paradox, in Wirklichkeit bezeichnend für das ungenutzte Fortbestehen einer parlamentarischen Alternative ist auch die Tatsache, daß die Mehrheit des Reichstags bis zuletzt alle Mißtrauensvoten gegen die Regierung zu Fall brachte. Ihre Bedrohung kam vielmehr gerade von den sie bisher stützenden autoritären Kritikern einer parlamentarischen Lösung.

Denn als nun der amtierende Innenminister General Groener mit dem SA-Verbot endlich zu dem lange verzögerten Schlag gegen die NSDAP ausholte, wurde plötzlich das ganze Ausmaß des Machtverlusts deutlich. Mit Groener stürzte die Reichswehrführung durch die eigenwillige Initiative Schleichers zunächst einen machtpolitischen Eckpfeiler der Regierung, dann unter Mitwirkung der durch Siedlungsprojekte beunruhigten großagrarischen Umgebung Hindenburgs auch Brüning selbst und mit ihm die demokratisch-halbparlamentarische Version des Präsidialsystems. Für die Reichswehrführung war Brünings Unvermögen zur Einbeziehung des nationalsozialistischen Potentials in die autoritäre Lösung für die Umgebung Hindenburgs mit den Interessenmotiven das Streben nach einer stärkeren Forcierung des antiparlamentarischen Kurses Hauptantrieb zu dem verhängnisvollen Kabinettssturz von Ende Mai 1932, der erstmals ohne jede Mitwirkung von Parlament und Parteien, allein durch das interessengesteuerte Diktum des Reichspräsidenten erfolgte. Hindenburg hatte sich nur sechs Wochen nach seiner Wiederwahl in brüsker Weise vom Votum seiner demokratischen Wähler distanziert und seine Unterstützung einer Gruppierung zugewandt, die seine Kandidatur soeben noch entschieden bekämpft hatte.

Es ist bezeichnend, daß das neue Kabinett des abtrünnigen Zentrumspolitikers Papen ebenso schnell wie die Regierung Brünings ins Leben gehoben und ungeachtet seiner Orientierung nach rechts noch ausdrücklicher als «nationale» Regierung *über* den Parteien deklariert wurde. Sein Ziel war eine verstärkte Konkretisierung des autoritären Umbaus, die nun aber mit gänzlich anderen Mitteln vorangetrieben wurde als das Experiment Brüning. Mag man die Notverordnungs- und Deflationspolitik Brünings noch so scharf kritisieren, so ist doch dem Urteil Arnold Brechts zu folgen, daß «selten ... eine Regierung in ihrem Urteil mit besserem Gewissen geirrt (hat) als die Regierung Brüning».[134] Während auch Brüning kurioserweise ausgerechnet vom Parlament, das er doch so entschieden zurückgedrängt hatte, in seiner Mehrheit bis zuletzt toleriert, von seinen ursprünglichen Verbündeten dagegen gestürzt worden war, hatte Papen die parlamentarische Tolerierungstaktik seines Vorgängers verlassen, um nun die Errichtung eines auf Hindenburgs Machtprestige und die «nationalen Kräfte» gegründeten «Neuen Staates» zu proklamieren, der endlich die lange verfolgte autoritäre Lösung politisch wie institutionell verwirklichen sollte. Nach den zeitgenössischen Äußerungen der Umgebung Papens sollte dieser «Neue Staat», als ständisch gegliederter aristokratischer Präsidial-Führerstaat mit einem von Hindenburg berufenen Oberhaus und einem über pluralistisches statt allgemeines Wahlrecht gewonnenen Unterhaus, eine Herrschaft der «Besten» anstelle der demokratisch-parlamentarischen «Herrschaft der Minderwertigen» verbürgen. Soweit es die verschwommenen ideologischen Konstruktionen der Vorkämpfer dieses «Neuen Staates» erkennen lassen, war damit einer unkontrollierten Selbstherrschaft Hindenburgs und der von ihm betrauten Führungsschicht alle Entscheidungsgewalt zugesprochen (euphemistisch als «Selbstverantwortung» deklariert), während die parlamentarischen Residuen in Gestalt der beiden Kammern auf eine beratend-deklamatorische Rolle beschränkt sein sollten. Die Idee einer derartigen autoritären Reform der Demokratie, die gleichzeitig die totalitären Bestrebungen nationalsozialistischer Prägung abfangen und blockieren sollte, ist zwar nie verwirklicht worden, hat aber bei den Versuchen zur Eingrenzung und Zähmung der nationalsozialistischen Revolution noch eine verhängnisvolle Rolle gespielt.

Vor allem aber bemühte sich Papen sogleich um eine Zusammenarbeit mit Hitler. Zu diesem Zweck konzedierte er der NSDAP eine Reihe von Vorleistungen, die zugleich den grundsätzlichen Bruch mit Brünings gemäßigtem Autoritärskurs offenbar machten. Das erste war die Auflösung des Reichstags, bevor dieser überhaupt zusammentreten und sich – mit allerdings unzweifelhaft negativem Votum – zum Kurs der neuen Regierung äußern konnte. Die Ära der parlamentarisch tolerierten Notverordnungen war damit zu Ende; eine Periode folgte, in der der Notverordnungskurs gänzlich abseits der demokratischen Willensträger, auf dem Weg über die direkte Ausschaltung des Reichstags mittels wiederholter Auflösung durchgeführt wurde. Anders als Brüning hat Papen selbst auch den neuen Reichstag nur einmal, während seiner einzigen

Arbeitssitzung im September 1932, betreten und hier nur, um – ohne je zu Wort gekommen zu sein – einem vernichtenden Mißtrauensvotum (512:42 Stimmen) mit der erneuten Reichstagsauflösung zuvorzukommen.

Die zweite überstürzte Vorleistung an die umworbene NSDAP, die Aufhebung des SA-Verbots, brachte Papen sogleich in Konflikt mit all den Länderregierungen, die Groener seinerseit zum SA-Verbot veranlaßt hatten; da aller Polizeieinsatz auf Länderebene verankert war, trugen die Länder ja auch die Hauptverantwortung für die blutigen Straßenkämpfe, die zwischen den Bürgerkriegsarmeen der radikalen Linken und Rechten jetzt sofort mit bislang ungekannter Heftigkeit entbrannten. Schon hier zeigte sich die Hilflosigkeit dieser Regierung, die ohne nennenswerten Rückhalt in der Bevölkerung ihre weitgehenden Reformpläne durchzuführen suchte. Wie andersgeartet ihre Methoden waren, verglichen mit der noch strikt rechtsstaatlich orientierten Brüning-Ära, zeigte besonders eindringlich dann die dritte Aktion, die allerdings mehr als nur eine Vorleistung an die NSDAP, vielmehr selbst eigenster Bestandteil des Papen-Kurses war: der Staatsstreich in Preußen am 20. Juli 1932. Denn als die Hoffnung auf eine nationalsozialistische Unterstützung des Papen-Experiments sich als trügerisch zu erweisen und der «Neue Staat» schon vor der Verwirklichung seiner autoritären Postulate in einen hoffnungslosen Engpaß der allgemeinen Isolierung zu geraten begann, suchte Papen kurz vor den für ihn bedrohlichen Reichstagsneuwahlen, gestützt auf Reichspräsident und Reichswehr als seine einzigen Machtquellen, durch eine erfolgreiche Gewaltaktion den Ring der politischen Isolierung zu sprengen und mit der Eroberung der Macht in Preußen seine autoritäre Stellung wenigstens in diesem drei Fünftel Deutschlands umfassenden Raum auch ganz konkret zu verankern.

Gewiß rührte der alte Streit um das Problem der Reichsreform gerade im Hinblick auf den Dualismus von Reich und Preußen an einen gewichtigen Strukturfehler der Weimarer Republik. Das Problem war doppelt brennend durch die fragwürdige Lage, in der sich die Regierung der Weimarer Koalition in Preußen unter den Sozialdemokraten Braun und Severing befand; seit den Landtagswahlen vom April 1932 hatte sie nur noch eine parlamentarische Minderheit hinter sich, war nur noch geschäftsführend, ohne daß sich doch eine auf konstruktive Mehrheit gegründete Regierung zu ihrer Ablösung gefunden hätte. Aber das entscheidende politische Motiv bei der Durchführung der auf den Artikel 48 gestützten Reichsexekution gegen die preußische Regierung war doch Papens verzweifeltes Bemühen, die machtpolitische Basis seines hoffnungslos isolierten Regimes durch einen – wie er rechnete – mit Bewunderung, Sympathie oder Schrecken aufgenommenen Akt autoritären Selbstbewußtseins demonstrativ zu verstärken und damit doch noch

Respekt und Unterstützung von nationalsozialistischer Seite zu gewinnen.

Der Preußen-Putsch vom 20. Juli 1932 erwies durch das auch für Papens Begriffe überraschend schnelle und kampflose Zurückweichen der bisherigen Machtträger, die den Widerstand gegen ihre rechtswidrige Absetzung auf ein langwieriges, politisch wirkungsloses Gerichtsverfahren beschränkten, wie weit tatsächlich und psychologisch der Machtverlust der verbliebenen demokratischen Instanzen schon fortgeschritten war und wie wenig es zur autoritären und dann totalitären Überwindung der Demokratie noch bedurfte. Was immer gegen die Erfolgsaussichten eines politischen Streiks eingewandt werden mag: Für die weitergehenden nationalsozialistischen Absichten war dieser erste 20. Juli ein ermutigendes Vorbild. Und in den folgenden Säuberungs- und Verdrängungsaktionen in der Verwaltung Preußens warf dann auch schon die Technik der Gleichschaltung, die Degradierung aller politischen Organe zu gehorsamen Verwaltungsträgern in den Händen unkontrollierbarer Führungscliquen ihre Schatten voraus. Aber sowenig wie die übrigen Vorleistungen hat dies Entgegenkommen gegenüber der «Nationalen Opposition» der extremen Rechten dem «Neuen Staat» seinen laut proklamierten Weg zwischen Demokratie und Diktatur bahnen können. Neue Möglichkeiten zur Stabilisierung einer autoritären Rechtsregierung Papenscher Prägung wurden auch damit nicht eröffnet, und der Ausgang der Wahl vom 31. Juli 1932 hat Papens Experiment erst recht in die äußerste Isolierung gedrängt.

Hier wird aufs eindringlichste sichtbar, wie sehr diese Monate nach Brünings Sturz im Zeichen einer unentschiedenen wechselseitigen Blokkierung der Machtgruppen standen. Drei große Tendenzen lagen sich im Kampf um die Macht gegenüber, lähmten sich in ihrer Bewegungsfreiheit und waren zugleich außerstande, über dies Machtvakuum wirkliche Kontrolle zu gewinnen. Das galt erstens für die ausmanövrierten demokratischen Gruppen, die noch immer eine beträchtliche Macht darstellten, auch wenn sie ganz auf negative Widerstandsfunktionen zurückgedrängt und jeder Möglichkeit eines konstruktiven Eingriffs in den politischen Ablauf beraubt schienen. Es galt aber nicht minder auch für die kompromißunfähigen totalitären Bestrebungen nationalsozialistischer und kommunistischer Prägung. Zusammengenommen verfügten NSDAP und KPD jetzt zwar über eine destruktive Mehrheit von 53% aller Reichstagssitze und konnten damit jede demokratische Regierungsbildung verhindern. Aber über diese rein negative Zusammenarbeit hinaus waren sie natürlich absolut kooperationsunfähig und standen ratlos vor den Toren der Macht. Bewegungsunfähig war aber auch allen selbstbewußten Äußerungen Papens zum Trotz das autoritäre Regime einer winzigen Minderheit, das zwar seine vorübergehende Machtausübung auf den Reichspräsidenten und die Reichswehr, auf fortgesetzte

Reichstagsauflösungen und schließlich Staatsstreichpläne stützen konnte, das aber die gewünschte autoritäre Definitivlösung gegen neun Zehntel der deutschen Wählerschaft und gegen die demokratischen und totalitären Gegengruppierungen doch nicht durchzusetzen vermochte.

Gewiß bemühten sich die verschiedenen Gruppen damals fieberhaft, diesen Zustand der allgemeinen Lähmung zu überwinden oder doch im Interesse der eigenen Ziele auszunutzen. Besonders drei Initiativen, die alle noch im August 1932 entwickelt wurden, gingen in diese Richtung. Unter dem Eindruck des jüngsten nationalsozialistischen Wahlsiegs unternahmen Papen und Schleicher Anfang August einen neuerlichen Versuch, Hitler zur Regierungsteilnahme unter gemäßigten Bedingungen zu bewegen. Da sie und besonders auch Hindenburg selbst jedoch auf erheblichen Sicherungen bestanden und Hitler selbst nur das Vizekanzleramt konzedierten, kam es zum erneuten Bruch mit der nationalsozialistischen Führung; diese hatte Papens Absicht, die NSDAP durch harmlose Regierungsbeteiligung zu zähmen, ihre Popularität so abzunutzen und gleichzeitig ihr Wählerpotential auszunutzen, natürlich längst durchschaut. Um so unbequemer für das Papen-Regime war eine zweite Initiative, die wenige Tage später schon von nationalsozialistischer Seite folgte. Durch Verhandlungen mit der Zentrumsführung erweckte Hitler tatsächlich vorübergehend den Eindruck, als arbeite er auf die Bildung einer regulären parlamentarischen Mehrheitsregierung hin, die ja automatisch das Ende des Papen-Intermezzos bedeutet hätte. Angesichts der unüberbrückbaren Gegensätze der beiden Partner blieb dies zwar eine rein taktisch ausgespielte Drohung, die in der Mißstimmung aller Parteien außer der Papen stützenden DNVP ihre gemeinsame, rein negative Basis hatte. Aber es genügte, um Papen den Zusammentritt des neuen Reichstags mit äußerster Furcht erwarten zu lassen.

Um weiteren Überraschungen zuvorzukommen, erwirkte er dann *noch vor* der Eröffnungssitzung dieses Reichstags von Hindenburg ein neues Auflösungsdekret – ein wahrhaft einzigartiges Ereignis in der Geschichte des Parlamentarismus überhaupt. Diese Pauschalvollmacht, in die Papen nur noch Datum und vage Begründung einzusetzen brauchte, macht offenbar, wieweit dies parlamentarische Verfahren jetzt faktisch durch eine kontrollfreie autoritäre Regierungsprozedur ersetzt war. Sie schloß zugleich eine dritte Initiative zur Durchbrechung des Machtvakuums ein: nämlich den gleichzeitig mit Hindenburg erörterten Plan, den unbequemen, nach jeder Neuwahl doch ähnlich oppositionell gestimmten Reichstag jetzt langfristig auszuschalten und die kontrollfreie Periode dann zu der oft erwogenen autoritären Verfassungsreform zu benutzen, wobei die Diktaturvollmachten des Reichspräsidenten entsprechend großzügig ausgelegt werden sollten. Als nun Papen in der ersten Arbeitssitzung vom September 1932 dem vernichtenden Mißtrauensvotum des neuen Reichtags mit der vorbereiteten Auflösungsorder zuvorkam, schien in der Tat der Augenblick für eine solche Reform durch Staatsstreich gekommen. Aber nun waren es Hindenburg und die Reichswehrführung, die für diesen Fall eine Explosion der gespannten Lage, gleichsam den Übergang vom kalten in den heißen Bürgerkrieg befürchteten und der Initiative Papens und seines Innenministers Gayl die Unterstützung versagten.

Die Reichtagsneuwahl vom 6. November 1932 – fünfte Wahl in der Reihe der aufwühlenden Wahlgänge dieses Jahres – hat zwar diese Situation auch nicht zu ändern und keine neuen Lösungsmöglichkeiten aufzuzeigen vermocht. Als nun aber Hitler trotz deutlichem Schwund der nationalsozialistischen Stimmen, der eine absolute Grenze der in freier Wahl erreichbaren Anhängerschaft setzte und der nationalsozialistischen Führung den Weg zur Macht über eine parlamentarische Mehrheit verbaute, doch bei seinen von Hindenburg erneut abgelehnten Forderungen blieb, geriet die NSDAP doch in eine ernsthafte Krise. Ihre Bewegung war deutlich rückläufig geworden, und der Weg zur Macht schien durch Hindenburgs Abneigung gegen ein Präsidialkabinett Hitler hoffnungslos blockiert. Ihre zur Macht drängenden Funktionäre wurden unruhig, die finanzielle Situation verschlechterte sich, einflußreiche Gönner drohten sich abzuwenden. Und vor allem: Das Tief der Wirtschaftskrise war nachweislich durchschritten, der bevorstehende Neuaufschwung drohte die rasch zugeflossenen Wählermassen wieder ins Bett der traditionellen Gruppierungen zurückströmen zu lassen.

In dieser für nationalsozialistische Begriffe alarmierenden Situation erblickte nun der Reichswehrminister, General Schleicher, eine ernsthafte Chance für sein Bemühen, den Plan zur Zähmung und Abnutzung der NSDAP doch noch, beim dritten Anlauf gewissermaßen, erfolgreich durchzuführen. Jetzt freilich mit erheblichen Modifikationen. Als nämlich Papen zunächst formal seinen Rücktritt erklärte und dadurch Hindenburg energisch zur Billigung seiner autoritären Staatsstreichpläne zu drängen suchte, distanzierte sich Schleicher von dem Kanzler, den er bislang gefördert hatte, indem er einen innenpolitischen Einsatz der Reichswehr zur Stützung des geplanten Staatsnotstands verweigerte und dafür auch die Unterstützung anderer Kabinettsmitglieder gewann. Schleicher dachte nach all seinen eigenen Intrigen und Experimenten doch in letzter Stunde realpolitisch genug, um der gefährlichen Illusion einer autoritären Diktatur Papenscher Prägung entgegenzutreten. Statt dessen stellte er dem ohnehin kampfesmüden Reichspräsidenten die Möglichkeit einer friedlichen Lösung der Krise in Aussicht. Er entwickelte den Plan, durch eine Spaltung der NSDAP und eine Versöhnungspolitik gegenüber den anderen Gruppen bis hin zu SPD und Gewerkschaften wieder eine echte Basis für die Regierungspolitik zu gewinnen und von hier aus den Radikalismus einzudämmen – wenn nötig auch unter Verzicht auf allzu unpopuläre autoritätsstaatliche Projekte.

Das Ergebnis war – nach vorsichtigem Zögern Hindenburgs – die Betrauung Schleichers mit der Kanzlerschaft am 2. Dezember 1932. Freilich blieb im Reichspräsidentenpalais eine Verstimmung zurück, die sich wenig später in einer letzten Regierungskrise Luft schaffte und mit Schleicher und seinem Plan die sorgfältig errichteten Dämme gegen eine nationalsozialistische Machtergreifung überraschend schnell beseitigte. Entgegen Schleichers Bemühungen, Papen auf den Botschafterposten nach Paris zu schaffen, blieb der Exkanzler als Hindenburgs Vertrauensmann maßgebend im Spiel der Wilhelmstraße eingeschaltet. Von ihm ging dann auch die letzte Initiative aus, die der NSDAP schließlich im unerwarteten Augenblick, als sie schon mit ernsten Krisenerscheinungen kämpfte, den Durchbruch durchs Machtvakuum und in die entscheidende Phase der *Machtergreifung* ermöglichte.

Noch heute ist das spezifische Gewicht der verwirrenden Vorgänge umstritten, die der dramatisch beschleunigten unmittelbaren Vorgeschichte des 30. Januar 1933 die entscheidende Richtung gegeben haben. Den wichtigsten Orientierungspunkt inmitten der Fülle der sich überstürzenden Ereignisse vermittelt die Einsicht, daß diese Endphase ungleich mehr noch als die vorangehenden Stufen von individuellen Neigungen und Entscheidungen bestimmt war. Gewiß konnten sie sich nur aus einer Situation heraus entfalten, die von den allgemeinen politischen Bedingungen, von einer die ganze Geschichte und Vorgeschichte der Weimarer Republik umfassenden Problementwicklung getragen und zu einem gewissen Grade auch determiniert war. Aber auch jetzt noch trug der weitere Gang der Ereignisse keine zwingende Notwendigkeit in sich, war mehr denn je zuvor von den Aktionen eines kleinen Personenkreises abhängig. Denn gemäß der Verfassungswirklichkeit wie der allgemeinen Entwicklung zum autoritären Staat hin lag der Hebel zu dem entscheidenden Umschwung bei Hindenburg. Er konnte nach Lage der Dinge nur von Personen in Bewegung gesetzt werden, die zum innersten Kreis des Reichspräsidentenpalais gehörten und schon seit Jahren ihre autoritären Reformpläne betrieben. Neben Exkanzler v. Papen, dem Präsidentensohn und Adjudanten Oskar v. Hindenburg und dem präsidialen Staatssekretär Meißner war dies bislang sehr wesentlich auch Schleicher gewesen. Der neue Reichskanzler, der nun endlich selbst aus dem Dunkel der Planungen und Intrigen ins Licht der Öffentlichkeit getreten war, sah seinen Zwischenlösungsversuch aber sogleich den größten Schwierigkeiten ausgesetzt. Auf der einen Seite nahmen die plötzlich wieder umworbenen demokratischen Parteien Schleichers rasche Schwenkung vom autoritären zum kooperativen Kurs nur mit Mißtrauen hin; die sozialistischen Gewerkschaften, die auf Schleichers Annäherungsversuche zunächst positiv reagierten, sahen sich sogleich einem entschiedenen Veto der unbeweglichen sozialdemokratischen Führung gegenüber. Auf der anderen Seite gewann Schleicher mit Gregor Strasser wohl den wichtigsten Mann der NS-Parteiorganisation vorübergehend für seinen Kooperationsplan, sah sich aber in der Hoffnung auf eine Spaltung der NSDAP getäuscht.

Zwar verzichtete der neue Reichstag einschließlich der immerhin schwer getroffenen Nationalsozialisten bei seiner ersten Sitzung auf ein Mißtrauensvotum; eine Rückkehr zur Brüningschen Tolerierungspraxis schien vorübergehend möglich. Aber Schleichers Bemühungen um eine Überwindung der von Papen ererbten Isolierung des autoritären Präsidialsystems machten angesichts der Unentschlossenheit Strassers und der fortdauernden Immobilität der demokratischen Parteien nur langsame und unbefriedigende Fortschritte. Und bald zeigte es sich, daß die Gegenseite nicht untätig geblieben war und durch die Initiative weniger Schlüsselpersonen eine neue Alternative zu entwickeln vermochte, die dann auch Schleicher und mit ihm den letzten Versuch zur Verhinderung der nationalsozialistischen Machtergreifung zu Fall gebracht hat. Gewiß muß betont werden, daß Hindenburg sich gegen die schließliche Lösung vom 30. Januar 1933 bis fast zuletzt gewehrt hat, mindestens soweit es die Betrauung Hitlers mit dem Reichskanzleramt anging. Aber zugleich zeigte er sich schon seit Anfang Januar über die vorläufige Erfolglosigkeit der Schleierschen Bemühungen enttäuscht und beunruhigt, und eben dies war die Stelle, an der nun Papens Gegenaktion einsetzte.

Die Motive des Exkanzlers, den Hindenburg damals als seinen *«homo regius»* zu bezeichnen pflegte, waren persönlicher wie sachlicher Art. Verärgerung und Mißgunst seinem einstigen Freund und Gönner Schleicher gegenüber paarten sich mit dem politischen Ehrgeiz, wieder ins Spiel zu kommen, und verbanden sich zu einem unveränderlichen Wunschbild vom autoritären Staat, den er nun, nach dem Verlust der Schleicherschen Unterstützung, nur noch über ein Bündnis mit der NSDAP endgültig zu verwirklichen hoffen konnte. In diesem Zusammenhang liegt die historische Bedeutung der mehrwöchigen geheimen Vermittlungstätigkeit zwischen Hindenburg und Hitler, die Papen seit dem berühmten Kölner Treffen vom 4. Januar 1933 zuerst mit großindustrieller Unterstützung, dann mit Hilfe Ribbentrops und Oskar v. Hindenburgs, zuletzt auch noch durch den Beitritt Hugenbergs, des Reichslandbunds und des Stahlhelms entfaltete. Die Wiederkunft der nach mancherlei Unstimmigkeiten zwischen den Partnern zerbrochenen Harzburger Front war in erster Linie eine Folge dieser Papenschen Initiative, und angesichts der erdrückenden Beweislast aller Quellen kann der vehementen Apologetik der Papen-Memoiren auch in diesem Punkte nicht mehr gefolgt werden. Tatsache ist, daß eine vom Dilemma des Machtvakuums gelähmte und durch Wählerverluste, interne Konflikte und Finanzprobleme geschwächte NSDAP plötzlich – und für sie selbst überraschend – wieder ins politische Spiel auf höchster Ebene eingeschaltet, dadurch der Bedrohung durch Schleichers Gegenpläne entzogen und an der Macht beteiligt wurde – und dies zu einem Augenblick, als die Wirtschaftskrise endgültig zurückzuschwingen begann. Die Machtbetrauung Hitlers und die folgende Machtergreifung durch eine bereits sichtbar vom Abstieg bedrohte Partei konnte nun ebenso von dem neuen Aufstieg der weltwirtschaftlichen Konjunktur profitieren, wie zuvor dem Aufstieg des Nationalsozialismus in einer destruktiven Opposition die Verschlechterung der allgemeinen Verhältnisse zugute gekommen war. Das mag als schicksalhafte Verkettung der Umstände betrachtet werden, war aber eben nicht minder auch eine direkte Folge der Papen-Initiative vom Januar 1933 und der autoritären Umgestaltungspläne, über die man sich mit Hitler verständigen, die man mit nationalsozialistischer Hilfe, aber in eigener Regie verwirklichen zu können hoffte.

Die Gegenwehr Schleichers war entgegen den Befürchtungen der neuen Bündnispartner nur noch schwach. Ein Grund dafür lag in dem verständlichen Zögern der demokratischen Parteien, die eine lange parlaments- und regierungspolitische Abstinenz auch innerlich stark geschwächt hatte. Mit äußerstem Mißtrauen verfolgten sie auch jetzt die Annäherungsversuche des vielgewandten Generals, dem man nach seiner bisherigen Intrigentaktik eine echte Rückkehr zu geregelten Regierungsverhältnissen, einen ehrlichen Verzicht auf autoritäre Experimente und eine entschlossene Abwehr der nationalsozialistischen Machtansprüche nicht zutraute. Ein zweiter Grund für die Schwäche Schleichers lag in der Einsicht, daß trotz der bereitwilligen Unterstützung, die General v. Hammerstein als Chef der Heeresleitung dem Reichskanzler zuteil werden ließ, ein Einsatz der Reichswehr gegen die Papen-Initiative und mithin gegen Hindenburg nicht in Frage kam. Das hinderte allerdings nicht, daß am 29. Januar von interessierter Seite das Gerücht von einem bevorstehenden Putsch der Reichswehr lanciert und dann auch von Hindenburgs Umgebung zur Beschleunigung der letzten Verhandlungen und des Regierungswechsels selbst benutzt wurde. Ein dritter Grund endlich war die mangelnde Klarheit, die Schleicher trotz mancherlei Einzelinformationen von dem Ausmaß und der wahren Richtung der Gegenaktion hatte. Er hielt bis zuletzt eine Einigung von der dann erfolgten Art für unmöglich, verließ sich auf Hindenburgs Abneigung gegen Hitler und richtete seine ganze Aufmerksamkeit auf die Drohung eines neuen Papen-Kabinetts. Vor allem aber erwartete er keineswegs, selbst als Reichswehrminister durch den für nationalsozialistische Ideen anfälligen General v. Blomberg ersetzt und dadurch jeder Kontrolle und Einwirkung auf die kommende Regierung beraubt zu werden.

Dies waren die entscheidenden Zusammenhänge, in deren Rahmen die dramatische Schlußentwicklung sich vollzogen hat. In diesen Schlußmonaten der Republik war der Einfluß persönlicher Initiativen in der Tat geschichtlich entscheidend geworden. Wie sie die Krise um das SA-Verbot, den Sturz Brünings und die Abwendung Hindenburgs von der demokratischen Version der Präsidialregierung, schließlich Papens Staatsstreich in Preußen und seine leichtfertigen Diktaturexperimente bestimmt hatten, so führten sie zuletzt auch die unerwartete Berufung Hitlers zum Reichskanzler in einem Augenblick herbei, da das Tief der Wirtschaftskrise durchschritten war und die NSDAP schon fühlbare Rückschläge erlitten hatte. Gewiß wäre es unsachliche Vereinfachung, wollte man die dramatisch verwickelten Ereignisse und Zusammenhänge dieser Monate zwischen Juni 1932 und Januar 1933 auf *einen* gültigen Nenner zu bringen suchen. Und gewiß hat die Zuspitzung der Strukturprobleme der Republik in dem scheinbar ausweglosen «Machtvakuum» von 1932 (mit der gegenseitigen Blockierung demokratischer Parteien, totalitärer Umsturzbewegungen und autoritärer Machthaber) den nationalsozialistischen Aufstieg erst möglich gemacht. Aber ebenso unbestreitbar ist doch die letztlich entscheidende Bedeutung, die vor diesem historisch-politischen Hintergrund das selbstherrliche Intrigenspiel einer winzigen Minderheit um den einzig verbliebenen Machtpfeiler, den (politischer Einsicht baren) Reichspräsidenten, erlangt hat. Daß es überhaupt möglich war und so wenig aktiven Widerstand mehr fand, mag bestätigen, daß die parlamentarische Republik jetzt, nach ihrer Überfremdung durch autoritäre Experimente, nicht länger funktionsfähig war. Aber eben dies war die fatale Kehrseite des Präsidialregimes. Und es bleibt bedenkenswert, was auch Friedrich Meinecke in einem eigenen Kapital seiner *Deutschen Katastrophe* über das Verhältnis des «Zufalls» zum «Allgemeinen» in der Entwicklung zur nationalsozialistischen Diktatur geschrieben hat.

So haben sich Unglück und Fehler, Konsequenz und Zufall im Ereignis der nationalsozialistischen Machtergreifung zu einem fast unentwirrbaren Ursachenknäuel verbunden. Aber der «Notwendigkeit» blieb, auch in *extremis*, die Freiheit zugeordnet, eine Freiheit der Wahl freilich, die schließlich mit dem Großteil der Bevölkerung auch die politische und geistige Führungsschicht teils müde resignierend, teils leichtfertig verführt, teil bewußt zerstörend preisgegeben hat. Die Umstände dieses Vorgangs bestätigen, daß in der frühen Neigung zu autoritären Lösungsversuchen jenseits der ungewohnten Demokratie eine Fülle determinierender Faktoren ausgebildet wurde, die dann den 30. Januar 1933 und seine Folgewirkungen wesentlich ermöglicht haben. Und doch existierten noch unter Schleicher fast bis zum letzten Augenblick Alternativen, die geschichtlich kaum minder begründet waren. Den Ausschlag gaben erst das leichtfertige Spiel mit weitergehenden Projekten und die daran geknüpfte Aktivität der Papen-Hugenberg-Hindenburg-Gruppe. Indem sie diese winzige Minderheit in ehrgeizigem Selbstbewußtsein eine Zähmung und Ausnützung der totalitären Massenbewegung zutraute, verhalf sie der nationalsozialistischen Führung recht eigentlich erst in die Machtpositionen, die sie aus eigener Kraft nicht zu erreichen vermochte.

Statt der erhofften Restauration autoritärer Herrschaft kam der totalitäre Staat, der nicht nur die Weimarer Republik, sondern auch die Verfechter einer «dritten» Lösung zwischen parlamentarischer Demokratie und totaler Diktatur überwältigte.

3. Gotthard Jasper
Wer schützt die Republik?

Anläßlich der gegenrevolutionären Aktivität im Kapp-Putsch sowie bei dem Erzberger- und Rathenaumord hatte man nicht nur strafrechtliche Maßnahmen zum Schutz der Republik gefordert, sondern zugleich immer versucht, über eine Republikanisierung der Beamtenschaft den neuen Staat auch soziologisch zu sichern. Zu diesem Zweck war mit dem RSG das Gesetz über die Pflichten der Beamten zum Schutze der Republik entstanden.[135] Es zerfiel deutlich in zwei Teile. Auf der einen Seite präzisierte es die Pflichten eines republikanischen Beamten und schuf disziplinargesetzliche Handhaben, um antirepublikanische Elemente aus dem Verwaltungsapparat auszuscheiden. Diesen repressiven Vorschriften folgte im zweiten Teil die Ausdehnung des Kreises der politischen, das heißt der jederzeit disponiblen Beamten, wodurch mehr positiv gerichtet eine beschleunigte Neubesetzung der Spitzen mit aufrechten Gesinnungsrepublikanern ermöglicht werden sollte. So steht der soziologische Republikschutz in gewisser Weise in der Mitte zwischen dem rein strafrechtlichen Staatsschutz und den weiter zielenden konstruktiven Bemühungen, der Republik Vertrauen und Anerkennung zu erwerben.

Seine Notwendigkeit und Aktualität nahm er aus dem improvisierten Charakter der Weimarer Demokratie. Als 1918 plötzlich und unerwartet in Deutschland die Republik Wirklichkeit geworden war, hatte man, um die Wirrnisse der Zeit nicht noch zu vergrößern, mangels demokratisch gesonnener Fachleute die alte eingearbeitete monarchische Verwaltungsapparatur unangetastet übernommen. Diese durch Erziehung, Standes- und Staatsbewußtsein sehr homogene Beamtenschaft wirkte wie ein Fremdkörper im parlamentarischen Staat, denn obzwar sie nicht ausgesprochen gegenrevolutionär war, so war sie im großen und ganzen doch ademokratisch.[136]

Dem Versuch, die Republik von dieser Belastung zu befreien, standen zwei Verfassungsbestimmungen im Wege. Der Respekt vor der Institution des Berufsbeamtentums und das Interesse an administrativer Qualitätsarbeit hatte die Väter der Verfassung veranlaßt, den Beamten ihre «wohlerworbenen Rechte» zu garantieren. Außerdem hatten sie ihnen, dem Geist der liberalen Demokratie entsprechend, die Freiheit der politischen Gesinnung und der Meinungsäußerung gewährleistet.[137] Diese Regelung verbaute natürlich die immer wieder geforderte Demokratisierung der Verwaltung.

Mit dem Gesetz von 1922 versuchte man dann eine gewisse Einschränkung vorzunehmen und einer wenn auch noch so zurückhaltenden republikanischen Beamtenpolitik Platz zu schaffen. Aber an den grundlegenden Positionen hatte sich nichts geändert, und so enthüllen sich in der Anwendung dieses Gesetzes in ganz besonderem Maße die Schwierigkeiten, die einer konsequenten Politik des Republikschutzes im Wege standen. Es würde freilich den Rahmen der vorliegenden Arbeit sprengen, wollte man hier einen vollständigen Abriß der Beamtenpolitik in Reich und Ländern während der Weimarer Jahre geben. Dazu fehlt das Quellenmaterial. An dieser Stelle soll vielmehr nur anhand einiger Beispiele der Anwendung oder Nichtanwendung des Gesetzes über die Pflichten der Beamten zum Schutz der Republik untersucht werden, was zur «Säuberung und Republikanisierung der Beamtenschaft», wie die schlagwortartige Parole des soziologischen Republikschutzes lautete, getan und unterlassen wurde.

Untersucht man zunächst den disziplinarrechtlichen Teil des Gesetzes, so muß man vorab feststellen, daß in ihm freilich keine Handhaben zu einer großen Säuberung der Beamtenschaft von antirepublikanischen Elementen zu finden waren; denn, wie Ministerialdirektor Brecht bei der Besprechung über den Vorentwurf betont hatte, die neuen Paragraphen bedeuteten im wesentlichen nur eine Erläuterung und Auslegung alter bestehender Vorschriften. Sie untersagten den Beamten auch keineswegs, sich etwa zur Monarchie zu bekennen oder antirepublikanischen Vereinen oder Parteien anzugehören, solange sie sich nicht in ihrer amtlichen Tätigkeit aktiv gegen den bestehenden Staat betätigten oder mißachtend über ihn äußerten. Nur Auswüchse waren zu bekämpfen, aber gegen die Masse der äußerlich loyalen, innerlich jedoch ablehnenden Beamten konnte man nicht vorgehen. Für eine solche Generalreinigung hatte sich im Parlament keine Mehrheit gefunden, denn sie hätte eine Zerschlagung des Berufsbeamtentums erfordert. Auch widersprachen die damit notwendig verbundenen inquisitorischen Maßnahmen allzusehr dem Geist der liberalen Demokratie.[138]

Dennoch waren die Paragraphen nicht völlig bedeutungslos. Es kam doch etliche Male zu ernsthaften Verstößen, Beleidigungen des Reichspräsidenten oder der Reichsfarben durch Beamte, die man disziplinargerichtlich ahndete, wobei durchaus auf harte Strafen erkannt wurde, wenn man auch in Einzelfällen die mangelnde Härte kritisierte[139].

Größere politische Bedeutung gewannen diese Vorschriften erst bei der Frage der Beteiligung der Beamten am Volksbegehren gegen den Youngplan. Hier wurde deutlich, wie weit tatsächlich das Feld war, in dem die Beamten, ohne mit den Gesetzen zu kollidieren, ihrer Gegnerschaft gegen die Republik Ausdruck geben konnten. In dem § 4 des sogenannten Freiheitsgesetzes der Harzburger Front wurde für Minister, die sich für den Youngplan einsetzten, ein Landesverratsverfahren vorgeschrieben. Das bedeutete praktisch, daß diejenigen, die sich für das Volksbegehren eintragen ließen, gegen die Minister den Vorwurf landesverräterischer Betätigung erhoben.

Hier glaubte nun die preußische Regierung eingreifen zu können, indem sie erklärte, daß eine Beteiligung der Beamten am Volksbegehren ein Verstoß gegen die Beamtenpflichten sei[140]. Reichsinnenminister Severing unterstützte diese Erklärung auch seinerseits, worauf es im Reichstag zu scharfen Auseinandersetzungen mit der DNVP, der Wirtschaftspartei und der DVP kam, die Braun und Severing Terror, Verfassungswidrigkeit und Rechtsbruch vorwarfen, obwohl der DVP-Abgeordnete Kardorff zugab, daß der § 4 des Freiheitsgesetzes tatsächlich unqualifizierbar sei.[141] Selbst einige demokratische Stimmen hielten Brauns Vorgehen für unstatthaft. Professor Anschütz, der offiziöse Kommentator der Reichsverfassung, glaubte, daß lediglich die Agitation für das Freiheitsgesetz den Beamten untersagt werden könne, nicht aber schon die bloße Eintragung, denn das Einzeichnungsrecht sei, ähnlich wie das Wahlrecht, ohne Rücksicht auf den Inhalt des Gesetzentwurfes unbeschränkbar[142]. Unter Berufung auf die Gesinnungs- und Wahlfreiheit der Beamten entschied der Staatsgerichtshof für das Deutsche Reich im gleichen Sinne[143], so daß die preußische Regierung zurückstecken mußte. Sie verfolgte nur noch diejenigen Beamten, die in der Öffentlichkeit für das Freiheitsgesetz agitiert hatten, ein Verfahren, dem sich auch die Reichsregierung anschloß[144].

Die vom Staatsgerichtshof erzwungene Regelung war freilich sehr unzulänglich, denn die formalistische Unterscheidung der bloßen Eintragung von dem aktiven Eintreten für das Freiheitsgesetz verkannte die Bedeutung, die in der reinen Einzeichnung eines Beamten lag. Schon darin mußte man bei dem vorliegenden Gesetz eine Herabsetzung der Regierung erblicken. Infolge der Öffentlichkeit der Listen bedeutete sie ferner eine nicht unwesentliche Unterstützung der hinter dem Volksbegehren stehenden nationalen Opposition, die der Republik den erbittertsten Kampf angesagt hatte.

Mit Recht hatte man daher gegen den Staatsgerichtshof eingewandt, daß der ganze Entwurf als solcher von der Agitation nicht zu trennen sei[145]. Doch ohne Bezug auf den vorliegenden Fall postulierten die Richter von den abstrakten Normen der Verfassung her die Unantastbarkeit der Grundrechte der Beamten und legalisierten dadurch deren Mißbrauch. Letztlich dokumentierte sich in ihrer Entscheidung und in der Stellungnahme von Anschütz die ohnmächtige Wehrlosigkeit der liberalen Demokratie selbst ihren Beamten gegenüber. Man war nicht in der

Lage, das Verfassungsrecht den modernen massendemokratischen Agitationsmethoden anzupassen, und gestattete den antiliberalen Gegnern der Republik, die Toleranz des Systems bis zum Exzeß auszunutzen. Zugleich wurde deutlich, wie wenig die Demokratie Weimarer Prägung imstande war, den Erfordernissen staatlicher Autorität gerecht zu werden. Mußte es doch dem Staat alles Ansehen rauben, wenn es seinen ausführenden Organen erlaubt war, die Politik der verantwortlichen Staatsmänner als Landesverrat zu diffamieren.

Von besonderer Bedeutung war der Pflichtenparagraph des Beamtengesetzes für die Zugehörigkeit der Beamten zu antirepublikanischen Parteien. Im Reichstag hatten die Oppositionellen bei der Verabschiedung besorgt gefragt, ob denn nun ein Beamter überhaupt noch der BVP oder einer anderen antirepublikanischen monarchischen Partei angehören dürfe. Reichsinnenminister Köster und die Koalitionsparteien hatten das ausdrücklich zugebilligt. Solange der betreffende Beamte oder die Partei nicht gegen das StGB verstoße, dürfe er durchaus ihr Mitglied sein, für sie agitieren und kandidieren[146]. Prinzipiell war es den Beamten der Republik keineswegs verwehrt, sich für Parteien zu betätigen, die gegen die Grundlagen der Demokratie ankämpften. Die Grenze war auch hier wieder nur das StGB.

Demnach gewann das Beamtenpflichtgesetz praktisch nur für die radikalen Umsturzparteien Bedeutung. Das traf vor allem zunächst die KPD. Die Putsche und das Festhalten der Partei an der revolutionären Ideologie und Propaganda sowie die strafrechtliche Rechtsprechung des Reichsgerichtes hatten ihren illegalen Charakter wiederholt in Erscheinung treten lassen. An und für sich hätte das ein offizielles Verbot der Regierungen an alle Beamten, der KPD anzugehören, zur Folge haben müssen.

Grundsätzlich waren denn auch etwa die württembergischen Minister der Auffassung, daß die Mitgliedschaft bei der KPD unvereinbar mit den Pflichten eines Beamten sei[147]. Allerdings sah man sich nicht in der Lage, diesen Grundsatz durchzuführen, da die KPD nach wie vor formal als legale Partei zugelassen war und man auch in Stuttgart ein Parteiverbot für unzweckmäßig hielt. Ferner hatte man prinzipiell Bedenken, gegen Beamte vorzugehen, die aus Idealismus sich zu einer Umsturzpartei bekannten, zumal den Beamten ihre politische Gesinnungsfreiheit verfassungsrechtlich garantiert sei. Man verfiel daher auf den Ausweg, nur bei besonderem Hervortreten für die KPD ein Disziplinarverfahren einzuleiten. Lediglich bei den Beamten der Polizei und der Staatsanwaltschaft genügte schon die bloße Zugehörigkeit zur Disziplinierung.

Diese Haltung war durchaus typisch und galt gewiß nicht nur für Württemberg. In Preußen z. B. hatte Severing nach anfänglich sehr toleranter Praxis die Zügel straffer ziehen müssen und einen Erlaß herausgegeben, der die Bestätigung von Kommunisten in Kommunalämtern grundsätzlich einschränkte und nur nach einer ausdrücklichen

Verpflichtung auf die Verfassung in Aussicht stellte[148]. Praktisch machte man so einen Unterschied zwischen der bloßen Mitgliedschaft und dem reinen Bekenntnis einerseits und der parteipolitischen Aktivität andererseits und erlaubte damit den Beamten die Zugehörigkeit zu einer Partei, von deren Gesetzwidrigkeit man überzeugt war, die man aus Zweckmäßigkeitsgründen aber nicht verbot.

Die Disziplinargerichte legalisierten diese Handhabung durch Urteile, in denen festgestellt wurde, das bloße Bekenntnis zu einer politischen Partei für sich allein sei weder eine Pflichtverletzung noch ein unwürdiges Verhalten, selbst nicht bei Umsturzparteien, erst die unmittelbare Beteiligung an Handlungen, die die politischen Ziele der Partei auf ungesetzlichem Wege zu verwirklichen suchten, sei mit den Beamtenpflichten unvereinbar[149].

Eine andere Praxis schien verfassungsrechtlich im Hinblick auf Art. 130, 2 RV kaum möglich. Sie wurde daher auch von so namhaften Wissenschaftlern wie Walter Jellinek und Friedrich Giese unterstützt[150]. Nur stand diese Unterscheidung zwischen Bekenntnis bzw. Zugehörigkeit und Betätigung – ähnlich wie jene anläßlich des Volksbegehrens zwischen Eintragung und Agitation – stets in Gefahr, den Charakter einer modernen totalitären Partei zu mißachten. Die KPD gehörte damals einwandfrei zu jenem Typus moderner Massenparteien, die Siegmund Neumann als «absolutistische Integrationsparteien» charakterisierte[151]. Ihre militärähnliche hierarchische Struktur zwang jedes Mitglied in die Aktivität des Gehorsams. Sie waren nicht so sehr Gesinnungsparteien alten Stils als vielmehr «Tatgemeinschaften», in denen es keine passiven Mitglieder gab[152].

Freilich war schon das Verbot der Betätigung nicht ganz unbedeutend, denn damit war kommunistischen Beamten etwa eine Kandidatur für die Parlamente unmöglich gemacht, und die Partei hatte kaum Gelegenheit, das öffentliche Prestige des beamteten Hoheitsträgers für ihre Zwecke einzusetzen. Auch waren wohl in der höheren Beamtenschaft höchst selten Kommunisten vertreten, und außerdem zeigten die Regierungen in Ausnahmefällen durchaus, daß sie zu einer härteren Praxis bereit waren. Das bewies etwa das Verbot der bloßen Zugehörigkeit zur KPD für die württembergische Polizei und auf Reichsebene die Absetzung der sächsischen und thüringischen Regierung im Jahre 1923, weil die Reichsregierung der Auffassung war, daß die Mitgliedschaft zur KPD die Möglichkeit der Führung eines Ministeramtes in der deutschen Republik ausschloß.

Sehr viel unsicherer war man der NSDAP gegenüber, die vom Typus her mit der KPD gleichzusetzen war. Aber aktive Förderer der NSDAP wie Kahr, Pöhner oder Frick verloren keineswegs ihre Beamteneigenschaft und bezogen trotz eines Hochverratsversuchs weiterhin ihre Pension. Auch in diesem Zusammenhang bewährte sich die Legalitätstaktik, die schon das polizeiliche Vorgehen gegen die Nationalsozialisten lähmte. So glaubte etwa ein so unbestechlicher Mann wie der württembergische Innenminsiter Bolz, die NSDAP als solche richte sich nicht gegen die Verfassung, nur in ihren bewaffneten Organisationen läge eine Gefahr für die Republik[153]. Diese Äußerung fiel fünf Tage nach dem Münchener Putsch! Sie wurde von Bolz' Kollegen Beyerle, dem württembergischen Justizminister, noch unterstrichen. Er sah die Schwierigkeit bei einem Vorgehen gegen die Nationalsozialisten darin, daß im Gegensatz zur KPD die NSDAP nach ihrem Programm eben nicht den Verfassungssturz erstrebe. Wohl gab Beyerle zu, daß «jetzt vordrängende Kreise auf anomalem Wege» ihr Ziel zu erreichen suchten, aber man dürfe doch einen Beamten, der nur der Partei angehöre, sich aber selbst nicht aktivistisch betätige, dafür nicht verantwortlich machen.

Angesichts des Zeitpunktes dieser Besprechung wirkt das Klammern an Statuten und der Versuch einer Trennung der SA, die nach Hitlers erklärtem Willen nur Dienerin der Gesamtbewegung sein sollte, von der Partei sehr befremdlich. Es enthüllen sich hier sehr deutlich die Schwächen des vorwaltenden formalrechtlichen Denkens, das die Dynamik der NSDAP völlig verkannte und ihr gestattete, sich unter einem noch so schadhaften Mäntelchen der Legalität wirkungsvoll zu tarnen.

Allerdings bleibt auch hier zu fragen, wie weit nicht doch politische Erwägungen die Beurteilung der NSDAP beeinflußten. Gegenüber der KPD war man sich in der Ablehnung des von ihr erstrebten Zieles einig. Von der NSDAP konnte gleiches nicht gelten. Das schwang vielleicht in den Bemühungen der Minister mit, die Ziele der NSDAP zu retten. Das scheint sich auch in der Bemerkung eines Ministers anzudeuten, der die Meinung äußerte, daß ein gesetzliches Verbot an die Beamten, der NSDAP anzugehören, im Landtag wohl kaum durchzusetzen wäre.

Sehr viel greifbarer werden diese politischen Hemmungen, gegen die Nationalsozialisten das Gesetz anzuwenden, in dem Konflikt zwischen dem Reich und Thüringen im Jahre 1930. In Weimar war der spätere Reichsinnenminister Frick in einer Koalitionsregierung Innenminister geworden. Sofort hatte er begonnen, die Polizei mit Parteigenossen zu durchsetzen und sogar hohe Polizeidirektorenämter an Nationalsozialisten zu vergeben[154]. Severing sperrte ihm daraufhin die Polizeikostenzuschüsse, wobei er sogar die Zustimmung der DVP erhielt, deren Sprecher im Reichstag erklärte, Nationalsozialisten gehörten ihrer gesamten politischen Einstellung wegen nicht in führende polizeiliche Stellungen[155]. Im Reichsinnenministerium arbeitete man zur gleichen Zeit eine große Denkschrift aus, die beweisen sollte, daß die NSDAP gleich der KPD eine staatsfeindliche, antirepublikanische und sogar hochverräterische Verbindung sei. Selbst die Reichswehr hielt die NSDAP für eine Umsturzpartei, und Groener hatte schon 1929 Angehörigen der Heeresverwaltungen untersagt, ihr anzugehören[156].

Severings Hebel, den Polizeikostenzuschuß zu sperren, war jedoch angesichts der Situation entschieden zu kurz angesetzt. Es war widersinnig, die Durchsetzung der Polizei mit Nationalsozialisten unterbinden zu wollen, gleichwohl aber Frick als verantwortlichen Polizeiminister zu dulden. Diese groteske Lage war wiederum nur dadurch möglich geworden, daß man die NSDAP trotz festgestellter Gesetzwidrigkeit als formal legale Partei am parlamentarischen Leben teilnehmen ließ. An und für sich hätte Severing in Analogie zu dem Vorgehen der Regierung Stresemann 1923 die thüringische Regierung absetzen müssen. Tatsächlich scheint er auch Pläne in dieser Richtung erwogen zu haben, ihrer Ausführung kam jedoch der Zusammenbruch des Kabinetts Müller zuvor[157]. Außerdem war es sehr zweifelhaft, ob die bürgerlichen Koalitionsparteien so weit mitgegangen wären, zumal die DVP in Thüringen mit in der Regierung saß. Vor allem aber war es höchst unwahrscheinlich, daß Hindenburg Severing und Müller die Vollmachten des Artikels 48 RV zu diesem Zwecke bewilligt hätte.

Unter der Regierung Brüning war von scharfen Maßnahmen keine Rede mehr. Vielmehr hob Severings Nachfolger Wirth sogar die Sperre wieder auf, sah sich aber binnen kurzem durch die thüringische Regierung hintergangen und verhängte sie aufs neue, bis sich die streitenden Parteien im Dezember 1930 endgültig verglichen. Frick blieb ungeschoren im Amt.

Wieder war es der Republik nicht gelungen, die gleiche Härte, die sie gegen links bewies, auch gegen rechts durchzusetzen, wobei in diesem Falle ganz offensichtlich nicht rechtliche und formale, sondern einzig und allein machtpolitische Gründe den Ausschlag gegeben hatten.

Das einzige Ergebnis dieses turbulenten Streites war ein Erlaß der preußischen Regierung im Sommer 1930, der allen Beamten die bloße Mitgliedschaft sowohl bei der KPD wie bei der NSDAP verbot. Zwar folgten ihr darin einige Länder, aber das Reich zog bezeichnenderweise schon nicht mehr mit, und ein halbes Jahr später hob Schleicher sogar den Groenerschen Erlaß gegen die NSDAP-Zugehörigkeit in der Heeresverwaltung auf[158]. Auch blieb der preußische Erlaß keineswegs unbestritten. Vor allem der Deutsche Beamtenbund versuchte unter Hinweis auf die bisherige Rechtsprechung der Verwaltungs- und Disziplinargerichte, die das bloße Bekenntnis zu einer Umsturzpartei den Beamten einräumte, die einfache Mitgliedschaft zu allen Parteien zu retten. Gegen diese Argumente wurde jetzt aber sehr richtig eingewandt, daß die Mitgliedschaft bei diesen aktivistischen Parteien der Betätigung gleichkäme, der einfache Beitritt und die Zahlung von Mitgliedsbeiträgen als positive Handlung der Unterstützung des Umsturzzieles gewertet werden müßten[159].

Die Voraussetzung des preußischen Erlasses war der Nachweis der Illegalität von KPD und NSDAP, denn den Beamten gestattete man nach wie vor, Parteien zu unterstützen, auch wenn diese kein Hehl daraus machten, nach ihrer Machtübernahme den Parlamentarismus beseitigen und eine Diktatur errichten zu wollen. Für das Verbot war dieses verfassungswidrige Ziel unerheblich – streng genommen gab es in Weimar keine verfassungswidrigen Ziele –, ausschlaggebend war allein die Art und Weise, wie diese Ziele verwirklicht werden sollten.

Bei der KPD war durch die ständige Rechtsprechung des Reichsgerichts hinreichend geklärt, daß sie auf illegalem Wege ihr Ziel zu erreichen hoffte. Bei der NSDAP fehlten entsprechende Urteile. Noch 1931 verneinten Gerichte unter Hinweis auf Hitlers Legalitätseide die Umsturzabsichten der NSDAP, während andere und auch das Reichsgericht nationalsozialistische Teilorganisationen wohl als staatsfeindlich betrachteten. Die preußische Regierung konnte sich zwar auch auf die Denkschrift des Reichsinnenministeriums stützen, aber ihr stand die zögernde Haltung der Reichsregierung im Konflikt mit Frick gegenüber, aus der man schließen konnte, daß die NSDAP eben doch nicht staatsfeindlich sei, sonst hätte man ihre Minister absetzen müssen.

An dieser uneinheitlichen Haltung hakte Koellreutter mit seiner Kritik des preußischen Erlasses[160] ein. Er bezweifelte zunächst, ob der Nachweis der Illegalität der NSDAP, auf dem der preußische Erlaß beruhte, erbracht war. Aber er ging noch einen Schritt weiter, und das verleiht seiner Argumentation allgemeines Interesse, da sie die ganze Schwäche des soziologischen Republikschutzes und des Republikschutzes überhaupt aufdeckte. Er forderte nämlich, zur Grundlage für ein Vorgehen gegen Beamte und gegen Parteien weniger den Nachweis der Gesetzwidrigkeit ihrer praktischen Betätigung als vielmehr den des revolutionären Charakters der Parteiziele zu nehmen. Damit wäre man aus der Unsicherheit bei der Feststellung der Illegalität herausgekommen und hätte objektive Normen für Gerichte und Beamte gewonnen. Koellreutter polemisierte darum heftig gegen die durch den Relativismus der Verfassung vorgeschriebene Gleichsetzung von revolutionär und illegal[161] und verlangte für die Bestimmung des Begriffs des Revolutionären eine Berücksichtigung des erstrebten Zieles. Für ihn war revolutionär, wer «die politische Gestaltung der Nation als geschichtlich gewordener Einheit», die «nationale Kontinuität und damit die Grundlagen der bisherigen Verfassungsordnung» zerstören wollte.

Da die NSDAP «den bewußten Willen des Volkes zur politischen Existenz auf der Grundlage der nationalen Einheit zum Programm ihres politischen Handelns» mache, könne sie deshalb nicht als revolutionär bezeichnet werden[162]. Damit war allerdings gegen die gleichmäßige Anwendung des preußischen Erlasses das ungleichmäßige Vorgehen der Reichsregierung gegen Frick und dessen Personalpolitik legalisiert, und zugleich bewies sich, daß mit dieser Methode für den Republikschutz nichts gewonnen werden konnte. Gleichwohl wird man anerkennen müssen, daß Koellreutter eine entscheidende Schwäche des «wertblinden Staates des alten Liberalismus»[163] bloßgelegt hatte. Das Ergebnis seiner Kritik konnte aber die Republikaner kaum zu einer Aufgabe ihres formalen Standpunktes bewegen. Für sie blieb als einzige Schranke der parteipolitischen Betätigung der Beamten das Verbot der Zugehörigkeit zu illegalen Parteien, deren Feststellung jedoch nach wie vor unsicher war, zumal innerhalb der verantwortlichen Regierungen in Reich und Ländern keine Einigkeit darüber bestand, welche Partei illegal sei.

Die Grenze, die die Verfassung und die Praxis der Disziplinargerichte den Beamten zogen, waren weit, sehr weit. Sie erlaubten die größtmögliche politische Aktivität der Diener der Republik gegen ihren eigenen Dienstherren und boten kaum wirksame Barrieren gegen eine Durchsetzung der Beamtenschaft mit Gesinnungsgenossen radikalster und antirepublikanischer Parteien und schon gar keine Handhaben, um innerlich illoyale, die Republik ablehnende Elemente auszuscheiden. Um so mehr mußte es darum darauf ankommen, systematisch den Verwaltungsapparat mit Gesinnungsrepublikanern aufzufüllen. Hier hatte die Ausweitung des Kreises der politischen Beamten durch das Beamtenpflichtgesetz wenn auch begrenzte Möglichkeiten gegeben. Es wird daher im folgenden zu prüfen ein, wie man von diesen Kompetenzen Gebrauch machte, ob man sie überhaupt auszunutzen bereit war und welche Wirkung ihre Ausnutzung zeitigte.

Im Reich blieb die alte hohe Ministerialbürokratie im wesentlichen unangetastet. Wenn einmal ein entschiedener republikanischer Minister ein Ressort übernahm, dann fühlte er sich meist in seinem Respekt vor der sachlichen Qualitätsarbeit so sehr auf die Fachleute angewiesen, daß er kaum große Umbesetzungen vornahm, obwohl das Bekenntnis zur Sachlichkeit eben doch sehr leicht eine gewisse Distanzierung von der Republik bedeutete[164]. Der ständige Wechsel der Minister ließ ferner kaum Platz für eine zielbewußte republikanische Beamtenpolitik, der in den Zeiten deutschnationaler Regierungsbeteiligung sogar noch entgegengearbeitet wurde.

Von deutschnationalen oder innerlich rechtsgerichteten Ministern konnte man kaum eine republikanische Beamtenpolitik erwarten. Einige Umbesetzungen im Jahre 1924 deuteten vielmehr in die entgegengesetzte Richtung, und als 1925 Schiele Reichsinnenminister wurde, wunderte sich Stresemann über die «Skrupellosigkeit», mit der hier «Personalgeschäfte en gros» betrieben wurden[165]. 1927 unter Reichsinnenminister Keudell, der wegen seiner illoyalen Haltung nach dem Kapp-Putsch als preußischer Landrat entlassen worden war, wiederholte sich diese Aktivität. Eine seiner ersten Maßnahmen war die Entlassung des sozialdemokratischen Staatssekretärs für Schulangelegenheiten, Schulz, und des Leiters der Verfassungsabteilung, Ministerialdirektor Brecht. Als neuen Leiter der Verfassungsabteilung berief er einen ehemaligen preußischen Beamten, den Braun wegen seiner stockkonservativen Haltung entlassen hatte[166].

Unter Severing wurde 1928 die Verfassungsabteilung zwar wiederum mit einem entschiedenen Republikaner besetzt[167], aber über diese Korrektur kam auch Severing nicht wesentlich heraus. Wohl erklärte er im Reichstag zu seiner Beamtenpolitik, er werde «vorzugsweise» diejenigen heranziehen, «die mit freudigem Herzen diesen Staat bejahen». Aber die Zeit seiner Amtsführung im Reich war zu kurz, und außerdem hatte er kaum freie Plätze zur Neubesetzung zur Verfügung, denn auch er versicherte zugleich, alte Beamte auf ihren Posten belassen zu wollen, wenn sie sich als Beamte der Republik betrügen, denn er sei gegen Gesinnungsschnüffelei[168].

Vor Severing hatte 1926 der demokratische Innenminister Külz ähnliche Grundsätze zur Beamtenpolitik verkündet. In seinen Richtlinien hieß es unter Punkt 2: «Der Beamte soll die republikanische Staatsform bejahen und sich dem Staat innerlich verbunden fühlen», und unter 3: «Beamte, welche die Republik und ihre Symbole schmähen und verächtlich machen, machen sich unwürdig des Dienstes am Volk.» Diese Sätze wurden von der DVP und DNVP als Kampfansage an die Nichtrepublikaner kritisiert[169]. Tatsächlich besaßen solche Richtlinien wohl nur deklamatorischen Wert, zumal bei einem Mann wie Külz, der nach dem Zeugnis von Geßler an rhetorische Zugeständnisse gewohnt war und innerlich der monarchischen Zeit verhaftet blieb[170].

In der Reichsverwaltung kann man daher kaum von einer zielbewußten Republikanisierung der Bürokratie sprechen. Einzig in der Reichswehr wurde systematische Personalpolitik getrieben, aber mit entgegengesetzten Vorzeichen. Im Interesse der Homogenität der Armee rekrutierte die Reichswehr ihren Nachwuchs sowohl für die Offiziere als auch für die Mannschaften einseitig aus den traditionell wehrfreudigen konservativen Schichten der Bevölkerung und schied durch ein geschicktes Auswahlverfahren, bei dem die rechtsgerichteten Wehrverbände eine wichtige Rolle spielten, alle republikanischen oder gar sozialdemokratischen Bewerber aus[171].

Allerdings hatte das Reich mit Ausnahme der Finanzverwaltung und der Post auch kaum größere Verwaltungsapparate, während die Länder mit Justiz und Kultus sowie der eigentlichen inneren Verwaltung und Polizei über die Hauptmasse der politisch relevanten Beamtenkörper verfügten. Daher mußte bei ihnen eine republikanische Personalpolitik erhöhte Bedeutung gewinnen.

Das vom Reichstag beschlossene Beamtengesetz hatte nicht ohne weiteres Gültigkeit für die Länder, sondern sah lediglich die Ermächtigung vor, auch in den Ländern den Kreis der politischen Beamten durch Landesgesetz zu erweitern. Die Art und Weise, wie die Länder von dieser Vollmacht Gebrauch machten, war sehr differenziert.

Württemberg nahm zweifellos eine Extremposition ein, denn hier gab es die Institution des politischen Beamten überhaupt nicht, und sie wurde auch nicht eingeführt, obwohl es nicht an Versuchen dazu fehlte. Schon am Tage des Rathenaumordes hatte der sozialdemokratische Arbeitsminister Keil darauf gedrängt – und mit diesem Drängen bewies er den Zusammenhang zwischen Republikschutz und Personalpolitik –, daß jetzt endlich ein Vertrauensmann der SPD in die Polizeiverwaltung käme. Die höheren Beamten des Innenministeriums und besonders der Polizeiverwaltung stünden ausgesprochen rechts, man traue ihnen darum nicht zu, daß sie die Republikschutzverordnungen durchführten. Formell täten sie zwar ihre Pflicht, aber, wenn sie den DNVP angehörten, würden sie die Rechtsradikalen wohl nicht sehr eifrig verfolgen.

Doch Keil konnte sich gegen den erbitterten Widerstand des Innenministers Graf nicht durchsetzen, da dieser Kompensationen für das Zentrum im Kultusministerium forderte. So blieb dieser bescheidene Versuch einer Republikanisierung im Koalitionsproporz stecken, obwohl Staatspräsident Hieber und Minister Schall den begründeten Kern in Keils Wünschen anerkannten und selbst darüber klagten, daß die höhere Beamtenschaft sich nicht den Erfordernissen der Zeit einfüge[172].

Als dann einige Wochen später das Beamtengesetz erlassen war, verlangte Keil energisch die Übernahme der Bestimmungen über die politischen Beamten, wobei ihn Finanzminister Schall unterstützte. Staatspräsident Hieber schien durchaus geneigt, wohl seien die württembergischen Beamten nicht so politisiert wie in anderen Ländern, aber es sei unerträglich, wie es zur Zeit der Fall sei, daß Leute, die den Koalitionsparteien angehörten, über die Achsel angesehen würden. Von vielen Dingen, die in seinem Ministerium bearbeitet würden, habe die DNVP immer sofort Kenntnis. Lediglich der Innenminister Graf widersprach heftig. Beamte zur Disposition zu stellen, sei eine Ungerechtigkeit. Vor allem aber befürchtete er – darin typisch von den sachlichen Bedürfnissen der Verwaltung her und nicht politisch argumentierend –, daß hervorragende Leute die politisierten Stellungen dann ausschlagen würden[173].

Zunächst stellte man die Beschlußfassung zurück, aber später kam es nie mehr zu einer Einführung der politischen Beamten, obwohl die Erörterungen im Kabinett eindeutig die Notwendigkeit dieser Institution bewiesen hatten. Die Unterlassung lag wohl auch daran, daß schon kurze Zeit später in Württemberg eine neue rein bürgerliche Rechtskoalition aus DNVP und Zentrum gebildet wurde, die in ihrer konservativeren Haltung verständlicherweise kein Bedürfnis auf Dispositionsstellung von Beamten besaß. Den einzigen hohen sozialdemokratischen Beamten in Württemberg, den Reichsratsbevollmächtigten Hildenbrand, berief die neue Regierung von seinem Posten ab und versetzte ihn auf Grund der Personalabbauverordnung in den Ruhestand[174]. Sehr im Gegensatz zu der Toleranz seiner Vorgänger war Staatspräsident Bazille nicht geneigt, sich von einem prinzipiell anders gesonnenen Beamten vertreten zu lassen.

In den anderen Ländern hatte man schon 1922/23 fast überall den Kreis der politischen Beamten ausgedehnt, wobei die Sozialdemokratie stets die treibende Kraft war. So prellten die rein sozialdemokratisch regierten Länder Thüringen und Sachsen besonders weit, fast zu weit, vor[175]. Um die «geistige Umstellung der Beamtenschaft» zu erreichen, proklamierte Justizminister Zeigner eine rücksichtslose Personalpolitik zugunsten der linken Parteien[176]. Aber der Wahlrutsch 1924 stoppte alle diese Bemühungen und brachte die bürgerlichen Parteien in verstärktem Maße zum Zuge. Ganz allgemein machte sich jetzt eine rückläufige Bewegung der Einschränkung der politischen Beamtenstellen bemerkbar. In Thüringen nützte die bürgerliche Regierung die Personalabbauverordnung und die Verwaltungsreform zur Entpolitisierung, d. h. zur Entlassung der Angehörigen der Linksparteien[177]. Darüber hinaus wurden noch einige profilierte republikanische Beamte durch sehr unschöne Beleidigungs- und Meineidsverfahren abgeschossen[178], bis dann später in Fricks Personalpolitik offen die Antirepublikaner in den Staat eingeschleußt wurden. Ganz ähnlich nahm 1924 der Landtag von Mecklenburg-Schwerin nach einem Wahlsieg der DVP und DNVP einen Antrag an, der die Regierung aufforderte, alle Außenseiter zu entlassen. Eine der ersten Taten der Regierung war es denn auch, den republikanischen Polizeiobersten in den Ruhestand zu versetzen[179].

Anders als in Württemberg mit seiner personalpolitischen Enthaltsamkeit und anders als in Thüringen mit seinem Pendeln zwischen den Extremen, versuchte die preußische Regierung wirklich republikanische Beamtenpolitik zu treiben[180]. Die Stabilität der Regierungsverhältnisse während der ganzen Weimarer Jahre ermöglichte eine zielbewußte Führung der Personalpolitik, so daß sich hier Gelegenheit bietet, deren innere Problematik aufzuhellen.

In Preußen waren schon seit jeher Staatsanwälte, Landräte, Regierungs- und Oberpräsidenten, die Leiter der Polizeibehörden sowie die Ministerialdirektoren und Staatssekretäre politische Beamte. Durch Gesetz vom 31. 12. 1922 wurde nun darüber hinaus festgelegt, «daß im Interesse der Festigung der verfassungsmäßigen republikanischen Staatsform» auch Ministerialdirigenten und Oberpräsidialräte sowie Oberregierungsräte als erste Stellvertreter der Regierungspräsidenten und des Berliner Polizeipräsidenten jederzeit in den Ruhestand versetzt werden durften.

Die Regierung machte von diesen Möglichkeiten durchaus Gebrauch, wenn natürlich auch nicht daran gedacht werden konnte, mit einem Schlage ganze Ämter oder Verwaltungszweige neuzubesetzen. Im Interesse der administrativen Kontinuität und der Funktionsfähigkeit der

Verwaltung war das unmöglich. Schon nach dem Kapp-Putsch hatte Severing ein großes Beamtenrevirement veranstaltet, und nach dem Rathenaumord entfernte er erneut einige Spitzenbeamte, wobei er ausdrücklich den Zusammenhang dieser Maßnahmen mit dem Republikschutz betonte. Freilich ging das nicht ohne Kämpfe im Staatsministerium ab, da auch Zentrums- und DVP-Beamte betroffen waren. So mußte sich Severing dazu verstehen, die neu einzustellenden republikanischen Beamten aus denselben Parteien zu berufen. Neben dem Widerstand der Koalitionspartner galt es auch noch mit den Provinziallandtagen bzw. Kreistagen, die ein Vorschlagsrecht für die Ober- und Regierungspräsidenten bzw. die Landräte besaßen, eine Einigung zu erzielen, was oft nur unter Mühen zu erreichen war[181].

Hinzu kam als weitere Schwierigkeit, daß es kaum ausgebildete Beamte mit republikanischer Gesinnung gab, da infolge der einseitigen Beamtenpolitik des Zweiten Reiches Anhänger der liberalen oder sozialdemokratischen Parteien vom Verwaltungsdienst ausgeschlossen geblieben waren[182]. So war man gezwungen, Außenseiter in die Verwaltung aufzunehmen, was allerdings wiederum nur bei den traditionell politischen Beamten möglich war, nicht jedoch bei den erst 1922 in diese Kategorie aufgenommenen Stellen, bei denen nach wie vor die strengen Vorbildungsanforderungen zu berücksichtigen waren[183]. Der Mangel an Fachleuten hemmte natürlich das Tempo der Republikanisierung erheblich und bedeutete eine entscheidende Schwäche, zumal man manche böse Enttäuschung mit den Außenseiten erlebte, durch die die ganze Republikanisierung diskreditiert wurde[184].

Die Glaubwürdigkeit dieser Politik wurde ferner dadurch in Frage gestellt, daß sie praktisch zu einer weitgehenden Politisierung der Beamtenschaft führte. Denn da man begreiflicherweise kaum echte Kriterien für die republikanische Überzeugung der Beamtenanwärter besaß, griff man auf die Angehörigen der republikanischen Parteien bzw. der preußischen Regierungsparteien zurück. Mit der Zeit bildete sich dabei das Sicherungsbedürfnis gegen reaktionäre Beamte um zu dem Drang der Parteien, ihre Leute in der staatlichen Bürokratie unterzubringen und sich einen angemessenen Anteil bei der Besetzung der freiwerdenden Posten zu sichern. Es entwickelte sich ein ausgefeiltes Quotensystem unter den preußischen Koalitionsparteien, so daß der soziologische Republikschutz in einer umfassenden parteipolitischen Ämterpatronage unterzugehen drohte[185], denn wenn auch diese Außenseiter oder begünstigten Freunde der Regierungsparteien als verfassungstreuer Kern im Gros der konservativen Beamtenschaft gedacht waren, ihre Auswahl nach der Parteizugehörigkeit und die dadurch ausgelöste personalpolitische Rivalität der verfassungstreuen Parteien ließ fast nur ihren parteipolitischen Charakter in Erscheinung treten und überdeckte ihre ursprüngliche Funktion.

In der Öffentlichkeit wurde diese Politik als «Severingsches System» apostrophiert und von der Rechtsopposition angegriffen. In einer Zeit, die mehr auf die Qualitätsarbeit des Fachmanns als auf dessen politische Haltung achtete, boten die Außenseiterbeamten viele Angriffsflächen. Das Schlagwort von dem gesinnungstüchtigen Parteibuchbeamten gehört ganz in diese Polemiken. Freilich konnte von System wenig die Rede sein. Severings vorsichtiger und zurückhaltender Politik war es lediglich gelungen, die Spitzen in zunehmendem Maße mit Anhängern der republikanischen Regierungsparteien zu besetzen. Er selbst beklagt das Schneckentempo, in dem er vorwärts kam, und in seinem eigenen Ministerium hatte er nach 1925 unter 65 Beamten nur 13 Republikaner; alle anderen gehörten den Rechtsparteien an oder standen ihnen nahe[186]. In den anderen Behörden wird das Verhältnis kaum anders gewesen sein, denn das Gros der Beamtenschaft blieb unberührt, da man keine Handhabe hatte zu vorzeitigen Entlassungen und die Personalabbauverordnungen ein Einschleusen von Republikanern über neue Planstellen erschwerten. In den unteren Stufen der Verwaltung blieben die Republikaner daher ausgesprochen in der Minderheit[187].

Sicherlich wäre ein militanteres Vorgehen den Beamten gegenüber denkbar gewesen. Innenminister Grzesinski scheint auch Versuche in dieser Richtung unternommen zu haben, aber seine Amtszeit war zu kurz. Severing dagegen widerstand dem Drängen besonders seiner eigenen Partei, denn trotz aller berechtigten Republikanisierungswünsche hatten die verantwortlichen Minister auch stets auf die Funktionsfähigkeit der Verwaltung zu achten. Und Zentrum und DDP waren darüber hinaus nicht gewillt, das Berufsbeamtentum antasten zu lassen.

Zu den oben dargelegten Schwierigkeiten trat aber noch eine innere Hemmung. Jede republikanische Beamtenpolitik stand in Gefahr, zu Gesinnungslumperei zu verleiten, Parteibuchbeamte zu züchten und in Widerspruch zu den liberalen Grundsätzen der Demokraten zu geraten. Hier traf die Opposition mit ihrer Polemik durchaus das schlechte Gewissen derer, die aktiv Personalpolitik zu treiben versuchten.

Diesen Aspekt beleuchtet eine Kontroverse in der «Justiz», der Zeitschrift des republikanischen Richterbundes. Dort geißelte der demokratische Rechtsanwalt am Reichsgericht Martin unter der Überschrift «Die Purifikation des Beamtenstandes» die Versäumnisse und den zu großen Optimismus sowie das Übersehen der für die Republik gefährlichen Situation in der Personalpolitik. Er lobte statt dessen Bismarcks konsequente Politik während des Kulturkampfes und empfahl bei Bismarck oder Mussolini in die Lehre zu gehen. Diese These wurde scharf zurückgewiesen von Professor Mittermaier, einem Mitherausgeber der Zeitschrift. Ihm fehlte das Verständnis dafür, daß man die früher bekämpften Methoden Bismarcks nun selbst praktizieren sollte, und seiner Entgegnung schloß sich eine Erklärung der Herausgeber der Zeitschrift an, in der sie sich von dem Aufsatz Martins distanzierten[188].

Sicherlich hätten fast alle verantwortlichen Minister den Herausgebern zugestimmt. Martin blieb ein Rufer in der Wüste. Selbst Severing, der noch am ehesten vor Martin bestehen konnte, fühlte sich doch der liberalen Toleranz verpflichtet und lehnte darum immer wieder jegliche «Gesinnungsschnüffelei» ab. Wie die liberalen Prinzipien in repressiver Hinsicht den Beamten die Zugehörigkeit zu verfassungsfeindlichen und umstürzlerischen Parteien freigaben, so standen sie auch einer positiven republikanischen Personalpolitik im Wege. Entscheidende Erfolge hatte daher der soziologische Republikschutz kaum aufzuweisen. Eine Wurzel dafür lag zweifellos in der wirklichkeitsfremden und umzweckmäßigen Regelung des Beamtenrechtes in der Verfassung. Aber auch sonst waren die Schwierigkeiten kaum zu überwinden, und man wird anerkennen müssen, daß vielleicht doch die vorsichtige Politik des Ausgleichs und der allmählichen Republikanisierung, wie sie in Preußen getrieben wurde, die einzige echte Erfolgschance bot. Aber das Typische war eben wieder, daß das preußische Beispiel keineswegs repräsentativ für Reich und Länder war. Vielmehr arbeitete man ihm teilweise direkt entgegen oder blieb doch vollkommen passiv ...

So wird man doch wieder auf die Frage nach den Gründen der schon 1929 offenkundig werdenden Ergebnislosigkeit des Republikschutzes zurückgeworfen. Überblickt man zusammenfassend unter dieser Fragestellung noch einmal Vorgeschichte und Geschichte des Republikschutzes, so lassen sich für sein Scheitern unschwer einige wesentliche Ursachenkomplexe aus dem Knäuel der verschiedenen mitwirkenden Faktoren herausheben.

Die kritische Untersuchung der Anwendung des RSG zwingt zu der Erkenntnis, daß der Mißerfolg der repressiven Maßnahmen in großem Maße die Folge einer verhängnisvollen Einseitigkeit der mit ihrer Durchführung betrauten Organe war. Wohl ließ man die Kommunisten die volle Schärfe des Gesetzes spüren, aber die Gegner von der Rechten fanden allzuoft auffallende Milde. Das Versagen vieler Richter und Staatsanwälte in diesem Bereich ist nicht hinwegzudisputieren und wird immer ein trübes Kapitel in der Geschichte der deutschen Justiz bleiben. Aber nicht nur sie trifft der Vorwurf der Einseitigkeit. Er gilt ebenso mancher Landesregierung und einigen Reichsbehörden, besonders dem zweiten Reichspräsidenten und der Reichswehr, die offen mit nationalgesonnenen Antirepublikanern sympathisierten und sie zeitweilig sogar unterstützten. Das alles mußte naturgemäß nicht nur den Republikschutz, sondern darüber hinaus auch die Autorität des demokratischen Staates überhaupt aufs schwerste diskreditieren.

Sicher gab es manche Gründe für dieses Verhalten. Die innen- wie außenpolitische Lage schien – in den ersten Jahren zumindest – gebieterisch eine Schonung des antirepublikanischen Gegners auf der Rechten zu erfordern. Man brauchte ihn zur Niederwerfung der kommunistischen Putsche ebenso wie zur Abwehr der polnischen Einfälle in Oberschlesien. Aber auch später glaubte man besonders in der Reichswehr auf die Männer aus den nationalen Verbänden als Wehrergänzung nicht verzichten zu können, und so opferte man die Sicherung der demokratischen Staatsordnung dem Primat einer machtstaatlich konzipierten Außenpolitik und den aus ihr hergeleiteten wehrpolitischen Bedürfnissen. Wenngleich dem Historiker heute die verderblichen Folgen dieser Haltung deutlich vor Augen stehen, so wird er ihr dennoch nicht jedes Verständnis rundweg versagen dürfen. Vielmehr läßt sich an diesem Punkte klar erkennen, wie die Bürde des Versailler Vertrages und die fast zwangsläufig von ihm hervorgerufenen Reaktionen den Republikschutz aufs schwerste belasteten.

Doch diese realpolitischen Motive und außenpolitischen Belastungen reichen nicht aus, um die Blindheit vieler zum Republikschutz Berufener gegen rechts zu erklären. Sie muß auch gesellschaftlich gedeutet werden und offenbart dann zugleich eine entscheidende institutionelle Schwäche der Weimarer Demokratie. Die mit dem Republikschutz beauftragten Beamten in der Verwaltung und insbesondere in der Justiz waren in ihrer inneren Einstellung selbst vielfach antirepublikanisch und noch dem Obrigkeitsstaat verhaftet, durch dessen Schule sie gegangen waren und dem sie ihre Stellungen verdankten. Daher war es nur zu begreiflich, daß sie es an dem nötigen Willen fehlen ließen, diese ihnen fremde Staatsordnung zu verteidigen, zumal die Angreifer ihnen oft gesellschaftlich nahestanden. Hier wirkte sich die Improvisation der Weimarer Demokratie, die zur Übernahme dieses ademokratischen Beamtenkörpers zwang, als Hypothek für den Republikschutz deutlich aus. Dieser Sachverhalt hemmte freilich nicht nur die strafrechtliche Verfolgung Rechtsradikaler, sondern trug zugleich auch wesentlich zum Scheitern aller konstruktiven Maßnahmen bei.

Außenpolitische Belastung und improvisierter Charakter der Weimarer Republik, realpolitische wie institutionelle Ursache für das Versagen des Republikschutzes gegen rechts, flossen auf einer ideologisch-emotionalen Ebene zusammen. Der Versailler Vertrag und die von ihm begründete Ordnung hatte in Deutschland alle nationalen Leidenschaften aufgerührt und ließ die Republik als von den Siegern erzwungenes Produkt erscheinen, das noch dazu im Widerspruch stand zu einem national und autoritär-monarchisch konzipierten Bild der deutschen Geschichte, dem sich gerade auch die konservativen Beamten verhaftet fühlten. Von daher mußte jeder Versuch einer positiven Sicherung des republikanischen Staates als geschichtswidrig und anational erscheinen, und jede Verfolgung der «patriotischen» Antirepublikaner geriet in die Nähe des Landesverrats. Republikschutz stand immer auf der Seite des Neuansatzes, aber er wurde vielfach von Beamten durchgeführt, die innerlich auf der

Seite der überlieferten obrigkeitlichen Staatsgesinnung standen. So ist es nur zu begreiflich, daß sie wohl gegen die Kräfte schärfstens vorgingen, die den Neuansatz weiterzutreiben und zu radikalisieren suchten, nicht aber gegen diejenigen, deren Wollen und Denken dem ihren in vielem verwandt war oder die zumindest vorgaben, sich der gleichen Tradition verpflichtet zu fühlen.

So spiegeln sich in der Einseitigkeit der Anwendung des RSG nicht nur entscheidende Ursachen für das Scheitern des Republikschutzes, sondern zugleich Grundprobleme des Weimarer Staates überhaupt. Doch auch der Kampf gegen die Kommunisten offenbarte – trotz seiner in vielen Bereichen energischen Führung – große Schwächen im System des ganzen Republikschutzes, die nicht weniger zu seinem Mißerfolg beitrugen. Hier führte vor allem die unterschiedliche Behandlung der KPD durch Gerichte und politische Exekutive, die strafrechtliche Verfolgung der Funktionäre bei gleichzeitiger Legalität und Zulassung der Partei, zu unerträglichen Spannungen. Diese mangelnde Koordinierung zwischen Straf- und Verfassungsrecht ging letztlich auf eine relativistische Konzeption des Republikschutzes zurück, die die Demokratie nur als Form, nicht aber als Inhalt schützte, verfassungswidrige Methoden, nicht aber verfassungswidrige Ziele kannte. Daß es nicht gelungen war, zu einem materialen, wertbezogenen «Republikschutz» durchzustoßen, sondern daß man im neutralen «Verfassungsschutz» hängen blieb, darin lagen allerdings die letzten Ursachen des Scheiterns begründet.

Eine Demokratie mit langer Tradition und regem demokratischem Bewußtsein ihrer Bürger mag sich vielleicht auf den bloßen Schutz der Methoden beschränken können, obwohl auch das im Zeitalter der Massen und der Manipulierbarkeit der öffentlichen Meinung sehr fraglich ist. Für die junge deutsche Demokratie in den Notjahren der Nachkriegszeit war eine solche Konzeption auf keinen Fall ausreichend.

Daß man nicht über sie hinauskam, lag zunächst an der politischen Struktur der Weimarer Republik. Der neutrale Verfassungsschutz war das Produkt eines Kompromisses zwischen Partnern, die sich über eine inhaltliche Bestimmung des Schutzobjektes nicht einigen konnten. Es fehlte in der Weimarer Republik eben die demokratische Mehrheit, die allein instande gewesen wäre, einen wirklichen Republikschutz im vollen Sinne des Wortes zu gestalten. Da es sie nicht gab, blieb nur der Schutz der Demokratie als Form, weil er den heterogenen Partnern die Aufrechterhaltung ihrer divergierenden Ziele ermöglichte. Wohl wird man sich hüten müssen, den Wert dieses Kompromisses geringzuschätzen. Ihm war es 1922 zu verdanken, daß ein Bürgerkrieg vermieden wurde und ihn trug eine höchst achtenswerte Bindung an das «Real-Geistige» des Vaterlandes, in ihm war die spezifische Weimarer Staatsgesinnung lebendig, die mit besserem Recht als die «nationale Opposition» von sich behaupten konnte, daß sie die wahren Belange der Nation vertrat. Dennoch aber muß man feststellen, daß diese Staatsgesinnung für die notwendigen Bedürfnisse eines echten Republikschutzes nicht ausreichte. Denn sie erzwang seine Neutralisierung und Formalisierung.

Damit aber stand das RSG stets in Gefahr, als taktisches Mittel für fremde Zwecke mißbraucht oder doch verdächtigt zu werden, und weil es kaum wirklich überzeugte Demokraten und Schützer der Republik gab, folgte weiterhin aus diesem Sachverhalt, daß der ganzen Republikschutzpolitik der unbedingte Wille und das elementare Engagement fehlte, ohne daß eine solche Politik ihre Glaubwürdigkeit verlieren muß.

Doch die Wertneutralität des Republikschutzes war nicht nur das Produkt eines Kompromisses zwischen heterogenen Staatsvorstellungen und nicht nur die Folge der Tatsache, daß die Weimarer Republik eine Demokratie ohne demokratische Mehrheit war, sondern sie ergab sich zugleich aus dem ungebrochenen Liberalismus gerade der wenigen überzeugten Republikaner. Die liberalen Doktrinen der Weimarer Demokraten hatten eine schärfere Fassung der Gesetzesparagraphen verhindert und erlaubten die verfassungsmäßige Beseitigung der Demokratie. Sie ließen große Lücken im System des Republikschutzes entstehen, da sie – ausgehend von dem klassischen Abgeordneten- und Repräsentationsbegriff – die Rolle und Bedeutung der Parteien im modernen Staat verkannten. In ihrem Mißtrauen gegen alles Staatliche widersprachen sie einer rigorosen Beamtenpolitik ebenso, wie sie von einem wirklichen Einsatz der staatlichen Machtmittel abrieten. Die historischen Erfahrungen des Fiaskos der Bismarckschen Polizeipolitik standen gerade den verantwortlichen Weimarer Parteien mahnend vor Augen. Sie taten alles, um dem Individuum jegliche Freiheit zu gewähren und es gegen den Staat zu sichern, den sie deshalb zur Neutralität gegen seine eigene Grundlage zwangen. Sie gewährten Toleranz aus einem skeptischen Relativismus und zugleich im optimistischen Vertrauen auf die Vernunft des Menschen, wobei sie indessen übersahen, daß nicht das rationale Individuum, sondern der labile, verführbare Massenmensch mit seinen emotionalen Bedürfnissen das Feld beherrschte. Tatenlos überließen sie ihn totalitären Demagogen und Ideologen, da sie selbst jede psychologische Beeinflussung und Propaganda, sobald sie über rationale Aufklärung hinausging, ablehnten. Hier wird darum im Scheitern des Republikschutzes die Leidensgeschichte und Agonie der klassisch-liberalen Honoratiorendemokratie im Zeitalter der modernen Massengesellschaft und der aufkommenden totalitären Bewegungen greifbar. Der Strukturwandel der Demokratie des 19. Jahrhunderts zur modernen parteienstaatlichen Massendemokratie und das ganze Ausmaß der Bedrohung alles Menschlichen durch den Totalitarismus mußte erst voll sichtbar werden, ehe es gelingen konnte, von der formalen zur abwehrbereiten Demokratie durchzustoßen.

So führt die Betrachtung des Republikschutzes und seines Scheiterns in die Grundprobleme des Weimarer Staates hinein und läßt die ganze Schwäche dieser Republik deutlich vor Augen treten. Es war in der Tat eine schwache Demokratie, die, mit schwersten außenpolitischen Hypotheken belastet und auf beiden Seiten von totalitären Gegnern berannt, ihre Autorität nicht einmal den eigenen Dienern gegenüber durchsetzen konnte, von diesen vielmehr allzuoft verraten wurde, deren tragende Parteien in mehr oder weniger starker Distanz zum demokratischen Gedanken standen oder an einem wirklichkeitsfremden Bild der Demokratie festhielten. Dieser Staat in all seiner Wehrlosigkeit mußte geradezu seine Feinde zum Angriff provozieren und ihnen erliegen.

Es war kein Wunder, daß Hitler das Wettrennen der Gegner gewann, denn er verstand es am virtuosesten die Schwächen der Republik auszunutzen, und im Gegensatz zu den Kommunisten marschierte er unter dem nationalen Banner und angeblich im Einklang mit allen guten deutschen Traditionen, so daß er seine Gönner und Helfer im Staate selber fand.

Als er an der Macht war, organisierte er schnellstens ein System höchst effektiven Staatsschutzes, das als Gegenschlag und Gegenbild die Schwäche des Republikschutzes grell beleuchtet. Die berüchtigte «Verordnung zum Schutz von Volk und Staat» löste das «Gesetz zum Schutz der Republik» ab und etablierte ein polizeiliches Terrorregime, das jede Abweichung und jeden Widerstand im Keime erstickte. Im Zeichen der «Wiederherstellung des Berufsbeamtentums» politisierte man die Beamtenschaft völlig und unterwarf sie der absoluten Herrschaft der Staatspartei. Die öffentliche Meinung aber wurde von der Goebbelsschen Staatspropaganda gleichgeschaltet und ausgerichtet. Nur dank dieser rigorosen Methoden wurde es möglich, daß sich ein System brutaler Unfreiheit und Unmenschlichkeit in Deutschland ausbreiten konnte.

Wie sehr man aber auch nach den Erfahrungen der Diktatur Hitlers die Schwäche und Erfolglosigkeit des Republikschutzes beklagen und verurteilen mag, gerade das Gegenbild des nationalsozialistischen Staatsschutzes läßt in und hinter der Schwäche der Weimarer Demokraten Haltungen aufleuchten, die unverlierbar bleiben müssen. Denn in ihnen lebte der Wille zu unbedingtem Festhalten an individuellen Freiheitsrechten aus dem Glauben an den Menschen und seine Verantwortung, sowie der Mut, sich selbst in Frage stellen zu lassen; ohne diesen Willen und ohne diesen Mut aber kann keine Demokratie verteidigt und erhalten werden, will sie sich nicht selbst aufgeben. Daß man in Weimar diese Positionen und Überzeugungen nicht preisgab, gilt es festzuhalten trotz allen Scheiterns.

Die Bücher kosten nur noch ein Fünftel ihres früheren Preises . . .

... schrieb der Bischof von Aleria 1467 an Papst Paul II. Das war Gutenberg zu verdanken.

Heute, 500 Jahre später, kosten Taschenbücher nur etwa ein Fünftel bis ein Zehntel des Preises, der für gebundene Ausgaben zu zahlen ist. Das ist der Rotationsmaschine zu verdanken und zu einem Teil auch – der Werbung: Der Werbung für das Taschenbuch und der Werbung im Taschenbuch, wie zum Beispiel dieser Anzeige, die Ihre Aufmerksamkeit auf eine vorteilhafte Sparform lenken möchte.

Pfandbrief und Kommunalobligation

Meistgekaufte deutsche Wertpapiere - hoher Zinsertrag - schon ab 100 DM bei allen Banken und Sparkassen

Verbriefte Sicherheit

4. Erich Matthias
Der Untergang der alten Sozialdemokratie

Die strukturelle Dauerkrise der Weimarer Demokratie, die Resignation der Demokraten und ihre Unfähigkeit, sich eine realistische Vorstellung von der drohenden Gefahr und den Methoden des totalitären Gegners zu machen, zählen zu den wichtigsten Voraussetzungen, die den Sieg der dynamischen Massenbewegung des Nationalsozialismus ermöglicht haben. Von den Parteien der Republik verharrte allein die sozialdemokratische in eindeutiger und kompromißloser Gegnerschaft zum aufsteigenden Nationalsozialismus. Doch für die Schwäche der Demokratie, die im Bruch der Großen Koalition offen zutage trat, ist sie nicht minder verantwortlich als die Gegner des Weimarer Staates. Wenn auch die Aufgabe, die sich der deutschen Sozialdemokratie im November 1918 aufgedrängt hatte, schwer, vielleicht sogar angesichts der außenpolitischen und wirtschaftlichen Misere unlösbar war, die Passivität ihrer Revolutionspolitik und ihre mangelnde Gestaltungskraft sind nicht ausschließlich die Folge äußerer Faktoren gewesen. Läßt es sich doch erweisen, daß die führenden sozialdemokratischen Vertreter in der veränderten Welt noch immer die Maßstäbe ihres Handelns dem engen Kreis der Anschauungen und Erfahrungen der Vorkriegssozialdemokratie entnahmen. Daß das erstarrte sozialdemokratische Selbstbewußtsein die Aktionsmöglichkeiten der Sozialdemokratie 1918/19 weit wirksamer begrenzte als die Ungunst der vielberufenen «Verhältnisse», ist das entscheidende Kriterium, ohne das ein wissenschaftlich gerechtfertigtes Urteil über die sozialdemokratische Revolutionspolitik nicht zu gewinnen ist. Nur von diesem Ausgangspunkt öffnet sich auch der Weg zum Verständnis der Politik der SPD in der Periode der Auflösung der Republik. Denn trotz aller Modifikationen im einzelnen hatte sich die Sozialdemokratie in der ganzen Weimarer Zeit nicht aus ihrer traditionalistischen Erstarrung lösen können. Durch ihre verantwortungsbewußte Opferbereitschaft, die sie zur Tolerierung des Kabinetts Brüning bestimmte, erwarb sie sich kaum neue Sympathien. Ihre passive Resignation aber, die den Sturz der Regierung Hermann Müller ermöglichte und sich deutlicher noch in der Reaktion auf Papens Staatsstreich in Preußen ausprägte, trug wesentlich zur Beseitigung der Schranken bei, die einer Machtübernahme der Nationalsozialisten entgegenstanden. Ein isolierter Widerstand der SPD nach dem 30. Januar 1933 schien von vornherein aussichtslos. Doch die folgenden Monate bis zum offiziellen Verbot der Partei machen mit besonderer Eindringlichkeit die Symptome sichtbar, die das tragische Versagen der stärksten und konsequentesten Kraft der parlamentarischen Demokratie in Deutschland bedingt haben . . .

Es ist schwer, zu einem Urteil über die Stärke des Widerstandswillens zu kommen, der zur Zeit der nationalsozialistischen Machtübernahme in den Reihen der deutschen Sozialdemokratie lebendig war. Trotz der fortdauernden Passivität der sozialdemokratischen Parteiführung und trotz des weitgehenden Ausbleibens spontaner Widerstandsaktionen ergibt sich ein differenziertes Bild, dessen bestimmende Züge hervortreten, wenn man die Stimmungsschwankungen innerhalb der SPD seit den Wahlen vom 14. September 1930 berücksichtigt.

Zwar führte das alarmierende Anschwellen der nationalsozialistischen Stimmen keinen einschneidenden Wandel der sozialdemokratischen Politik herbei; doch die unmittelbare Reaktion auf den nationalsozialistischen Wahlerfolg war keine Schwächung, sondern eine Stärkung des Widerstandswillens. Selbst die Erklärung der Reichstagsfraktion nach den Septemberwahlen nahm zumindest vage auf die Stimmung Rücksicht, die besonders die jüngere Parteianhängerschaft ergriffen hatte. Man spürte, wie Julius Leber schreibt, «zum erstenmal einen starken Unmut gegen die eigene Führerschaft in den sozialdemokratischen Reihen». Das Gefühl, daß die althergebrachten parlamentarischen Mittel unzulänglich seien, brach sich mehr und mehr Bahn; und während die Partei sich weiter «im Kreise ihrer eigenen Entschlußlosigkeit» drehte[2], drängten die jungen aktivistischen Kräfte auf die Straße, um den nationalsozialistischen Bürgerkriegstruppen gegenüber ihre Bereitschaft zum Verteidigungskampf für die Republik zu demonstrieren.

Bereits im Februar 1931 wurden die «Schutzformationen», eine militante Elitetruppe des offiziell überparteilich-demokratischen Reichsbanners, gebildet, und am 16. November des gleichen Jahres proklamierten Delegierte der SPD, der Freien Gewerkschaften und der Arbeitersportorganisationen als direkte Antwort auf die «Harzburger Front» der antirepublikanischen Rechten die «Eiserne Front» unter Führung des Reichsbannerbundesvorsitzenden Karl Höltermann.

Daß hier tatsächlich neue, von unten heraufdrängende Impulse wirksam wurden, kann keinem Zweifel unterliegen. Der sozialdemokratische Parteivorstand war, nach dem Zeugnis Lebers, von der «neuen Erfindung» nicht sehr begeistert; auf die «namenlosen Massen der alten Bebelpartei» aber habe der Gedanke der Eisernen Front gewirkt «wie ein altes, halbvergessenes Sturmsignal auf eine kampf- und sieggewohnte Truppe».

Auch Stampfer registriert in seiner Darstellung der Weimarer Zeit die belebende und ermutigende Wirkung, die von der Eisernen Front ausging, doch spricht er aus der Distanz des «Wissenden», für den aller Elan der Maschierenden nichts an der Tatsache änderte, daß sich im Fall eines Bürgerkriegs «mit der Stellungnahme der regulären bewaffneten Macht alles entschied». Wir gehen gewiß nicht fehl, wenn wir in Stampfers Schilderung ein gutes Stück der nüchtern resignierenden Erfolgsrechnung der sozialdemokratischen Parteiführung sehen, die auch für den Entschluß verantwortlich ist, dem Staatsstreich Papens vom 20. Juli 1932 keinen Widerstand entgegenzusetzen.

Auch wenn die republikanische «Festung» Preußen nicht zu halten war, bleibt dieser Beschluß verhängnisvoll. Karl Dietrich Bracher, dem wir eine eingehende kritische Untersuchung der Vorgänge um den 20. Juli verdanken, kommt zu dem Ergebnis, daß die sachlichen Gründe, die neben den psychologischen Hemmungen der republikanischen Führung für einen Verzicht auf jeden konkreten Widerstand sprachen, wohl schwerwiegend, doch nicht politisch zwingend und überzeugend waren. Seine politisch-wissenschaftliche Analyse bestätigt das Urteil Lebers vom Juni 1933, daß der 20. Juli 1932, «der die ganze innere Schwäche und Entschlußlosigkeit der Weimarer Front bloßgelegt hatte», unmittelbar dem 30. Januar 1933 den Weg bereitete.

Die Aktion gegen die Preußenregierung kam nicht unerwartet. Bereits am 16. Juli hatte der Parteivorstand der SPD auf Veranlassung Severings über die Widerstandsfrage beraten und war einmütig zu dem Ergebnis gekommen, «bei allem, was kommen möge, die Rechtsgrundlage der Verfassung nicht zu verlassen». Es mutet seltsam genug an, daß derselbe Otto Wels, der zusammen mit Severing, Vogel, Breitscheid, Crispien, Hilferding und Stampfer für diesen Beschluß verantwortlich zeichnet, es als «Zusammenbruch einer Welt» empfunden haben soll, als die Gewerkschaftsführung sich wenige Tage später dagegen aussprach, den Staatsstreich mit der Proklamierung des Generalstreiks zu beantworten; und doch ist diese Diskrepanz nur charakteristisch für die zwiespältige Haltung und die Entschlußunfähigkeit der sozialdemokratischen Führung.

Die gläubige Zuversicht und das wiedererwachende Selbstvertrauen der Anhänger, denen die imposanten Massenkundgebungen und Aufmärsche der Eisernen Front ein trügerisches Gefühl der Stärke suggeriert hatten, wirkte wohl so weit auf die Parteispitze ein, daß sie mit dem Gedanken an Widerstand spielte; doch im entscheidenden Moment überwogen bei den verantwortungsbewußten sozialdemokratischen «Realpolitikern» die Bedenken. Groß geworden in einer Parteihierarchie, die seit Jahrzehnten jedem in seinen Konsequenzen nicht klar überschaubaren Risiko ausgewichen war, von einer panischen Abneigung gegen alle «Experimente» erfüllt und «blutscheu» aus langer humanitärer Tradition, vertrösteten sie sich selbst und ihre Anhänger auf die nahe bevorstehenden Reichstagswahlen. Daß sich in dieser Situation die Möglichkeit bot, in altgewohnter Weise an die Macht des Stimmzettels zu appellieren, erschien der Parteiführung als der gegebene Ausweg aus dem Dilemma. So beschwor sie ihre Anhänger, nichts zu unternehmen, was die Durchführung der Wahlen am 31. Juli gefährden könne. Dieser Haltung entsprach auch das fragwürdige Argument der Gewerkschaftsführer, daß man sich nicht vom Gegner die Stunde des Handelns vorschreiben lassen dürfe.

Wheeler-Bennetts Version, die Sozialdemokraten seien bereit gewesen, «sofort den Generalstreik auszurufen und der Gewalt mit Gewalt zu begegnen, selbst auf die Gefahr eines Bürgerkrieges hin», und nur durch die Gewerkschaftsführer darin gehindert worden, ist eine Legende, deren Entstehung allerdings verständlich ist. Denn in der Situation allgemeiner Kopflosigkeit und Verwirrung am 20. Juli wurde zweifellos im Kreise der Spitzenfunktionäre von Partei *und* Gewerkschaften alles nur irgend Mögliche theoretisch erörtert und wieder verworfen, so daß eine Atmosphäre entstand, die ein anscheinend gut informierter Beobachter mit den Worten beschreibt: «Jeder will, wenn der andere will. Also will jeder und – keiner.» Wohl zeigten sich die Gewerkschaften sehr zurückhaltend; doch die an sich richtige Erkenntnis, daß die Situation mit der zur Zeit des Kapp-Putsches nicht zu vergleichen sei, erwies sich auch bei der Parteiführung als eine jede Aktivität lähmende Zwangsvorstellung. Auch ihr lieferte die wirtschaftliche Situation, die in Anbetracht der Massenarbeitslosigkeit denkbar ungünstige Voraussetzungen für einen Generalstreik geboten habe, neben der Haltung der Reichswehr und der Unmöglichkeit einer gemeinsamen Aktion mit den Kommunisten den wichtigsten Rechtfertigungsgrund. Was für Spannungen auch immer zwischen Partei- und Gewerkschaftsführung bestanden haben mögen, auf den Ablauf des Geschehens haben sie keinen Einfluß gehabt und sind infolgedessen für das historische Urteil irrelevant.

Wie die Beschwichtigungsversuche der leitenden Instanzen und der Parteipresse indirekt bestätigen, herrschte in den Massen der Eisernen Front eine ungeheure Erregung. Daß spontane Aktionen unterblieben sind, ist wahrscheinlich nur der Diszipliniertheit der sozialdemokratischen Anhänger zu verdanken. Wenn Otto Wels, wie Severing berichtet, «unmittelbar nach dem 20. Juli» aufgrund einer Umfrage bei führenden Funktionären der Gewerkschaften, der Partei und des Reichsbanners im Lande allgemeine Abneigung gegen eine Widerstandsaktion feststellte, so erscheint das wenig beweiskräftig. Grundlage der Beurteilung des Widerstandswillens kann nur die spontane Einsatz- und Opferbereitschaft sein, mit der im Zeitpunkt des Staatsstreichs an der Basis der Eisernen Front zu rechnen war.

5. Rudolf Morsey
Das zerriebene Zentrum

> «Nun beginnt also ein neuer Abschnitt in der Geschichte des deutschen Katholizismus. Der politische Katholizismus, wie er im Zentrum dargestellt war, ist nicht mehr. Etwas anderes muß werden.»
> Karl Bachem in einer Aufzeichnung «Ende des Zentrums» vom 7. Juli 1933.

Die Auflösung der Zentrumspartei fand ein nachhaltiges Echo in der Publizistik, insbesondere der überraschend schnelle und bedingungslose Untergang der traditionsreichen Partei, die an keiner Stelle auch nur den Willen zum Widerstand erkennen ließ, mit dem man vielerorts – und nicht zuletzt bei den Nationalsozialisten – rechnete. Im Zentrumslager hatte die inzwischen erreichte, durch den Namen Hindenburg gedeckte pseudolegale Befestigung und Absicherung der NS-Herrschaft ihre Wirkung getan. Der Glaube an Hitler als der rechtmäßigen, «gottgegebenen» Autorität[189] sowie dem Retter vor dem angeblich drohenden Bolschewismus und dem befürchteten terroristischen Treiben der braunen Revolutionsarmee war noch nicht erschüttert. Der unter wesentlicher Mithilfe des Prälaten Kaas erreichte Abschluß des Reichskonkordats lenkte die Gedanken im katholischen Lager auf ein neues Ziel[190]. Viele Katholiken distanzierten sich schleunigst von dem im Zentrum aktivierten «politischen Katholizismus» und begrüßten im Sinne der NS-Propaganda das Verschwinden der Partei, die ebenso wie die ihr angeschlossenen Organisationen und Verbände als zeitbedingte Formen politischen Gestaltungswillens überlebt seien. Von der «Entpolitisierung» der Kirche erhoffte man eine neue Blüte des von äußeren Fesseln und parteilichen Erwägungen befreiten Katholizismus. Die Zentrumspartei als die jahrzehntelang wirkungsvollste Form dieser politischen Gestaltung mußte ein allgemeines Verdammungsurteil über sich ergehen lassen.

Der außerhalb ihrer Verantwortlichkeit erfolgte finanzielle Zusammenbruch der Kölner Görreshaus A.G. und der nahezu gleichzeitige Niedergang des ehedem bedeutenden «Volksvereins für das katholische Deutschland» wurden im Zusammenhang mit angeblichen Korruptionsaffären, in die die NS-Regierung ehemals führende Politiker und Abgeordnete verwickelte, von der gezielten nationalsozialistischen Propaganda brutal ausgenutzt. Rückgriffe auf einzelne Fälle parteipolitischer Begünstigung oder opportunistischen Gesinnungswechsels, verbunden mit massierten Angriffen auf die «Schuld» und den Anteil des Zentrums an der «Systemzeit» – Verleumdungen, die nicht zurückgewiesen werden konnten – trugen dazu bei, daß weite Kreise des katholischen Volksteils den Untergang der Partei für «dringend notwendig» hielten.[191]

Dem rückschauenden Betrachter erscheint der Weg des Zentrums seit 1918/19 als eine gewundene Linie. Das vor allem von Erzberger durchgesetzte Bekenntnis zur Weimarer Verfassung und die dann bewußt aufgenommene Selbstcharakterisierung als «Verfassungspartei» vertieften sich nachhaltig unter dem Einfluß des von Wirth repräsentierten und als dynamisches Element wirkenden linken Flügels im «positiven republikanischen Sinne»[192]. Dazu trug auch die ununterbrochene und für die Partei kennzeichnende Teilnahme an den verschiedenen Regierungskoalitionen des Reichs und der größeren Länder, insbesondere Preußens, bei. Die entscheidende Mittellage, die der Partei einen politischen Einfluß über ihre ziffernmäßige Stärke hinaus sicherte, erlaubte es, mannigfache kulturpolitische Anliegen und personalpolitische Wünsche durchzusetzen. Aufgrund der tatsächlich oder vermeintlich vom Plazet des Zentrums abhängigen «Vorteile» und Stellenbesetzungen entwickelte sich vielfach ein opportunistischer Drang zu dieser Partei, der das ruckartige Umschwenken mancher «Zentrums»-Beamten nach dem 30. Januar 1933 verständlich macht.

Die mehr als zwölfjährige Zusammenarbeit mit der Sozialdemokratie vor allem in Preußen, das dreiviertel der Gesamtwählerschaft der Partei stellte, erwies sich seit dem Bruch der Großen Koalition im Frühjahr 1930 als problematisch. Inzwischen waren parallel mit einer insbesondere auf den Katholikentagen sichtbaren Aktivierung des deutschen Katholizismus im Zentrum die Auswirkungen der neuen Führung Kaas-Brüning spürbar geworden. Die von ihnen ausgehende Wendung nach rechts und ihr Konzept einer «starken Regierung» mußten zu einer inneren Ablösung von der demokratisch-republikanischen Substanz beitragen und latent vorhandene Spannungen zwischen den Zentrumsfraktionen des Reichstags und des preußischen Landtags vertiefen[193]. Der «neue Kurs» traf indessen mit den Intentionen Hindenburgs (und denen seiner Umgebung) zusammen und führte dazu, daß der Reichspräsident die Kanzlerschaft an Brüning übertrug. Unter dem Eindruck der sich immer spürbarer abzeichnenden Krise des Parlamentarismus[194] erstrebte die Zentrumsführung eine «organische Weiterentwicklung» auf dem Wege Brünings und die «Überwindung der bloßen Formaldemokratie». Die ideologische Begründung des «präsidialen» und «autoritären» Kurses und der von Brüning im Einverständnis mit Hindenburg unternommene Versuch, die parlamentarische Basis durch eine konservative Koalitionsfront auf die «nationalen» Rechtsparteien auszuweiten – um nicht auf die «Tolerierung» der SPD angewiesen zu sein und gleichzeitig der Preußen-Koalition ein Gegengewicht bieten zu können – läßt erkennen, inwieweit diese Pläne auf eine «reformierte Demokratie» (G. Schreiber) zielten.

Darin sollten die Befugnisse des Reichspräsidenten klarer abgegrenzt, die Rechte des Reichskanzlers erweitert, die Kompetenzen des Reichsrats verstärkt und das Wahlrecht abgewandelt werden (Verkleinerung der Wahlbezirke). Darüber hinausgehende Zielsetzungen auf der Grundlage der als ideal empfundenen christlichen Gesellschaftsordnung und «organischer» Lösungen der sozialen Frage im Wege des Korporativsystems (Ständestaat), wie sie 1931 (Enzyklika «Quadragesimo anno») Auftrieb bekommen hatten, verblieben vor 1933 im Bereich theoretischer Diskussion innerhalb katholischer Standesvereine und Organisationen. Ebenso ist – im Unterschied zur Bayerischen Volkspartei – beim Zentrum eine monarchische Restauration nicht ernsthaft erwogen worden.

Politische Auswirkungen zeitigte der von Kaas und Brüning seit dem Herbst 1931 vertretene, vor allem an die Adresse der Nationalsozialisten gerichtete Appell zur «Sammlung», mit der man aus der «Stagnation der Parteien» herauszukommen hoffte. In dem vom Zentrum mit geführten Kampf zur Wiederwahl Hindenburgs verkehrten sich indes noch einmal die Fronten dadurch, daß sich die Partei – zum letztenmal – gezwungen sah, ein Bündnis mit den Sozialdemokraten gegen die Rechtsparteien einzugehen. Des Reichspräsidenten Dank für seine Wiederwahl, der Dolchstoß in den Rücken Brünings[195], war gleichzeitig der Anfang vom Ende der Zentrumspartei, zumal Brüning seinen Hindenburg-Komplex nicht überwinden und sich nicht entschließen konnte, die Öffentlichkeit über die Gründe seines Sturzes zu informieren.

Aufs tiefste verärgert durch die Tatsache, daß ausgerechnet Papen das Zentrum aus der Regierung im Reich und bald auch in Preußen ausschaltete, und aus der Furcht vor naheliegenden politischen Konsequenzen – mögliche Preisgabe der in zwölf Jahren erkämpften «Errungenschaften» – resultierten die umstrittenen Koalitionsverhandlungen mit der nach der Juliwahl 1932 zur stärksten Partei ausgewachsenen NSDAP. Diese Gespräche konnten bei dem grundverschiedenen Charakter und den entgegengesetzten Zielen beider Partner zu keinem positiven Ergebnis führen. Mit den Nationalsozialisten ließ sich unter Hinweis auf Papens Beispiel eine jetzt vom Zentrum propagierte Rückkehr zu parlamentarischen Lösungen und Kontrollmöglichkeiten, deren Aufgabe die Partei während der Zeit von Brünings Kanzlerschaft zugestimmt hatte, nicht erreichen. Damit scheiterte das Konzept einer «Zähmung» von Hitlers Massenbewegung, die man (in totaler Verkennung ihres Charakters) wie nach 1918/19 die Sozialisten glaubte «bändigen» zu können. Ebenso mißlang der Versuch, im Sinne der klassischen parlamentarischen Mittellage die Rolle des Züngleins an der Waage zwischen Nationalsozialisten und Deutschnationalen spielen zu können. In der Abwehr gegen Papen entwickelte das Zentrum einen kaum mehr erwarteten Kampfgeist, wie so oft in seiner Geschichte, wenn man es zurücksetzen oder unterdrücken wollte. Seine Führer unterstrichen zum Jahresende 1932 die «nationale» Einstellung der Partei und verstärkten ihren Ruf zur

«Sammlung», unter dem sich dann über Erwarten schnell am 30. Januar 1933 ganz andere Kräfte zusammenfanden. Das Zentrum wartete buchstäblich bis zur letzten Minute auf ein annehmbares Angebot zur Mitarbeit. Hitlers Scheinverhandlungen mit Kaas nach der Kabinettsbildung waren von vornherein allzu durchsichtig.

Die Frage nach den tieferen Ursachen des sang- und klanglosen Untergangs der Partei, die zunächst geneigt schien, sich auch dieses Mal, wenngleich mit schwersten Bedenken, auf den oft berufenen «Boden der Tatsachen» zu stellen, drängt sich unabweisbar auf. Denn auch die zentral gesteuerte und in einer raffinierten Mischung von Terror und Drohung, Gewalt und Betrug erzwungene Auflösung des Zentrums[196] vermag allein nicht die im Endstadium dieses Prozesses durchscheinende Selbstpreisgabe zu erklären. Sie führte folgerichtig auch zu keiner Art von außerparlamentarischer oder «illegaler» Tätigkeit und Weiterarbeit[197].

Von einem gewissen demokratischen Substanzschwund – den in allen Einzelheiten aufzuzeigen wegen der noch fehlenden Quellen über innerparteiliche Auseinandersetzungen bisher nicht möglich ist – war schon die Rede. Damit und mit einem stärkeren Rückgriff auf die «Katholizität» des Zentrums (als Reaktion auf die Wahlniederlage von 1928), sichtbar in der Wahl von Kaas zum Parteivorsitzenden, verband sich die Hinnahme und Bejahung «autoritärer» Lösungen bis hin zum «Führerprinzip»[198]. Die einer katholischen Partei innewohnenden Möglichkeiten, sich zu konservativen oder zu demokratischen Entwicklungen hinzuwenden, waren zugunsten der ersteren entschieden worden. Hierbei bot sich die hierarchische Gliederung der katholischen Kirche, die im «Faschismus» keineswegs von vornherein den Todfeind sah, sondern ihm im Sinne eines «verwandten» Systems die Entwicklungsmöglichkeit zum «christlichen Staate» einräumte, als Analogie an[199]. Das Zentrum hatte sich sowenig wie 1918/19 bedingungslos dem Weimarer Parteienstaat mit seiner «Verfassung ohne Gott» verschrieben. Jüngere Kräfte, vor allem die aktiven, betont republikanischen Mitglieder der Windthorstbunde waren in der Gesamtpartei, in der die ältere, vor dem ersten Weltkrieg geprägte Generation überwog[200], nicht entscheidend zum Zuge gekommen. Die Mitarbeit im «Reichsbanner» blieb auf einzelne Zentrumspolitiker (Wirth, Dessauer, Krone, Prinz Hubertus Löwenstein) beschränkt. Ein Gesamtparteitag, der grundlegende programmatische Diskussionen hätte auslösen können, war nach 1928 nicht mehr einberufen worden. Infolge der wegen der Zugehörigkeit des Zentrums zu den wechselnden Regierungskoalitionen erforderlichen Kompromißpolitik, die aufweichend wirkte, ließ sich ein «konstruktives und geistig aktiviertes» Programm der «zeitnotwendigen Ausdeutung und Anwendung des katholischen Staatsgedankens und der Soziallehre» nicht in die politische Wirklichkeit umsetzen[201].

Zu einer weiteren Aktion – dem letzten Personalschub während der Amtszeit des Kabinetts Braun – kam es 1931/32 im Zusammenhang mit dem Volksbegehren und dem Volksentscheid über die Auflösung des preußischen Landtages. Während die Regierung den nichtpolitischen Beamten die Teilnahme zunächst freigestellt und erst nach dem Eintreten der KPD für das Volksbegehren an alle Beamten appelliert hatte, der Abstimmung fernzubleiben, so hatte sie doch keinen Zweifel darüber gelassen, daß sie eine Teilnahme politischer Beamter nicht dulden werde.[206] Sehr streng handhabte Severing diesen Grundsatz nicht, denn der volkskonservative Landrat Schwebel (Marburg), der sich an der Abstimmung beteiligt und sich auch in den internen Beratungen seiner Partei für den Volksentscheid eingesetzt hatte, behielt sein Amt.[207] Nur diejenigen politischen Beamten, die sich öffentlich für das Volksbegehren eingesetzt hatten, mußten ausscheiden. Es handelte sich um fünf Landräte, darunter den deutschnationalen Reichstagsabgeordneten und Verwalter des Kreises Labes (Pommern), von Bismarck, der in einer Parteiversammlung die Staatsregierung für die «Übelstände im gegenwärtigen Zustand Preußens» verantwortlich gemacht hatte.[208] Zwei der Betroffenen, die Landräte von Goßler (Naugard) und von Salisch (Schweidnitz), hatten sich bereits während des Volksbegehrens über den Young-Plan gegen die Regierung gestellt, als sie ihre Unterschrift unter einen Gegenaufruf verweigerten.

Die hohe Zuverlässigkeit, die das Korps der politischen Beamten in den beiden Volksbegehren bewies, dürfte nicht zuletzt eine Folge des beschleunigten Tempos gewesen sein, mit dem Grzesinski und nach ihm Severing die Demokratisierung der Verwaltung vorantrieben. Grzesinski setzte neun Regierungspräsidenten ein – sieben Fachbeamte und zwei Außenseiter –, die nicht nur formell den Koalitionsparteien angehörten, sondern sich zum großen Teil auch in ihrem Amte rückhaltlos für die Festigung der Republik einsetzten . . .

Das Ausmaß der Säuberungen, die der Amtsenthebung des preußischen Kabinetts am 20. Juli 1932 folgten, läßt noch einmal erkennen, in welchem Umfang es gelungen war, die Beamtenschaft des Innenministeriums zu «demokratisieren». Zunächst wurden Anhänger der Koalitionsparteien entfernt, die sich wegen ihres harten Durchgreifens gegen den Terror von rechts und links bei den radikalen Flügelparteien besonders verhaßt gemacht hatten, eine Auswahl, die der Reichskommissar Bracht mit der summarischen Feststellung rechtfertigte, diese Männer hätten sich «objektiver Entschlüsse nicht immer fähig gezeigt» und daher bei «überwiegenden Teilen des Volkes» Mißtrauen erzeugt.[209]

Der ersten Entlassungswelle, die Bracht noch am Tage des Staatsstreiches angekündigt hatte,[210] fielen vier Oberpräsidenten (die Sozialdemokraten Haas, Lüdemann, Kürbis und Dr. Falk von der Deutschen Staatspartei), sieben Regierungspräsidenten, darunter die Sozialdemokraten

Ernst von Harnack und Hans Simons sowie Adolf Amelunxen (Z), die Polizeipräsidenten in elf größeren Städten, zwei Regierungsvizepräsidenten und neun Landräte zum Opfer.[211] Ihnen folgten bis Dezember 1932 weitere Inhaber hoher Ämter, darunter Oberpräsident Siehr, drei ebenfalls der Staatspartei angehörende Regierungspräsidenten und Regierungspräsident von Bahrfeldt in Königsberg (DVP) sowie drei sozialdemokratische Vizepräsidenten.[212]

Zur Entfernung von Republikanern aus den Landratsstellen nutzte Bracht den bereits von Severing entworfenen Plan zur Zusammenlegung kleinerer, leistungsschwacher Landkreise. Er setzte den fertig ausgearbeiteten Verordnungsentwurf am 1. August 1932 in Kraft. Dadurch wurde die Zahl der Landkreise um 60 vermindert, ebenso viele Landratsstellen konnten also künftig eingespart werden.[213] Die Liste der überzählig werdenden Beamten läßt keinen Zweifel darüber, was Bracht unter seinem Leitmotiv: «die Fähigkeit entscheidet, nicht das Parteibuch»[214] verstand. Von den 60 Kreisverwaltern, die am 19. August in den Wartestand versetzt wurden, stand die Mehrzahl auf dem Boden der Weimarer Parteien.[215] Einige wenige, die sich sachlicher Verfehlungen schuldig gemacht hatten, wären wohl auch ohne Regierungswechsel abberufen worden, aber die meisten hatten ihr Amt tadelfrei geführt – einige galten sogar als hervorragend qualifizierte und weit über die eigene Partei hinaus angesehene Verwaltungsbeamte.[217] Dennoch übertrug die Kommissariatsregierung nur 3 von den 21 auf Wartegeld gesetzten sozialdemokratischen Landräten einen anderen Kreis, die übrigen blieben im einstweiligen Ruhestand oder wurden auf politisch belanglose Posten in Bezirksbehörden abgeschoben. Als der sozialdemokratische Landrat Glahn in Eschwege um seine Wiedereinsetzung ersuchte, wurde ihm die lakonische Antwort zuteil, er besitze «nicht mehr das für dieses Amt erforderliche Vertrauen der Staatsregierung».[218]

Die Kommissariatsregierung begnügte sich indessen nicht mit einem Personenwechsel in den Spitzen der Behörden. Neben den genannten Beamten, zu denen noch eine Anzahl Staatssekretäre und Ministerialdirektoren, darunter Weissmann (Staatsministerium), Abegg (Innenministerium), Staudinger (Handelsministerium) und von Leyden (Innenministerium) kamen, wurden auch zahlreiche nichtpolitische Beamte aus ihren Stellen entfernt. Durch die Aufhebung des Wohlfahrtsministeriums und durch Zusammenlegung von Abteilungen und Referaten in anderen Ministerien entfielen zahlreiche Planstellen, deren Inhaber unter verwaltungstechnischen Vorwänden in den Wartestand versetzt werden konnten. So verfügten die Kommissare am 12. November 1932 die Einsparung von 69 Ministerialbeamten, darunter 40 Angehörigen der Weimarer Parteien. Hand in Hand mit diesen «Sparmaßnahmen», deren politische Tendenz offenkundig war, ging die Versetzung von Sozialdemokraten und Demokraten in minder wichtige Verwaltungspositionen.

In der politischen Abteilung des Berliner Polizeipräsidiums wurden der Abteilungsleiter (ein der Staatspartei angehörender Regierungsdirektor), sein Stellvertreter (sozialdemokratischer Regierungsrat) und vier Referenten (darunter drei sozialdemokratische Regierungsassessoren) von ihren Amtsgeschäften entbunden.[219] Eine von Otto Braun zusammengestellte Liste zählt 23 Regierungsräte, Regierungsassessoren, Oberregierungsräte und Ministerialräte, die bis Ende 1932 aus Ministerien, Oberpräsidien und Polizeipräsidien ausgebootet worden waren.[220]

Mit diesem «Massenhinauswurf republikanischer Beamter»[221] war ein guter Teil der personalpolitischen Arbeit der vergangenen 14 Jahre zunichte gemacht worden. Zwar schonte Bracht sehr zum Ärger der DNVP eine Anzahl von Mitgliedern der Weimarer Parteien – im November 1932 amtierten noch 50 Sozialdemokraten und eine Reihe von Anhängern der Staatspartei,[222] unter ihnen Gustav Noske, der sich von Bracht «mit beinahe auffälliger Wertschätzung» behandelt sah, und Ferdinand Friedensburg, der anscheinend den früheren Beziehungen des Reichskommissars zu seinem verstorbenen Vater zu verdanken hatte, daß er verschont blieb – aber diesen Männern blieb kaum noch eine Möglichkeit, im Sinne ihres früheren Auftrags zu wirken. Friedensburg selbst berichtet, er habe sich darauf beschränken müssen, in seinem Bezirk, so gut es ging für «Recht und Ordnung» zu sorgen. Die «eigentliche politische Basis» aber, auf der er sein Leben eingerichtet und seine Arbeit in Kassel auszuüben versucht habe, sei durch den Staatsstreich zerstört worden, eine «zielbewußte politische Erziehungsarbeit» habe er nicht mehr leisten können.[223]

Die Maßnahmen Görings, der mit der nationalsozialistischen Machtergreifung das preußische Innenministerium übernahm, stellten Brachts Aktionen noch weit in den Schatten. Mit einer «Unerbittlichkeit, Unersättlichkeit und Erbarmungslosigkeit», die der Zentrumspolitiker Carl Bachem «wahrhaft staunenswert, beinahe imponierend» fand,[224] begannen die Nationalsozialisten, sich des Verwaltungsapparates zu bemächtigen. Als Mittel dienten Göring ebenso wie vorher Bracht, jene Verordnungen und Gesetze von 1919 und 1922, mit denen sich die Weimarer Parteien ein Werkzeug zur Demokratisierung hatten schaffen wollen. Nicht nur die letzten Sozialdemokraten und Angehörigen der Staatspartei sahen sich alsbald aus ihren Ämtern verdrängt, auch die personalpolitische Stellung des Zentrums, die von Bracht respektiert worden war, wurde durch die Absetzung der Oberpräsidenten Gronowski, Fuchs und Lukascheck sowie der Regierungspräsidenten Brand, Elfgen, Sonnenschein und Stieler schwer erschüttert,[225] Regierungspräsident Pünder, der erst im Herbst 1932 auf Dr. Amelunxen in Münster gefolgt war, mußte ebenfalls seinen Platz räumen.[226] Das gleiche Schicksal traf auch die meisten der in den Bezirkspräsidien amtierenden Anhänger der DNVP oder DVP.[227] Insgesamt fielen allein im Februar und März 1933 5

Oberpräsidenten, 11 Regierungspräsidenten, 21 Vizepräsidenten und 25 Polizeipräsidenten der nationalsozialistischen Säuberung zum Opfer.[228] Bis Ende Juli 1934 waren sämtliche Oberpräsidenten und 32 von 34 Regierungspräsidenten der Republik aus ihren Ämtern entfernt.[229]

In einem Umfang wie nie zuvor wurden auch die Landratsämter von Säuberungswellen erfaßt. Allein in den drei Westprovinzen mußten bis zum 1. Juni 1933 36 Landräte und bis zum 31. Dezember weitere 16 Stelleninhaber ihr Amt verlassen. Unter ihnen befanden sich 38 Angehörige der Weimarer Parteien (33 Fachbeamte und 5 Außenseiter) sowie 14 den Rechtsparteien angehörende oder parteilose Fachbeamte. Fast die Hälfte der vor 1932 (unter der Republik und vorher) eingesetzten Beamten ging damit bereits im ersten Jahr nationalsozialistischer Herrschaft ihrer Stellen verlustig.[230] In den folgenden Jahren setzte die nationalsozialistische Regierung ihre rigorose Personalpolitik fort, so daß 1936 von den 361 preußischen Landratsämtern nur noch 97 (19 %) in den Händen ihrer Inhaber aus der Zeit vor der «Machtergreifung» waren. Diese 97 Beamten hatten sich bis auf 17 der NSDAP angeschlossen.[231]

Darüber hinaus schuf sich die nationalsozialistische Regierung mit dem «Gesetz zur Wiederherstellung des Berufsbeamtentums» eine Handhabe, mit der sie gegen alle Außenseiter sowie alle «fremdblütigen» oder im Sinne des Nationalsozialismus «unzuverlässigen» Beamten vorgehen konnte. Nach diesem Gesetz konnte jeder Beamte aus dem Dienst entlassen oder in ein Amt mit geringerem Einkommen oder Rang versetzt werden.[232] Die Rechtsgarantien des Beamtenverhältnisses, welche die sozialdemokratisch geführte Regierung in Preußen niemals angetastet hatte, waren damit kurzerhand außer Kraft gesetzt. Bis zum Frühjahr 1936 wurden im Bereich der preußischen inneren Verwaltung von den 1663 höheren Beamten 469 (28 %) nach diesem Gesetz «behandelt». Der Personalchef im Reichs- und Preußischen Ministerium des Inneren, Ministerialdirektor Schütze, dem wir diese Angaben verdanken, meinte dazu, die Zahl der Beamten, die im Dienst belassen worden sei, obwohl sie früher den «System-Parteien» angehört hätten, sei nicht erheblich. Der Anteil von 28 % beweise, daß das Ministerium einerseits «mit Ernst und Entschiedenheit durchgegriffen» habe, daß aber andererseits «der bei weitem überwiegende Teil der Beamtenschaft auch in der Systemzeit der hohen Idee selbstloser Hingabe zum Dienst am Vaterland und am Volksganzen treu geblieben» sei.[233]

Man muß sich davor hüten, aus diesen Zahlen allzu leichtfertige Schlüsse auf die Einstellung der abgesetzten Beamten gegenüber der Weimarer Republik zu ziehen. Diese Vorsicht ist besonders bei zahlreichen Deutschnationalen oder konservativen Katholiken geboten, die im Frühjahr 1933 oder später ein Opfer nationalsozialistischer Personalpolitik wurden ...

Trotz dieser Einschränkungen kommt der Tatsache, daß die Nationalsozialisten 100 % aller Oberpräsidenten, 94 % aller Regierungspräsidenten, 92 % aller Vizepräsidenten des Oberpräsidiums, 100 % aller Regierungsvizepräsidenten, 81 % aller Landräte, aber insgesamt nur 28 % aller höheren Beamten entfernten, besondere Bedeutung zu. Die Zahlen zeigen, daß die republikanische Personalpolitik an der Spitze der Verwaltungspyramide die größten Erfolge aufzuweisen hatte. Wie an der Säuberungsaktion Brachts sichtbar wurde, war es darüber hinaus gelungen, zahlreiche Republikaner in politisch bedeutsame Abteilungen und Referate innerhalb der Behörden einzuschleusen. Aber auf den unteren Stufen des Verwaltungsapparates, unter dem Gros der Oberregierungsräte, Regierungsräte und Assessoren sah die personalpolitische Bilanz weit ungünstiger aus. Dem Lob des nationalsozialistischen Ministerialdirektors Schütze über das Verhalten der meisten höheren Beamten während der «Systemzeit» entspricht die Kritik, die bis 1932 von Sprechern der Weimarer Parteien gerade in diesem Punkte immer wieder geübt wurde. Der Abgeordnete Hauschildt (SPD) nannte es 1922 typisch für die Provinzialbehörden, daß es zum Beispiel unter den 73 höheren Beamten der Kasseler Regierung nur vier «verläßliche Republikaner» gab.[234] 1925 behauptete der Abgeordnete Leinert (SPD), die meisten Beamten bis hinauf zu den Abteilungsdirigenten in den Bezirksbehörden seien deutschnational und hätten «für die Republik nichts übrig».[235] Zwei Jahre später klagte der Abgeordnete Bubert (SPD) darüber, daß «Hunderte und Aberhunderte von Richtern und Verwaltungsbeamten» an Stahlhelmversammlungen teilnähmen und Angriffen auf die Reichsregierung demonstrativ Beifall spendeten oder sich verächtlich über den Weimarer Staat und seine Symbole äußerten.[236]

Julius Leber geißelte 1926 die «Unwahrheit», «Halbheit» und «Heuchelei», die sich hinter den Loyalitätsbeteuerungen der Beamten verberge. Loyal sein, bedeute ihnen lediglich, «nichts zu tun, was in der Verfassung ausdrücklich verboten ist». Nicht anders urteilte der frühere Innenminister Heine, der 1926 schrieb, nach der Phase der Eingewöhnung und des Übergangs müsse den Staatsdienern nunmehr eine klare Entscheidung für oder gegen die Sache der Republik abverlangt werden.[237] Aber auch in den kommenden Jahren blieb die Verbindung von pflichtgetreuer Arbeit unter gleichzeitigem Gesinnungsvorbehalt kennzeichnend für das Gros der Staatsbediensteten. 1928, fast ein Jahrzehnt nach dem Inkrafttreten der Weimarer Verfassung, waren in den Provinzialbehörden noch nicht einmal alle Vizepräsidentenstellen «demokratisiert», und unter den Abteilungsleitern und Referenten machten die Republikaner eine verschwindende Minderheit aus.[238]

Die Möglichkeiten, hier Abhilfe zu schaffen, waren beschränkt. Jede Personalpolitik fand ihre Grenze an der Verfassungsgarantie, daß nichtpolitische Beamte nur innerhalb ihres Ranges versetzt werden konnten, sowie an einem Disziplinarrecht, das eine sehr weitherzige Auslegung der Dienstpflichten in politischer Hinsicht zuließ und von den Disziplinarbehörden in diesem Sinne auch angewandt wurde.[239] Der Innenminister konnte Regierungsräte, deren Verfassungstreue zweifelhaft war, die sich aber keiner dienstlichen Verfehlungen schuldig gemacht hatten, bei Beförderungen übergehen oder auf überwiegend technische Arbeitsbereiche (z. B. in Verkehrs-, Bau- oder Wasserdezernate) abschieben, eine Entfernung aus dem Staatsdienst kam nach geltendem Beamtenrecht nicht in Frage. Selbst gegenüber Landräten, die gegen ihre Pflichten als politische Beamte der Republik verstoßen hatten, wandte das Ministerium nur selten das Mittel der Z.-D.-Stellung an, sondern beschäftigte sie als Regierungsräte weiter.[240] Ihre Vergehen schienen nicht schwer genug, um schärfere Maßnahmen zu rechtfertigen. Auf diese Weise sammelten sich gerade in den Bezirksbehörden jene höheren Beamten, die sich zurückgesetzt oder auf zweitrangigen Arbeitsposten kaltgestellt fühlten und mit Erbitterung auf ihre an Lebens- und Dienstalter oft jüngeren Berufskollegen blicken mochten, die an ihnen vorbeiavancierten. Das Ausleseverfahren für die leitenden Posten bestärkte sie noch in ihren Ressentiments gegen die Republik, die in ihren Augen nicht auf «sachliche Leistung», sondern allein auf das «richtige Parteibuch» sah.[241]

Grzesinski hatte sich 1928 einen «grundlegenden Wandel in der staatspolitischen Einstellung des Verwaltungsbeamtenkörpers» durch eine entsprechende Auswahl der Nachwuchskräfte erhofft.[242] Alle derartigen Bemühungen waren freilich schon dadurch erschwert, daß große Teile der akademischen Jugend dem republikanischen Gedanken ablehnend gegenüberstanden[243] und darin durch zahlreiche Hochschullehrer noch bestärkt wurden.[244] Diese Strömungen traten naturgemäß auch beim Verwaltungsnachwuchs zutage. Der Abgeordnete Grzimek wies 1925 warnend darauf hin, unter den Regierungsreferendaren evangelischer Konfession seien 85 bis 90 % deutschnational oder völkisch gesinnt. Man werde sie, nachdem sie einmal ihre Ausbildung abgeschlossen hätten, aus Gründen der Sparsamkeit wohl oder übel später anstellen müssen.[245] Die meisten dieser Referendare dürften in den folgenden Jahren Regierungsassessoren oder Regierungsräte geworden sein, so daß der Minister bei ihnen vor dem gleichen Problem stand wie bei den älteren Beamten, die er aus politischen Gründen bei Beförderungen überging. Ob die Übernahme von Gerichtsassessoren und die 1927 verfügte Aufhebung der Sonderlaufbahn für Regierungsreferendare die politischen Gewichte innerhalb des Beamtenkörpers entscheidend verschoben hatte, darf bezweifelt werden. Wahrscheinlich reichten diese Maßnahmen gerade aus, um den laufenden Bedarf für die politischen Verwaltungsposten und andere Schlüsselpositionen zu decken.

Letztlich scheiterten die Bemühungen des Innenministeriums daran, daß es nur in sehr begrenztem Umfange gelang, die bürgerlichen Mittelschichten für den Weimarer Staat zu gewinnen, und daß andererseits die sozialdemokratische Arbeiterschaft ihre Rolle als Trägerin des Staates weder in politischer noch in personeller Hinsicht gewachsen war. So offenbarte sich auch im begrenzten Bereich der Personalpolitik das Dilemma einer Demokratie, die seit der Reichstagswahl 1920 von etwa 30 bis 40 % der Wählerschaft grundsätzlich verneint wurde und auch von den Wählern der verfassungstreuen Parteien größtenteils nur als «Notform» (Otto Gessler) oder Durchgangsstadium zu einem sozialistischen Staatsaufbau angesehen wurde. Solange sich Sozialdemokraten, Zentrum, Demokraten und Deutsche Volkspartei dem «kategorischen Imperativ des Ausgleichs» ihrer «entgegengesetzten Interessen und Überzeugungen» (K. D. Erdmann)[246] fügten, solange auch in der DNVP die gemäßigten, zur Anerkennung wenn nicht der Republik, so doch der Verfassung als verbindlicher Rechtsbasis bereiten Kräfte die Oberhand behielten, durfte man hoffen, daß eine Generation von Staatsdienern heranwuchs, die den bestehenden Staat als ihren eigenen empfand. Eine konsequente Auslese- und Beförderungspraxis konnte diesen Prozeß beschleunigen, aber sie versprach nur dann Aussicht auf dauernden Erfolg, wenn sie von einer allmählichen Eingewöhnung aller Bevölkerungsgruppen in die neuen Verhältnisse begleitet war.

Das Unbehagen über die Dauerkrise des Parteienstaates und die wirtschaftliche Depression zerstörten diese politische Basis für eine Demokratisierung des Beamtenkörpers. Gegenüber dem Trend zu den extremen Flügelparteien hatte das vom preußischen Kabinett im Juni 1930 verfügte Verbot für alle Staatsbeamte, der NSDAP oder KPD anzugehören, rein defensiven Charakter. Eine aktive demokratische Personalpolitik war in einer Beamtenschaft, die sich gesinnungsmäßig immer weiter nach rechts orientierte, kaum noch möglich.

Spätestens seit dem Volksentscheid über die Auflösung des preußischen Landtages im Sommer 1931 konnte kein Zweifel mehr bestehen, daß große Teile der höheren Beamtenschaft im Lager der «nationalen Opposition» standen. Auf einer Oberpräsidenten-Konferenz im Herbst des gleichen Jahres erklärte Severing, es habe ihn «bitter enttäuscht . . ., daß so zahlreiche höhere Beamte, darunter sogar Leiter von Polizeischulen, sich am Volksentscheid beteiligt hätten». Die Regierung habe es nicht verdient, «von den Beamten so im Stiche gelassen zu werden». Zwar hätten einer Teilnahme keine verfassungsrechtlichen Hindernisse im Wege gestanden, aber er habe von Staatsdienern so viel politische Einsicht erwartet, daß sie einer von der KPD unterstützten Aktion fernbleiben würden, zumal die Regierung niemals einen Zweifel an der Schädlichkeit des ganzen Unternehmens gelassen habe. Regierungspräsident Friedensburg bezeichnete in der allgemeinen Aussprache die starke Beteiligung aus Kreisen der Beamtenschaft als «symptomatisch» für die dort herrschenden Strömungen. Es seien Beamte zum Volksentscheid gegangen, von denen er dies nicht erwartet habe. Friedensburg sprach von einer «starken Verbitterung» innerhalb des Verwaltungsdienstes, «die auch auf manche Maßnahme der Zentrale, namentlich in personalpolitischer Hinsicht zurückzuführen» sei. Severing konnte darauf nur entgegnen, er müsse es bedauern, wenn Staatsdiener aus persönlichen Motiven ihre Pflicht verletzten.[247]

Nach dem Staatsstreich Papens genügten daher wenige Monate, um die Ergebnisse eines Jahrzehnts personalpolitischer Arbeit zunichte zu machen. Soweit die Regierungspräsidenten und Landräte in den Monaten vor dem 20. Juli nicht selber schwankend geworden waren und durch Parteiaustritte[248] oder ein betont «neutrales» Verhalten gegenüber der NSDAP zu erkennen gaben,[249] daß sie sich auf den Absprung von der bisherigen Regierungsplattform vorbereiteten, fanden sie sich in ihren Behörden zunehmend isoliert. Bracht konnte sich ihrer entledigen, ohne sich sorgen zu müssen, wie er die entstehenden Lücken wieder schließen konnte. Seine mit dem Etikett der Beseitigung des Parteibuchprinzips, der Rückkehr zur «Sachlichkeit» und «Objektivität» versehene Säuberungsaktion konnte der Zustimmung weiter Kreise des höheren Beamtentums sicher sein, boten sich doch gerade denen Aufstiegschancen, die sich durch die bisherige Regierung «auf Nebengeleise abgeschoben» fühlten.[250] Waren die sozialdemokratischen Innenminister in den ersten Jahren der Republik durch den chronischen Mangel an qualifizierten Republikanern in ihrer Bewegungsfreiheit gehindert, so fanden Papen und Bracht Beamte genug, die ihnen politisch nahestanden.[251] So erwies sich die Demokratisierung der Verwaltung als wenig dauerhaft. Sie entbehrte einer soliden Grundlage, wie sie sich allein aus einer Durchdringung des Beamtenkörpers bis zum letzten Regierungsassessor ergeben konnte und war durch ihre Beschränkung auf die oberen Ränge der Verwaltungshierarchie allzusehr mit dem Schicksal ihrer politischen Urheber verknüpft, um einen Regierungswechsel zu überdauern.

Anmerkungen

Alfred Grosser: Weimar ist kein Argument

1 Heinrich Brüning, Memoiren 1918–1934, Stuttgart, DVA 1970, S. 206.
2 Ebd., S. 512.
3 Ebd., S. 387.
4 Einige Zitate dieses Vorworts entstammen der Dokumentation, auf deren Grundlage das kleine Buch A. Grosser, Hitler, la presse et la naissance d'une dictature, Paris, A. Collin, 1959, Neuausgabe 1972, 245 S., geschrieben wurde.
5 Nie ist dessen Rolle prägnanter (und für unser Thema eindrucksvoller) dargestellt worden als von Karl-Dietrich Bracher in seiner Rezension «Vom Märchen eines Demokraten» von Papens Buch «Vom Scheitern einer Demokratie» (Der Spiegel 15. 4. 1968).
6 Brüning, S. 449.
7 Ebd., S. 531.
8 Ebd., S. 653.
9 Zitat bei E. Matthias, R. Morsey (Hg.), Das Ende der Parteien, Düsseldorf, 1960, S. 401.
10 Ebd., S. 443.
11 Original-Text bei A. Grosser, S. 105.
12 Deutsch: Politische Justiz, Neuwied, Luchterhand, 1965.
13 Text bei Walther Hofer (Hg.), Der Nationalsozialismus. Dokumente 1933–1945. Frankfurt, Fischer-Bücherei, 1957, S. 84.
14 Ebd., S. 105.
15 Zitat bei K. D. Bracher, Die Auflösung der Weimarer Republik, 3. Ausgabe, 1960, S. 191.
16 Hans Habe (zukünftiger Kolumnist . . .) Off limits. Roman der Besatzung Deutschlands. München, Kurt Desch, 1955, 573 S.
17 Zitiert bei Hans-Gerd Schumann, Nationalsozialismus und Gewerkschaftsbewegung, Hannover, O. Goedel, 1958, S. 58.

1. Duve: Wer schreit hier «Haltet den Dieb!»?

1 Zur Wahrung der personellen Kontinuität des Beamtenapparates nach 1945 siehe vor allem Hans-Hermann Hartwich, Sozialstaatspostulat und gesellschaftlicher status quo, Köln 1970, S. 150ff.
2 Die Welt, 28. 7. 1967.
3 Rheinischer Merkur, «Gute Ratschläge», 17. 10. 1975.
4 «Alfred Grossers Schelte», Die Welt v. 14. 10. 1975.
5 Hans-Georg v. Studnitz, Bismarck in Bonn, Stuttgart 1964, S. 227.
6 Ebd.

2. Kopitzsch: Sich wehren können . . .

1 Gustav W. Heinemann, Präsidiale Reden. Einleitung von Theodor Eschenburg. Frankfurt/Main 1975 (edition suhrkamp, 790). Vgl. den Abschnitt «Geschichte der Freiheit», S. 125–174.
2 Dazu jetzt: J. R. Gillis, The Prussian Bureaucracy in Crisis. 1840–1860. Origins of an Administrative Ethos, Stanford/Calif. 1971, besonders S. 218.

3 Hans-Ulrich Wehler, Das Deutsche Kaiserreich 1871–1918, 2. Auflage, Göttingen 1975 (Kleine Vandenhoeck-Reihe, 1380), S. 54.
4 Ebd., S. 77.
5 Das hierfür grundlegende Dokument, die «Allerhöchste Ordre» vom 1. 5. 1889, ist abgedruckt in: Centralblatt für die gesamte Unterrichtsverwaltung, 1890, S. 703 ff.
6 Eberhard Kolb, Die Arbeiterräte in der deutschen Innenpolitik 1918–1919, Düsseldorf 1962; Peter von Oertzen, Betriebsräte in der Novemberrevolution, Düsseldorf 1963; Ulrich Kluge, Soldatenräte und Revolution, Studien zur Militärpolitik in Deutschland 1918/19, Göttingen 1975.
7 Helmut Heiber, Die Republik von Weimar, 6. Auflage, München 1972 (dtv-Weltgeschichte des 20. Jahrhunderts, 3), S. 84. Ausführlicher: Alfred Milatz, Wähler und Wahlen in der Weimarer Republik, 2. Auflage, Bonn 1968.
8 Vgl. dazu: Wilhelm Hoegner, Die verratene Republik. Geschichte der deutschen Gegenrevolution, München 1958.
9 Für Schleswig-Holstein liegt eine ausgezeichnete Analyse der politischen und sozialen Entwicklung vor: Rudolf Heberle, Landbevölkerung und Nationalsozialismus. Eine soziologische Untersuchung der politischen Willensbildung in Schleswig-Holstein 1918–1932, Stuttgart 1962.
10 Heiber (Anm. 7), S. 226–228.
11 Grundlegend zum Niedergang der Weimarer Republik: Karl Dietrich Bracher, Die Auflösung der Weimarer Republik. Eine Studie zum Problem des Machtverfalls in der Demokratie, 3. Auflage, Villingen 1960; wichtig auch: Heinrich Brüning, Memoiren 1918–1934, 2 Bände, München 1972 (dtv 860–861).
12 Neben den in der Anm. 11 genannten Werken kurz: Heiber (Anm. 7), S. 251 f.
13 Dazu: Erich Matthias, Die Sozialdemokratie und die Macht im Staate, in: Der Weg in die Diktatur 1918–1933, München 1962, S. 73–93. Eindrucksvolle Dokumente zur Geschichte der SPD in der Weimarer Republik sind die Erinnerungen von Otto Braun, Von Weimar zu Hitler, Hamburg 1949, und von Carl Severing, Mein Lebensweg, 2 Bände, Köln 1950.
14 Heiber (Anm. 7), S. 257.
15 Bracher (Anm. 11), S. 724–732.
16 Dazu: Siegfried Bahne, Die Kommunistische Partei Deutschlands, in: Erich Matthias und Rudolf Morsey (Hg.), Das Ende der Parteien 1933, Düsseldorf 1960, S. 655–739.
17 Vgl. den Abdruck des preußischen Erlasses in diesem Band. Für Hamburg: Arnold Wehmhörner, Verfassungsfeinde mit Pensionsanspruch? Bürgerschaftsdebatten 1930 und 1971, Hamburg 1972, S. 8.
18 Dazu neben der Arbeit von Hoegner (Anm. 8), Gotthard Jasper, Der Schutz der Republik. Studien zur staatlichen Sicherung der Demokratie in der Weimarer Republik 1922–1930, Tübingen 1963.
19 Vgl. Eckart Kehr, Der Primat der Innenpolitik, hg. von Hans-Ulrich Wehler, 2. Auflage, Berlin 1970.
20 Entschließung: Extremisten im öffentlichen Dienst, in: Politik. Aktuelle Information der Sozialdemokratischen Partei Deutschlands, Nr. 13, November 1975, S. 1 f.

3. Die gesetzlichen Grundlagen

1 Die verfassunggebende Landesversammlung trat nach den Wahlen vom 26. Januar 1919 am 5. März 1919 in Berlin zusammen. Die von ihr beschlossene Verfassung des Freistaats Preußen wurde ausgefertigt am 30. November 1920 (GS 43).

2 Das hier vorgesehene allgemeine Beamtengesetz kam unter der Weimarer Verfassung nicht zustande. Nur für die Reichsbeamten galt das Reichsbeamtengesetz vom 17. Mai 1907 (RGBl. S. 245).

3 Dazu Reichsbesoldungsgesetz vom 30. April 1920 (RGBl. S. 805).

4 Dazu Wehrgesetz vom 23. März 1921.

5 Das hier vorgesehene Gesetz über Beamtenvertretungen kam nicht zustande.

6 Dazu preußisches Staatshaftungsgesetz vom 1. August 1909 und Reichshaftungsgesetz vom 22. Mai 1910 (Dokumente Bd. 2 Nr. 252/253).

7 Aufgehoben in bezug auf die NSDAP durch Beschluß des Staatsministeriums (Kommissariatsregierung) vom 27. Juli 1932 (MBliV S. 773).

Teil I. Weimar übernahm die monarchistischen Beamten

2. Runge: Die alte Oberklasse – die neue Beamtenschaft

1 Meinecke, Republik, Bürgertum und Jugend, Gesammelte politische Schriften, S. 375.

2 Hintze, Beamtenstand, S. 46. Dem Aufnahmegesuch für den Vorbereitungsdienst in Justiz und Verwaltung mußte ein sogenanntes Sustentationszeugnis beigefügt werden, in dem die Eltern des Kandidaten versicherten, sie seien in der Lage, ihrem Sohn für mindestens 5 Jahre den «standesgemäßen Unterhalt» zu gewähren. Regierung Münster, Personalakten, passim. Von der Überlegenheit des Verwaltungsbeamten über den Richter berichten Gerlach, Von Rechts nach Links, S. 26, und Lucas, Erinnerungen, S. 24.

3 Abg. Haus 14. 1. 1911, Sp. 103 f., a. a. O., 1. 2. 1913, Sp. 10548. Muncy, The Junker in the Prussian Administration, S. 189 f.

4 Hintze, Beamtenstand, S. 46. Gerlach, Von Rechts nach Links, S. 76 f. Schücking, Die Reaktion in der Inneren Verwaltung Preußens, S. 19, 23 f. An der Frankfurter Regierung bestimmte sich die soziale Geltung des Referendars nach dem Regiment, dem er als Reserveoffizier angehörte. «Linienreferendare» und «Gardereferendare» hatten je einen besonderen Club. Michaelis, Für Volk und Staat, S. 48. Zur Gesamtproblematik: Kehr, Die Genies des königl. preußischen Reserveoffiziers, Die Gesellschaft, 5. Jg. 1928.

5 Auf diesen Gesichtspunkt bei der Auslese der Referendare verweist v. Harnack, Praxis der öffentlichen Verwaltung, S. 30.

6 Vgl. Anm. 3. Ferner: Preradovich, Führungsschichten, S. 114.

7 Gutachten des LRs zur Nieden über Reg. Ass. Schwebel, der mit einer Tochter des Oberverwaltungsgerichtsrates Dombois verheiratet war, vom 24. Okt. 1917. StA Düss, Reg. Düss, Fach 19, Nr. 13.

8 Der Abg. Lippmann (Fortschr. VP) nannte 1910 den «Kleist-Kreis» und den «Kölner-Kreis» in Pommern als Beispiele dafür, daß bestimmte Familien die LRs-Posten förmlich «besaßen». Abg. Haus 26. 2. 1910, Sp. 2290. In Westfalen stellten die Familien von Borries und Freusberg seit 1816 bzw. 1817 die LRe von Lübbecke und Olpe. Beide «Dynastien» konnten während des 1. Weltkrieges ihr 100jähriges Dienstjubiläum feiern. HA Rep. 77, LRÄ, spec. Nr. 4431, 5226.

9 So begründete der Innenminister am 11. 9. 1905 seinen Antrag auf Ernennung des

Reg. Ass. Grafen Spee zum LR in Wesel mit der Feststellung, dieser sei «vermöge seiner und seiner Familie vielfachen Besitzungen am Niederrhein und seiner Kenntnis namentlich der ländlichen Verhältnisse des Kreises, besonders geeignet. HA Rep. 77, LRÄ, spec. Nr. 4610.

10 Michaelis, Für Volk und Staat, S. 187.

11 Drews, Grundzüge einer Verwaltungsreform, S. 18, 77.

12 Vgl. dazu: Schnabel, Deutsche Geschichte im 19. Jahrhundert, Bd. IV, S. 107ff. Hartung, Der preußische Staat und seine westlichen Provinzen, in: Staatsbildende Kräfte der Neuzeit, S. 247ff. Hansen, Die Rheinprovinz 1815–1915. 100 Jahre preußischer Herrschaft am Rhein, Bd. I, S. 823ff. Bachem, Zentrumspartei, Bd. II, S. 132ff.

13 Grunenberg, Religionsbekenntnis, S. 318. Bachem, Zentrumspartei, Bd. 9, S. 73. Abg. Haus 13. 2. 1905, Sp. 9933.

14 Vgl. Anm. 12. Ferner ISG, Nl Grz. Nr. 741. Pikart, Preußische Beamtenpolitik, VjhfZG, 6. Jg., 1958, S. 120.

15 ‹Germania›, 12. 7. 1912. HA Rep. 77, LRÄ, spec. Nr. 5614 (Merzig). Grunenberg, op. cit. S. 318. Bachem, op. cit. Bd. 9, S. 72.

16 Vertrauliches Schreiben vom 26. 7. 1916. StA Düss, Reg. Düss, Fach 19, Nr. 13.

17 Kehr, Das soziale System der Reaktion in Preußen, Die Gesellschaft, 6. Jg., 1929, S. 263.

18 v. Goßler, Abg. Haus 26. 2. 1910, Sp. 2277. Schücking, op. cit. S. 29ff. Kehr, Die Genesis des königl. preuß. Reserveoffiziers, Die Gesellschaft, 5. Jg., 1928, S. 495.

19 Westarp, Konservative Politik, S. 19.

20 Wiemer (Fortschr. VP), Abg. Haus 14. 10. 1911, Sp. 155.

21 Telegramm des OPen von Westfalen, Prinz Ratibor, am 13. November 1918 an die Reichskanzlei. StA Münster, Zgg 2/51, Nr. 621 (Akten Oberpräsidium), Bl. 16. Zum Verhalten der Beamten in den übrigen Provinzen vgl. Klatt, Ostpreußen, S. 16. Wilhelmus, Räte in Vorpommern, ZfG 1956, S. 494ff. Kiepert, Arbeit des Landrats, S. 50. Lucas, Erinnerungen, S. 121f. Anlauf, Revolution in Niedersachsen, S. 24. Sollmann, Revolution in Köln, S. 17.

22 Michaelis, Für Volk und Staat, S. 399.

23 Hoffmann, Francis Kruse, S. 181.

24 Hohlfeld, Dokumente, Bd. 2, Nr. 172, S. 419.

25 Dominicus, LT 14. 10. 1921, Sp. 3814, Behrend, JbGMO, Bd. 6, 1957, S. 205.

26 Geleitwort von Brauns zur Arbeit von Rudolf Klatt, Ostpreußen unter dem Reichskommissariat.

27 von Braun, von Ostpreußen nach Texas, S. 174.

28 Kiepert, op. cit. S. 57f.

29 Schriftliche Mitteilung vom 29. 7. 1961.

30 Lucas, op. cit. S. 116, 122, 125ff.

31 HA Rep. 77, LRÄ, spec. Nr. 5228 (Minden).

32 RuPrVwbl, 40 Jg., 1919, S. 249ff. Herzfeld, Johannes Popitz, in: Festschrift für Fritz Hartung, S. 345ff.

33 Rede bei der Amtseinführung des RPen Dr. Haslinde in Münster am 17. 10. 1922. Akten Reg. Münster PA Haslinde, Heft 3.

34 Kiepert, op. cit. S. 54. Ähnlich LR von Borries, schriftliche Mitteilung vom 29. 7. 1961.

35 Vgl. z. B. die Memoiren der LRe Kiepert und Lucas.

36 Schreiben des OPen vom 14. 6. 1919. HA Rep. 77, Nr. 149. Schreiben des LR

Schellen an den LK-Verband, AktVbPrLKr. Nr. 539. Bl. 103 ff. Vgl. ferner den Protest des preußischen Staatskommissars vom 12. 8. 1921 gegen kritische Äußerungen mehrerer LRe gegen die Ernährungswirtschaft. HA Rep. 77, LRÄ, spec. Nr. 5665. Aktiven Widerstand gegen die Zwangsbewirtschaftung leistete ein schlesischer LR. LV 17. 11. 1919, Sp. 5965.

37 Der bisherige LR von Blum (Gronau, Reg.-Bez. Hannover) kleidete seinen Abschiedsgruß in folgende Worte: «Gewissenlose Drahtzieher haben durch ihre unverantwortliche Hetze gegen meine Person und durch Verhetzung des weniger einsichtsvollen Teiles der Kreiseingesessenen im Kreise Gronau Verhältnisse geschaffen, unter denen es mir nicht mehr möglich war, die mir obliegenden Dienstgeschäfte unparteiisch zum Wohle des Kreises zu führen. *Nur aus diesem Grunde* (Hervorhebung vom Verfasser) habe ich meine Abberufung beim Herrn Minister d. I. erbeten. . . .» Zeitungsnotiz vom 7. 8. 1919, StA Hann 122 a. 8. 418 a.
LR Bayer schloß seinen Antrag auf Versetzung aus dem Kreise Norden (Reg.-Bez. Aurich) mit folgenden Worten: «Unendlich schweren Herzens, aber ohne jedes Schwanken meinerseits bin ich nach diesen Vorgängen (der LR war von zwei Arbeitern überfallen und mißhandelt worden, außerdem hatten SPD und DDP im neuen KT die Mehrheit erhalten und sogleich den Antrag auf Neubesetzung des LR-Postens gestellt, d. Vf.) zu dem Entschlusse gekommen, um meine Versetzung zu bitten. Bei der hier vorgenommenen Verhetzung und dem planmäßigen Zusammenarbeiten der Demokratie und der Sozialdemokratie, sehe ich ein, daß ein gedeihliches Arbeiten im Interesse des Kreises, dem ich fast fünfundzwanzig Jahre gedient habe, nicht mehr möglich ist.» Schreiben vom 29. 6. 1919. HA Rep. 88 LRÄ, spec. Nr. 4457.

38 Stellungnahme der LRe in den Westprovinzen zur Beamtenbesoldung aus dem Jahre 1928. HA Rep. 77, LRÄ, gen. Nr. 4490.

39 Protest des RRs und früheren LRs in Büren (Reg.-Bez. Minden), Winkelmann, gegen seine Versetzung in den einstweiligen Ruhestand vom 2. 5. 1924. Reg. Münster, PA Winkelmann. Ähnlich begründete Reg.VizeP Dr. Hettlage (Münster) sein Gesuch an das Ministerum um Gewährung einer Beihilfe. Reg. Münster, PA Hettlage, Schreiben vom 29. September 1926.

40 Ermittelt nach den Lebensläufen der LRe in den LR-Akten des HA sowie den Jahresnachweisungen über die Staatsbeamten. StA Münster, Akten Reg. Mü. Nr. 4527.

41 So wurde LR v. Keudell (Eschwege) Präs. der Landwirtschaftskammer für Hessen-Nassau. HA Rep. 77, LRÄ, spec. Nr. 4810. Einzelne LRe, darunter Brügmann (Saarburg), Haniel (Merzig), wechselten zur Privatindustrie über. RHb. I, S. 226, 652.

42 Kreuzzeitung Nr. 126 vom 20. 3. 1919.

43 Hohlfeld, Dokumente, Bd. 2, Nr. 172, S. 419.

44 Kreuzzeitung Nr. 443, 16. 9. 1919.

45 Name und Dienststellung dieses Beamten sind unbekannt. Der Artikel, auf den hier Bezug genommen wird, ist mit v. Stobschütz unterzeichnet, einem Namen, der weder im Staatshb. von 1914, noch in dem von 1918 enthalten ist.

46 Ebd. Nr. 460, 25. 9. 1919.

47 s. o. S. 103 ff.

48 In diesem Sinne äußerten sich mehrere Delegierte auf der Parteikonferenz der SPD am 22./23. 3. 1919. Prot. S. 11 ff. (Mikrofilm aus dem Institut für Sozial- und

Wirtschaftsgeschichte, Heidelberg, den Herr Dr. Dieter Groh dem Verfasser zugänglich machte). Ebenso auf dem Weimarer Parteitag 1919, Prot. S. 11, 145, 183 ff., 210, 222 f.

49 Heine-Manuskript, S. 437 f. Anlauf, Revolution in Niedersachsen, S. 56 f. OP von Groote galt ebenso wie RP Frh. von Dalwigk zu Lichtenfels als Mann von «ausgeprägt katholisch-konservativer Gesinnung». Hoffmann, Dr. Francis Kruse, S. 204.

50 Heine-Manuskript, S. 437 f. Winnig, Heimkehr, S. 219.

51 So z. B. OP von Günther (Schlesien). Prot. der Vorstandssitzung des Breslauer Volksrates vom 18. 1. 1919. HA Rep. 77, Nr. 155.

52 So z. B. Michaelis, Für Volk und Staat, S. 408.

53 Heine-Manuskript, S. 483 f.

54 Winnig, Heimkehr, S. 133, 141, 216 ff.

55 Schreiben Heines an Otto Braun vom 1. 2. 1920. ISG Nl Braun.

56 Varain, Freie Gewerkschaften, S. 174.

57 Severing, op. cit. Bd. 1, S. 281.

58 Schreiben an den Berufsverein höherer Verwaltungsbeamter vom 21. 5. 1920. BA P 135/216.

59 Reichsanzeiger und Preußischer Staatsanzeiger vom 24. 3. 1920, S. 3. Telegramm des OPen in Koblenz an alle RPen der Rheinprovinz vom 20. 3. 1920. StA Koblenz, Abt. 442 (Akten Regierung Trier), Nr. 9414. StM Prot. Auszug vom 22. 3. 1920. BA P 135/216. Die Beurlaubung des RPen von Campe wurde dem OPen in Münster durch ein Telegramm des MdI vom 23. 3. 1920 mitgeteilt. StA Münster, Zgg. 2/51, Nr. 1298.

60 Severing, op. cit. Bd. 1, S. 280.

61 ‹Berliner Tageblatt› Nr. 30, 19. 1. 1921.

62 Schreiben des MdI an Landesdirektor von Redern vom 10. 4. 1920. HA Rep. 77, Nr. 163. Für Ostpreußen: Klatt, Ostpreußen, S. 195. Der Posten des OPräsidialrats in Breslau wurde 1920 neu besetzt. BA P 135/4184.

63 Klatt, op. cit., Anhang, Dok. Nr. 17.

64 StM Prot.-Auszug vom 8. 4. 1920 und Verfügung vom 9. 4. 1920. BA P 135/216. Text des Erlasses auch in den Akten der Regierung Trier. StA Kobl., Abt. 442, Nr. 9614. s. u. Anhang, Dok. Nr. 7.

65 Vgl. Anm. 58.

66 Verordnung des Reichspräsidenten vom 14. 8. 1919, RGbl. 1919, S. 1419.

67 ‹Kreuzzeitung› Nr. 430, 9. 9. 1919.

68 Ebd. und ‹Kreuzzeitung› Nr. 460, 25. 9. 1919.

69 Der Abg. Dr. Everling (DNVP) sprach von einem «Rückzug» der Reichsregierung in der Eidesfrage. ‹Kreuzzeitung› Nr. 616, 19. 12. 1930.

70 GS 1919, S. 93, Rundschreiben des MdI an alle OPen, RPen, die Ministerial-, Militär- und Baukommission und den PPen in Berlin vom 17. 1. 1920 und Allgemeine Verfügung des Landwirtschaftsministerums an alle leitenden Beamten vom 25. 1. 1920. StA Han 122 a (Oberpräsidium) IX, Nr. 16 a.

71 Zs. des Reichsbundes höherer Beamter vom 1. 10. 1919, S. 47.

72 RP Grützner (SPD) über RR Charisius (DNVP) am 17. 10. 1922. Vgl. unten S. 228.

73 DJZ 1928, S. 772 f.

74 GS 1906, S. 378 ff.

75 GS 1881, S. 155 ff.

76 § 13 des Gesetzes vom 10. 8. 1906, GS S. 378 ff.
77 Für die juristische Ausbildung der politischen Beamten, s. u. S. 190 ff.
78 Die Sympathien der höheren Beamten für die DVP betonte der Abg. v. Eynern im LT am 4. 10. 1924, Sp. 24122.
79 Helmuth v. Gerlach berichtet, unter den Beamten des MdI habe sich im November 1918 nur der jüngste Assessor als Mitglied der DDP bekannt. v. Gerlach, Meine Erlebnisse in der preußischen Verwaltung. S. 246.
80 Die der DDP angehörenden RPen Rosencrantz (Gumbinnen), Hausmann (Stralsund), Jänicke (Breslau), Schleusener (Potsdam), Hagemeister (Minden), Pohlmann (Magdeburg) und die OPen Maier (Brandenburg) und Schwander (Hessen-Nassau) waren frühere Bürgermeister und Oberbürgermeister.
81 Heine im ‹Berliner Tageblatt› Nr. 33, am 21. 1. 1921. – Nach Angaben des ‹Vorwärts› Nr. 98 vom 27. 2. 30 stellte die DDP 43 LRe, obwohl sie in keinem preußischen Kreise die Mehrheit errungen hatte. Zeitungsausschnitt im StA Marb. Best. 165, Nr. 5330.
82 Marx, Erinnerungen, S. 5 f. Nachlaß Marx Nr. 1070 XX im Stadtarchiv Köln. Der aus den christlichen Gewerkschaften hervorgegangene Wohlfahrtsminister Hirtsiefer scheint sich aus diesem Grunde direkt an den außenseiterfreundlichen Innenminister Grzesinski gewandt zu haben. Jedenfalls bat Grzesinski in einem Schreiben vom 8. 5. 1927 den Wohlfahrtsminister, dieser möge ihm geeignete Gewerkschaftssekretäre für Posten in der inneren Verwaltung benennen. ISG Nl Grz. Nr. 734.
83 Schreiben der Geschäftsstelle Arnsberg der Zentrumpartei an den MdI vom 22. 8. 1922. HA Rep. 77, LRÄ spec. Nr. 4404. Das politische Komitee der Arbeiter-Zentrumswähler in Arnsberg betonte dagegen, der neue LR müsse Verständnis für die Arbeiterschaft aufbringen und nicht unbedingt Fachmann sein. Resolution vom 4. 9. 1922 a. a. O.
84 Grzimek (DDP), LT 16. 3. 1928, Sp. 24 180 f.; Schmedding (Zentrum), LT 19. 3. 1928, Sp. 25771. Die Verfügung über die Ausgangssperre scheint nicht veröffentlicht worden zu sein. Verweis darauf im MBl. JVw. 1928, S. 89. Daß bei der Sperre politische Erwägungen im Spiel waren, vermutete auch die ‹Deutsche Allgemeine Zeitung› Nr. 59 vom 4. 2. 1928. ISG Nl Grz. Nr. 751
85 Brand, Beamtenrecht, 1. Aufl., S. 66, 554 f. Westarp, Konservative Politik, S. 341 f.
86 So nannte Severing diese Aktion. Lebensweg, Bd. I, S. 352.
87 In diesem Sinne unterrichtete OP Noske am 29. 6. 1922 die nach Hannover beorderten LRe und RPen der Provinz. StA Hann, 122 a. XI. Nr. 76 g. Im gleichen Sinne informierte der Vertreter des OPen der Rheinprovinz die dortigen Regierungspräsidenten am 3. 7. 1922. StA Kobl, Abt. 442 (Akten Regierung Trier), Nr. 9614.
88 Jasper, Schutz der Republik, S. 62 ff.
89 Severing, op. cit., Bd. 1, S. 253. Jasper, op. cit. S. 64.
90 Abberufungsanträge in: BA P. 135/4184.
91 Abberufungsanträge in: HA Rep. 90, Nr. 999.
92 Darunter die LR Roerig (Halle), Weismüller (Daun), Schulze-Pelkum (Hamm), von Frese (Emden). HA Rep. 77, LRÄ, Nr. 5220, 4438, 5612 und 4452.
93 Severing, op. cit. Bd. 1, S. 354. Noske, Erlebtes, S. 291 f. Rheinische Zeitung. Nr. 169, 21. 7. 1922.
94 Severing, op. cit. Bd. 1, S. 351.

95 So begründete Severing am 15. 1. 1923 seinen Antrag auf Abberufung des Reg.-Vize-Präs. von Puttkamer wie folgt: «Die wichtigste Aufgabe der RPen besteht z. Zt. in der Durchführung der Maßnahmen zum Schutz der Republik. Aus diesem Grunde kann die Vertretung des RPen in Stade nur in der Hand eines Beamten liegen, von dem unzweifelhaft feststeht, daß er auch in schwierigsten Lagen mit Energie und Verständnis die zum Schutz der Republik erforderlichen Maßnahmen ergreift. Diese Voraussetzung trifft bei dem Oberregierungsrat von Puttkamer auf Grund langer Beobachtung nicht zu . . .» HA Rep. 90, Nr. 999.

96 Noske, op. cit. S. 291 f. Fin. Min. von Richter sperre sich eine Zeitlang gegen die Ernennung des Arbeitersekretärs Bubert zum LR in Emden, da dieser «in der gehässigsten Weise» gegen RP Tilmann agitiert habe. Schreiben vom 14. 6. 1923. BA P. 135/4184.

97 Die Nachricht, daß die LRe Graf Westfalen (Münster) und Graf Spee (Borken) abberufen werden sollten, erwies sich als anzutreffend. HA Rep. 77, LRÄ, spec. Nr. 5254, 5248.

Teil II: Integration der Beamten oder Distanz zur Republik? (1919–1932)

1. Bracher: Titel fehlt noch

1 Vgl. Theodor Geiger, Die soziale Schichtung des deutschen Volkes, Stuttgart 1932, S. 106 ff.; K. D. Bracher, Auflösung, S. 168 ff.

3. Hoffmann: Gewerkschaft, SPD und Berufsbeamtentum

2 Remmers, VDN, 72. Sitzung, 1. 8. 1919, Bd. 329, S. 2221. – Rede von Falkenberg auf der Tagung des Reichsbeamtenbeirats 1921, D. fr. B., 2. Jg., Nr. 47, 19. 11. 1921.

3 Remmers, a. a. O., S. 11 und S. 22 f und S. 34.

4 Albert Falkenberg, Die Zukunftsarbeit der deutschen Beamtenverbände, in: Beamten-Jahrbuch, 1. Jg., H. 3/4, 1914, S. 66.

5 Edmund Flügel, Die wirtschaftspolitische Organisation der deutschen Beamten, in: Beamten-Jahrbuch, 3. Jg., H. 1/2, 1916, S. 2.

6 Falkenberg, Zukunftsarbeit, a. a. O., S. 69.

7 BA R 2/1292. Gedruckter «Sitzungsbericht über den außerordentlichen Verbandstag des Verbandes deutscher Beamtenvereine» (einem Konkurrenzunternehmen zum Interessenverband, in letzterem waren mehr untere, im ersteren mehr obere Beamte organisiert), verhandelt am 9. 2. 1918 im Reichstagsgebäude. Vorsitzender ist der Direktor im RAdI, a. D., Just., Stellvertretender Vorsitzender ist Ministerialdirektor Dammann.

8 Remmers, a. a. O., S. 31 f.

9 Remmers, a. a. O., S. 57.

10 BA R 43I/2630 Mitteilung an die Reichskanzlei im Jan. 1920.

11 BA R 43I/2630 Schreiben des «Bund höherer Beamter» an Reichskanzlei 20. 5. 1919, derselbe, Denkschrift über die Stellung des B. h. B. zum Rätesystem 20. 8. 1919, selbe Akte, und Präsident des Pr. Staatsmin., 10. 6. 1920 an Rk in: BA R 43I/2631.

12 DZA RMdI Nr. 2744, Schreiben des RMdI an Alav (Arbeitsgemeinschaft der Landesverbände im DBB), 5. 8. 1920.

13 DZA Rt Nr. 1603, Schreiben des B. h. B. an den 23. Ausschuß, 26. 3. 1921,

Vorsitzender des Zentralausschusses ist Studienrat Thiele.

14 DZA Rt Nr. 1603, Der Vorstand des B. h. B., Thiele, an den 23. Ausschuß, 23. 6. 1921. – BA R 43I/2631 «Zentralausschuß der höheren Beamten Deutschlands» an RMdI, 30. 6. 1921. – Späterer Vorsitzender wurde Seibert, DVP.

15 «Zentralarbeitsgemeinschaft f. B.» Vorwärts, Nr. 385, 30. 7. 1919.

16 Protokoll über die Verhandlungen des Parteitages der Sozialdemokratischen Partei Deutschlands, abgehalten in Görlitz v. 18.–24. 9. 1921, S. 25.

17 DZA Büro Rprä., Nr. 143, Allgemeiner Deutscher Beamtenbund zeigt dem Rpräs. seine Gründung als gewerkschaftl. Spitzenorg. an und bittet, zu allen Verhandlungen in Beamtenfragen hinzugezogen zu werden, 28. 6. 1922.

18 DZA Rk. f. ö.O., Nr. 194, Abschrift aus dem Stako-Lagebericht, 20. 7. 1922.

19 D. fr. B., 3. Jg., Nr. 9, 4. 3. 1922 und Nr. 13, 1. 4. 1922.

20 D. fr. B., 3. Jg., Nr. 25, 24. 6. 1922

21 Dt. Allg. Zeitung, Nr. 299, 14. 7. 1922.

22 D. fr. B., 3. Jg., Nr. 27, 15. 7. 1922.

23 D. fr. B., 3. Jg., Nr. 31, 12. 8. 1922.

4. Jasper: Die gescheiterte politische Bildung

24 Vgl. Vergangenheit und Gegenwart 13 (1923), S. 142ff.; 16 (1926), S. 86f.; *Giese*, a. a. O., S. 42 und nicht zuletzt *Hitler*, a. a. O., S. 464ff. und 470ff.

25 Schreiben des bayerischen Unterrichtsministeriums an das Reichsinnenministerium vom 9. 8. 1922 abschriftlich mit Schreiben des bayerischen Gesandten in Stuttgart an das württembergische Staatsministerium gesandt am 19. 8. 1922 (WStA E 131 N 9 Bd. I).

26 Protokolle des württembergischen Landtages vom 10. 10. 1922, S. 3875.

27 Für Sachsen EGK 1922, S. 86; für Braunschweig Brief der DNVP-Geschäftsstelle an den Grafen Westarp vom 9. 9. 1922 (Westarp-Nachlaß); für Thüringen *Witzmann*, a. a. O., S. 70 und 84ff. Allgemein zu den Maßnahmen in den Ländern Staatsbürgerliche Bildung, a. a. O., S. 22ff.

28 Ebd., S. 60.

29 Sten. Ber. 392, S. 9709.

30 Amtsblatt des württembergischen Ministeriums des Kirchen- und Schulwesens Jahrgang 1924, S. 193.

31 Vgl. oben S. 235f.

32 Bericht des württembergischen Reichsratsbevollmächtigten vom 7. 4. 1924 (WStA E 131 W 1/3 [1924]). Einen ähnlichen Antrag stellten 1929/30 die Deutschnationalen und die Kommunisten im Reichstag. Sten. Ber. 442, Nr. 2134 und 2113, abgelehnt ebd. 428, S. 5748.

33 Ebd. 414, Nr. 3095 II b Ziffer 3; 393, S. 1057. Antwort des Reichsinnenministers ebd. 420, Nr. 3847. Der deutschnationale Abgeordnete Spuler hatte im Gegensatz zu diesen Forderungen nach dem Muster eines «etwas chauvinistischen» französischen Schulbuches ein Unterrichtswerk verlangt, das «die Aufgabe, das Volk in seiner Einstellung zum eigenen Staat geschlossen national zu machen», erfülle. Sten. Ber. 395, S. 13 697.

34 Typisch für diese Konzeption das Vorwort von Kultusminister Becker zu der von der Deutschen Hochschule für Politik veröffentlichten Vortragsreihe über den politischen Erziehungsfaktor in den einzelnen Fächern angefangen vom Deutsch- und Geschichtsunterricht bis hin zur Mathematik, Physik und Biologie. Gedruckt unter dem Titel: «Politische Propädeutik als Erziehungsfaktor» hrsg. von *J.*

Strunz. Leipzig-Berlin 1930. Die gleiche Tendenz wurde auch schon auf dem Fortbildungskursus des Zentralinstitutes für Erziehung und Unterricht 1923 deutlich. Vgl. *Lampe-Franke*, a. a. O., Siehe auch *Schwartz*, a. a. O., S. 729 und *Brauchitsch*, a. a. O., Bd. 6, I. Berlin 1933, S. 57.

35 Vgl. dazu Vergangenheit und Gegenwart 12 (1922), S. 59 und 69; 16 (1926), S. 86 und 398 und öfters.

36 Dazu *E. Weniger*, Politische und staatsbürgerliche Erziehung, Würzburg 1954, S. 23 f. und 30.

37 Vgl. dazu besonders *H. Herzfeld*, Staat und Nation in der deutschen Geschichtsschreibung der Weimarer Zeit, in: Veritas, Justitia, Libertas – Festschrift zur 200-Jahr-Feier der Columbia University New York, Berlin 1954, S. 136 und 142, ferner *Eschenberg*, Demokratie, S. 45. Diese Situation gibt zugleich eine gewisse Rechtfertigung im politischen Bereich für jene oben kritisierte Betonung des Juristischen bei der Staatsbürgerlehrerbildung.

38 Staatsbürgerliche Bildung, a. a. O., S. 84 f.

39 Ebd., S. 28 und 49. Zur Kritik an Haenischs Erlaß statt vieler *Spranger*, a. a. O., S. 93. Vgl. ferner *Ellwein*, a. a. O., S. 10.

40 a. a. O., S. 332.

5. Runge: Die neue Oberklasse

41 GS 1924, S. 73. Tobollik, Beamtenwartestand, S. 215 f.

42 Tobollik, op. cit. S. 219. Jede Partei, deren Mitglieder vom Abbau betroffen waren, beschuldigte das StM, es habe nach politischen Gesichtspunkten ausgewählt. Noske, Erlebtes, S. 312 f. – In einer Kleinen Anfrage vom 1. 4. 1924 bezeichnete die LT-Fraktion der DNVP den Abbau von sechs höheren Beamten bei der Regierung in Schleswig, die sämtlich ihrer Partei angehörten oder nahestanden, als eine «rein politische Maßnahme, die ihre Spitze gegen die DNVP richtet und scheinbar in krassem Widerspruch zu § 21 der preuß. Personal-Abbau-VO steht». LT 1. Wp., Ds. Bd. 13, Nr. 7684 A.

43 RP Bolck (Königsberg). Vgl. ‹Vorwärts› Nr. 36 vom 13. 2. 1924.

44 Brief Severings an Gymnasialdirektor Trittel (Nordhausen) vom 26. 6. 1924. SPD-Archiv, NI Severing, Ordner 1924.

45 Einschließlich der Einsetzungen unter Dominicus.

46 Diese Zahl umfaßt die Einsetzungen in sieben von zwölf preuß. Provinzen (Ostpreußen, Pommern, Brandenburg, Grenzmark, Hessen-Nassau, Westfalen, Rheinprovinz).

47 Vgl. ISG Nl Grz. Nr. 741.

48 Behrend, op. cit. JbGMO, Bd. 6, S. 201.

49 Errechnet nach den Angaben in den Akten des MdI.

50 Errechnet nach den Jahrgängen 1918, 1922, 1926, 1930 des Handbuches für den preußischen Staat.

51 v. Kleist-Schmenzin, Adel und Preußentum, Süddeutsche Monatshefte, 23. Jg., 1925, S. 379. Görlitz, op. cit. S. 330, 350.

52 Soweit keine Ernennungsvorschläge aus der Zeit vor 1918 greifbar waren, wurden biographische Nachschlagewerke herangezogen. Personalakten waren dem Verfasser nur in beschränktem Umfange zugänglich. Bei adeligen Beamten wurde vermutet, daß ihre Väter Offiziere, Beamte oder Grundbesitzer gewesen waren. Als Väter von Partei- und Gewerkschaftssekretären wurden Arbeiter oder Handwerker angenommen.

53 Für die Laufbahnen der Landräte von 1928 vgl. ‹Tägliche Rundschau›, 4. 2. 1928, ISG Nl Grz. N. 51.

54 Kuttner (SPD) LT 3. 3. 1928, Sp. 24770 f. Kuttner stützte sich auf eine Statistik des Reichsverbandes deutscher Referendare. Von den Vätern der Jurastudenten waren 1930 19,6 % höhere Beamte und Offiziere, 25,1 % mittlere Beamte, 2 % untere Beamte, 25,9 % Handel- und Gewerbetreibende, 1,6 % Arbeiter. Tietgens, Der akademische Nachwuchs der Beamtenschaft als gesellschaftliches Problem. Der Beamte, 3. Jg., 1931, S. 187. Ähnliche Zahlen bei: Anna Siemsen, Die Studentenschaft und die sozialistische Bewegung. Sozialistische Monatshefte, Bd. 70, 1930, S. 42.
Nach den Angaben Kuttners (s. o.) waren 30,5 % der Referendare Söhne von höheren, und mittleren Beamten, 20 % hatten Kaufleute oder Gewerbetreibende zu Vätern.

55 Nach der Berufsstatistik von 1925 betrug der Anteil der Arbeiter an der Bevölkerung Preußens 44,7 %, an der des Reiches 42,6 %. Stat. Jb. f. f. Dt. Reich, 1927, S. 24.

56 Eschenburg, Ämterpatronage, S. 20.

57 Errechnet nach den ‹Kösener Korpslisten›. Unter den LRen in den Ostprovinzen hat Behrend einen höheren Anteil von Korportierten, nämlich 35 % festgestellt. Op. cit. S. 201.

58 Schriftliche Mitteilung vom Statistischen Amt des C. V. vom 11. 4. 63.

59 ISG Nl Grz. Nr. 741. Staatsrat 10. 12. 1926, Sp. 799. Ähnliche Zahlen für 1925 bei Behrend, op. cit., S. 204.

60 Stat. Jb. f. d. Dt. Reich, 1927, S. 9.

61 S. o. S. 37.

62 Stat. Jb. f. d. Dt. Reich, 1927, S. 7.

63 S. o. S. 37.

64 Popitz, Reformvorschläge, DJZ, 1928, S. 18.

65 Die Daten der folgenden Seiten sind einer Zusammenstellung Grzesinskis (ISG Nl Nr. 741), seinen Angaben vor dem Preußischen Staatsrat am 10. 12. 1926 (Berichte, Sp. 799) und einer Tabelle des Ministerialdirektors Schütze vom 19. 9. 1936 (HA Rep. 77, LRÄ, spec. Nr. 5943) entnommen.

66 Vgl. Anm. 65.

67 Hintze, Beamtenstand, S. 47.

68 Vgl. Anm. 64.

69 Vgl. die Korrespondenzen zur Frage der Ausbildungsreform im Nl Drews. BA Nl Drews Nr. 52.

70 Zusammengestellt nach Angaben Heines in der LV am 16. 12. 1919, Sp. 4801, des Abg. Hirsch (SPD) im LT am 13. 10. 1925, Sp. 4240 und Tabellen im Nl Grz. Nr. 738, teilweise veröffentlicht bei Pikart, VjhfZG, 6. Jg., 1958, S. 124. Liste über die Parteizugehörigkeit der Landräte in den Akten des Deutschen Gemeindetages, BA R 36. Grzesinski, Das Beamtentum im neuen Staate, S. 13. Behrend, op. cit. S. 203.
Die Angaben in den Tabellen sind nach den zur Verfügung stehenden Personalunterlagen (Ernennungsvorschläge, Nachschlagewerke usw.) ergänzt oder berichtigt worden. Die Zahlen der deutschnationalen, volksparteilichen und parteilosen Beamten können keinen Anspruch auf völlige Exaktheit erheben. Soweit das vorliegende Material keinen direkten Aufschluß über die Parteizugehörigkeit gab, wurde wie folgt verfahren: bei den Reg. Ass., die bereits vor 1918 LR geworden

waren oder die unmittelbar nach dem 20. Juli 1932 in leitende Verwaltungsposten aufrückten, wurde vermutet, daß sie der DNVP am nächsten standen, soweit sich nicht aus den Quellen etwas anderes ergab. Da die Verbundenheit eines Beamten mit einer der Koalitionsparteien (SPD, Z, DDP) dem Ministerium meist bekannt war und daher in der Regel auch aktenkundig wurde, dürfte es sich bei den nach 1918 zu LRen usw. ernannten Beamten unbekannter politischer Herkunft ebenfalls um Anhänger der DVP oder DNVP gehandelt haben. Vgl. dazu die Äußerungen des Abg. Hirsch (SPD). LT 13. 10. 1925, Sp. 4240. Mangels ausreichender biographischer Unterlagen muß auf eine Zuordnung der letzteren jedoch verzichtet werden.

71 Grzesinski, Beamtentum im neuen Staate, S. 13. Behrend, op. cit. S. 203. Eine genauere Aufteilung der restlichen 154 Beamten in Deutschnationale und Parteilose wäre nur bei einer Durchsicht der Akten sämtlicher preußischer Landratsämter möglich gewesen. Nach den Untersuchungen Behrends waren in Brandenburg, Ostpreußen, Pommern und der Grenzmark 18 deutschnationale Landräte tätig. Diese Zahl bezieht sich aber auf kein Stichjahr, sondern auf die gesamte Untersuchungsperiode. Sie dürfte zudem nur diejenigen Landräte umfassen, deren Zugehörigkeit zur DNVP sich unmittelbar aus den Akten ergab.

72 Festgestellt an Beispielen der OPen und RPen für das Schuljahr 1928/29.

73 1930 wich das StM von dieser Regel ab, als mit Dr. Falck ein Angehöriger der DDP in Sachsen OP wurde. Im Austausch dafür übernahm ein sozialdemokratischer OP die Provinz Hessen-Nassau.

74 So etwa der LR Goedecke in Siegen, der zu seinem sozialdemokratischen Reg. Ass. ein «ausgezeichnetes Verhältnis» besaß. Aufzeichnungen über ein Gespräch G.s mit Oberpräsident Gronowski vom 16. 4. 1931. StA Münster, Zgg 2/51, Nr. 107. Auch dem LR des Kreises Königsberg (Ostpreußen) und dem LR in Marburg waren Assessoren zugeteilt, die dem Zentrum angehörten. Severing, Lebensweg, Bd. 1, S. 287 und Schreiben des Abg. Grzimek vom 20. 8. 1926. HA Rep. 77, LRÄ, spec. Nr. 4845.

75 Sauer-Bracher-Schulz, Machtergreifung, S. 483. Schulz zitiert Gustav Radbruch, der als Reichsjustizminister die Geschworenenbank im «Staatsgerichtshof zum Schutze der Republik» in dieser Weise besetzt hatte. Radbruch, Der innere Weg, S. 163.

76 Axel v. Harnack, Ernst von Harnack, S. 35.

77 Pünder, Politik in der Reichskanzlei, S. 86, 140. Stockhausen, Sechs Jahre Reichskanzlei, passim.

78 Kiepert, op. cit. S. 62 ff.

79 Severing, op. cit. Bd. 2, S. 34.

80 So z. B. LR Schulze-Pelkum in Hamm, der bereits im Frühjahr 1919 die Neubesetzung des Oberpräsidiums in Münster zum Anlaß einer Glosse nahm, in der er Severing als eitel und unfähig bezeichnete. HA Rep. 77, LRÄ, spec. Nr. 4438. Ähnlich äußerte sich LR von Bismarck über die preußische Regierung.

81 Diese Formulierung ist im Ernennungsvorschlag Severings für LR Tapolski (Düsseldorf-Mettmann) vom 7. 8. 1931 enthalten. T., der bis 1929 der DNVP und später der Volkskonservativen Vereinigung angehörte, war einer der wenigen Beamten, die der ‹Vorwärts› wegen ihrer Sachkenntnis ausdrücklich lobte. HA Rep. 77, LRÄ, spec. Nr. 4574. ‹Vorwärts› Nr. 543, 19. 11. 1929.

82 So z. B. die LR v. Stockhausen (Lüdinghausen) und Gerbaulet (Warendorf). Bericht Gerbaulets Stockhausen, Sechs Jahre Reichskanzlei, S. 253 vom 21. 9.

1922. HA Rep. 77, LRÄ, spec. Nr. 5265.
Zum konservativen Flügel des Zentrums sind ferner zu rechnen: LR Jansen (Brilon). Bericht des RPen vom 10. 9. 1935, a. a. O. Nr. 4408. LR Frh. von Droste zu Hülshoff (Höxter). Personalfragebogen der NS-Kreisleitung vom Frühjahr 1933, a. a. O. Nr. 5225. LR Winkelmann (Büren) und sein Nachfolger, Frh. von Solemacher-Antweiler. Berichte des RPen vom 22. 12. 1919 und des OPen vom 16. 5. 1933, ebda. Nr. 5217. LR Groener (Neuß, später Warendorf). LR v. Breitenbach (Limburg), ebda., wahrscheinlich auch LR v. Gagern (Fulda), der Sohn eines Generals und Vetter Papens. Schreiben des NS-Gauleiters für Kurhessen an das MdI, 8. 5. 1933, HA Rep. 77, LRÄ, spec. Nr. 4819. Zum linken Flügel des Zentrums dürften zu rechnen sein: LR Klausener (Recklinghausen) und RP Amelunxen (Münster). Adolph, Erich Klausener, S. 62 f. Köhler, Rudolf Amelunxen, S. 11 ff.

83 Stockhausen, Reichskanzlei, S. 131. In den gleichen Bahnen bewegen sich die Gedanken Franz v. Papens, dessen Tochter mit Stockhausen verheiratet war. Papen, Der Wahrheit eine Gasse, S. 118 ff.

84 Dies gilt z. B. für LR Klausner (Höchst, später Dortmund), den der scheidende LR Overweg (Dortmund) als Nachfolger empfahl, weil dieser «gerade in Industriekreisen Beziehungen und einen guten Ruf» habe. Schreiben an den Personalreferenten v. Braun vom 27. 8. 1919. Zur intimen Zusammenarbeit Klausners mit dem Generaldirektor Battig, der die geplante Umgemeindung seiner Kohlenzeche nach Herne verhindern wollte, da er steuerliche Mehrbelastungen fürchtete, vgl. ‹Herner Volkszeitung› Nr. 143, 22. 6. 1927. HA Rep. 77, LRÄ, spec. Nr. 4410, 4411. Dem Unternehmerflügel der DVP dürften ferner zuzurechnen sein: LR Friedrich (Hattingen, später Düsseldorf-Mettmann), der Sohn eines Direktors der Rheinischen Stahlwerke AG, Essen. RHB Bd. 1, S. 491. LR v. Beckerath (Düsseldorf), der Sohn eines Krefelder Fabrikanten. HA Rep. 77, LRÄ, spec. Nr. 4572. LR Schmid (Hanau), der spätere Beigeordnete in Düsseldorf und Staatssekretär im Ministerium für die besetzten Gebiete. RHb Bd. 2, S. 1651. Severing, op. cit. Bd. 2, S. 227. LR Lucas (Solingen), Sohn eines Fabrikanten aus Elberfeld. HA Rep. 77, LRÄ, spec. Nr. 4613. RP Brandt (Koblenz, früher LR in Essen), Sohn eines Kölner Kommerzienrates, s. o. S. 161 f.

85 «Die Mehrzahl der alten Beamten, die Parteien beitraten, wurden Mitglieder der DVP, auch soweit sie tatsächlich weiter rechts standen», Schreiben von Staatssekr. a. D. Arnold Brecht vom 25. 8. 1959.

86 Braun, Von Weimar zu Hitler, S. 164.

87 So Senatspräsident a. D. Frh. Raitz von Frentz, der 1919 bis 1933 als LR in Lippstadt (Reg. Bez. Arnsberg) amtierte: «Was meine persönliche politische Stellung betrifft, gehörte ich keiner Partei an und war auch politisch, wie die meisten früheren Verwaltungsbeamten nicht hervorgetreten, als mir im Oktober 1919 zunächst die vertretungsweise und dann die kommissarische Verwaltung des Kreises Lippstadt übertragen wurde . . .» Schreiben vom 23. 8. 1961. Auch Arnold Brecht berichtet, viele Beamte hätten sich gescheut, Parteien offiziell beizutreten. Vgl. Anm. 131.

88 So z. B. LR Dr. Knoll (Rheinbach) – Bericht des RP vom 25. 8. 1928, HA Rep. 77, LRÄ, spec. Nr. 4920 und RP Graf Merveldt (Münster) – ‹Westf. Volksblatt› Nr. 180, 7. 8. 1922.

89 So z. B. RP Amelunxen, der häufig für die ‹Kölnische Volkszeitung› und den ‹Münsterschen Anzeiger› schrieb und außerdem im Verlag des ‹Volksvereins für

das Katholische Deutschland› eine Anzahl von Schriften veröffentlicht hatte. ‹Münsterscher Anzeiger›, Nr. 613, 7. 7. 26, Regierung Münster, PA Amelunxen.

90 Kennzeichnend für die Beständigkeit der Verwaltungsnormen und -institutionen sind die gegenüber der Zeit vor 1918 kaum veränderten Neuauflagen des Handbuches der Verfassung und Verwaltung von Graf Hue de Grais, der von Max von Brauchitsch begründeten Sammlung der preußischen Verwaltungsgesetze oder des Lehrbuches von Otto Mayer, der 1924 im Vorwort zur 3. Auflage schrieb, er habe nur wenig nachzutragen müssen, denn «Verfassungsrecht vergeht, Verwaltungsrecht besteht». Vgl. Muth, Die verfassungsgeschichtlichen Grundlagen des totalen Staates, GWU, Jg. 1, 1950, S. 449. Bracher, Auflösung, S. 183.

91 Ronneberger, Verwaltungshandeln in der entwickelten Industriegesellschaft, Der Staat, 2. Jg. 1963, S. 143 Ronneberger bezeichnet diese Einstellung als «staatskonservativ».

92 Radbruch, Der innere Weg, S. 143.

93 So z. B. Frh. v. Braun über August Winnig, Von Ostpreußen nach Texas, S. 181. Ähnlich: Staatssekretär Meister über Severing, op. cit. Bd. 2, S. 96.

94 Carl Schmitt, Hugo Preuß in der deutschen Staatsrechtslehre. ‹Neue Rundschau› 1930. 41. Jg., S. 289. Ebenso: Rudolf von Laun, Der Staatsrechtslehrer und die Politik, AÖR, Bd. 43, 1922, S. 195.

95 Brecht, Vorspiel zum Schweigen, S. 20.

96 Pünder, Politik in der Reichskanzlei, S. 196.

97 Rede vom 12. 4. 1929. ISG Nl Grz. Nr. 2143.

98 Als etwa die Fabrikanten des Kreises Schmalkalden im November 1923 dem LR Schubert (SPD) vorwarfen, er habe auf die Nachricht von der Bildung proletarischer Hundertschaften nichts unternommen, ergab sich, daß der LR diese Meldungen für ein Gerücht gehalten und mit Rücksicht auf die Stimmung unter den Arbeitern es abgelehnt hatte, der Forderung der Unternehmer nachzugeben und Reichswehrtruppen herbeizurufen. Der LR hatte aber sogleich Maßnahmen anderer Art getroffen, um der kommunistischen Bewegung Herr zu werden. Jedenfalls ließ sich der Vorwurf, Schubert habe nur aus parteipolitischer Voreingenommenheit gehandelt, nicht aufrechterhalten. RP Springorum führte die Beschwerde auf die Animosität der Unternehmer zurück. Berichte des politischen Referenten der Regierung Kassel vom 24. 11. 1923, des RPen vom 14. 3. 1924 und des LRs vom 24. 11. 1923. HA Rep. 77, LRÄ, spec. Nr. 4860.

99 Kiepert, Arbeit des Landrats, Einleitung. Lucas, Erinnerungen, S. 116.

100 Schreiben Roses an das MdI vom 15. 3. 1933. StA Hann, 122 a, VIII, 300 g. Severing, op. cit. Bd. 2, S. 74.

101 Noske, Erlebtes, S. 292. Ähnlich schätzte Severing den RPen Springorum (DVP) als einen «sehr loyalen Beamten». Schreiben an Otto Braun vom 28. 7. 1925. SPD-Archiv Bonn, Nl Severing, Ordner 1925. Vgl. auch das Urteil Severings über LR Tapolski sowie über die Beamten des MdI, op. cit. Bd. 2, S. 10.

102 Vgl. Anm. 99.

103 In diesem Sinne kennzeichneten Gerber (Staatsrechtslehrertagung, Bericht S. 28) und v. Harnack (Praxis der Öffentlichen Verwaltung, S. 242) die Aufgaben des leitenden Beamten. Ähnlich Drews: «Ein Beamter im Amt darf, auch wenn er die politische Überzeugung des betr. Ministers . . . nicht teilt, sich durch diese gegenteilige Meinung auch nicht in einem Tipfelchen beeinflussen lassen. . . . Der Beamte, der das nicht tut, handelt pflichtwidrig. Es handelt sich nicht bloß um aktives Zuwiderhandeln, sondern . . . darum, daß man nicht durch versteckte

passive Resistenz die Ausführung der Regierungsabsichten erschwert oder sich davon abhalten läßt, die Ausführung genau so zu machen, wie sie ihm aufgetragen ist. . . .» Rede auf der Tagung des Deutschen Beamtenbundes, Oktober 1926. BA Nl Drews, Nr. 146, 83.

104 Ein Beispiel «loyaler Gesinnung» gab der deutschnationale LR von Trott zu Solz, als er am 5. 7. 1922 vor dem Kreistag in Schlüchtern erklärte: «Meine Herren! Wir leben nach diesem furchtbaren Ereignis (gemeint ist der Mord an Rathenau, d. Vf.) in einem Ausnahmezustand. Es sind Verordnungen ergangen, die z. Zt. wichtige Paragraphen der Reichsverfassung außer Kraft setzen. Die Verordnungen sind in der Ausführung begriffen. Der OP hat vor einigen Tagen Veranlassung genommen, die LRe auf die strenge Ausführung dieser Verordnungen hinzuweisen . . . Es ist kein Widerspruch erfolgt, und es ist notwendig, daß der Wille, der sich im Verbrechen kund tut, beseitigt wird. Darin werden alle Deutschen, mögen sie rechts oder links stehen, einig sein müssen. Wir verurteilen die, die unser Vaterland in diese Notlage gebracht haben. Wir wollen alle zusammenarbeiten, daß wir herauskommen aus dem Unglück, in das wir gestürzt worden sind. Wir wollen besonders hier im Kreise daran arbeiten und wollen uns nicht gegenseitig bekämpfen . . .» KT Prot.Auszug vom 5. 7. 1922. StA Marb, Best. 165, Nr. 1185, vol. 1.

105 Zum Versagen der LRe bei der politischen Berichterstattung vgl. Schreiben des OPen Haas an den RPen in Kassel vom 3. 8. 1930 und die wiederholten Anweisungen des RPen an die LRe vom 15. 8., 20. 8., 3. 9. und 16. 11. 1930. Ferner das Schreiben des RP an den MdI vom 19. 12. 1930 betr. Organisation der politischen Polizei. StA Marb, Best. 165, Nr. 3838.

106 So erklärte LR Rabe von Pappenheim (Kassel) auf einer LR-Konferenz vom 26. 3. 1930, er halte es für ausgeschlossen, daß sich die NSDAP auf dem Lande zu einer großen Gefahr auswachsen werde. Dasselbe gelte für die KPD. Den besten Schutz stellten die Organisationen der Arbeiter und Angestellten dar. Repressivmaßnahmen könnten nur Märtyrer schaffen. Von anderen LRen wurde dagegen die Gefahr der NSDAP wesentlich ernster genommen. StA Marb, Best. 165, Nr. 3815.

107 Reg. Rat Kreuter auf einer Besprechung vom 16. 7. 1930. StA Marb, Best. Nr. 165, Nr. 3838.

108 Steuer (DNVP) LT 16. 2. 1928, Sp. 24 257 ff.

109 Friedensburg, Kasseler Jahre, in: Dülfer, op. cit. S. 426.

110 v. Harnack, Öffentliche Verwaltung, Vorwort S. 4.

111 Rede bei der Amtseinführung des LRs Schenking. Nach einem Bericht der ‹Münsterschen Zeitung›, Nr. 1302, 17. 12. 1927. Reg. Münster PA Schenking.

112 Friedensburg, Kasseler Jahre, in: Dülfer, Die Regierung in Kassel, S. 426. v. Harnack, op. cit. S. 37 ff.

Teil III: Wo blieb das aktive Eintreten . . . .

Die Anmerkungen der nachfolgenden Beiträge wurden unverändert den im Quellenverzeichnis angeführten Werken entnommen.

1. Bracher: Die enthaltsame Bürokratie

1 Auch die Untersuchung von Hans Maus, Die soziologischen Formkräfte und Auswirkungen der deutschen Bürokratie als Sozialgebilde, Diss. Heidelberg 1950 (ungedr.), bleibt im wesentlichen bei einer allgemeinen Begriffsbildung stehen.

Vgl. die Übersicht bei Köttgen, Die Entwicklung des deutschen Beamtenrechts (Anm. II/17), S. 1 ff. Über den Begriff der Bürokratie jetzt Arnold Brecht, «How Bureaucracies Develop and Function», in: The Annals of the American Academy of Political and Social Science 292, March 1954, S. 1 ff. Der ganze Band (Bureaucracy and Democratic Government) ist für eine vergleichende Betrachtung wichtig.

2 Zu den Schwierigkeiten seiner Bestimmung und Abgrenzung gegenüber jenen anderen politischen Elementen des parlamentarischen Staates, zu denen er in einem teilweise beabsichtigten Spannungsverhältnis steht, vgl. Köttgen, Berufsbeamtentum (Anm. II/10), S. 139 ff.

3 Vgl. Oskar Aust, Die Reform der öffentlichen Verwaltung in Deutschland, Berlin 1928, S. 142 ff., sowie die Beobachtungen von Arnold Brecht, Das deutsche Beamtentum von heute (Deutsche Gesellschaft für Personalwesen e. V.), 1951, S. 28 über die politische Wirkung der Brüningschen Gehaltskürzungen. Ferner Köttgen, «Beamtenrecht» (Anm. II/17), S. 2 ff.; S. 6 ff., und ders., «Beamtenrecht und Arbeitsrecht», in: Mitteilungen des Jenaer Instituts für Wirtschaftsrecht 16 (November 1928), S. 7 ff. zu den geschichtlichen und soziologischen Aspekten der «patriarchalischen», auf eine korporativ-ständische Ordnung hin tendierenden Sonderstellung des Beamtentums gegenüber den übrigen Arbeitnehmergruppen; besonders auch zu den juristischen Abgrenzungsfragen gegenüber den Angestellten und zur Verschiedenheit der deutschen von den englischen Verhältnissen. Vgl. auch Max Weber, Wirtschaft und Gesellschaft (Anm. II/13), S. 654 f., zur Bedeutung der «Lebenslänglichkeit des Gehalts» und der «Laufbahn». Es ist übrigens bezeichnend für die Wichtigkeit der hier versuchten Betrachtungsweise, daß die Staatsrechtslehrertagung vom Oktober 1931 zwar das Beamtenrecht zum Gegenstand ihrer Diskussion hatte, im Grunde aber fast unversehens das Verhältnis des Beamten zur Politik in den Mittelpunkt rückte.

4 Dazu: Deutsche Berufskunde, Ein Querschnitt durch die Berufe und Arbeitskreise der Gegenwart, hrsgg. von Otto Heinrich v. d. Gablentz und Carl Mennicke, Leipzig 1930, S. 400 ff. (mit Bemerkungen zur regionalen Differenzierung des Begriffs und Typus des Beamten); S. 426 ff.

5 Franz L. Neumann (Anm. I/32), S. 370 u. a.

6 Vgl. auch Otto Heinrich v. d. Gablentz, «Industriebürokratie», in: Schmollers Jahrbuch 50 (1926). S. 44 ff.; Aust (Anm. VII/3), S. 95 ff.

7 Vgl. Erwin Kleinstück, Vom Wesen des deutschen Beamtentums (Einzelschriften zur Politik und Wirtschaft, 7), Berlin 1927, S. 19.

8 1927 betrugen allein die persönlichen Verwaltungskosten (in RM) pro Kopf der Bevölkerung in:

Preußen	39	Baden	53	
Bayern	54	Hamburg	141	
Hessen	64	Bremen	115	usw.
Württemberg	50			

Nach J. Kreppel, Handwörterbuch für Politik und Wirtschaft der Gegenwart, Bd. I, Wien 1930, S. 515 f., der nachweist, daß in Frankreich die Bürokratisierung noch weiter fortgeschritten war.

9 Die schärfste Kritik kommt von liberaler Seite: vgl. besonders Ludwig v. Mises, Bureaucracy, New Haven 1944.

10 Vgl. auch Robert K. Merton, «Bureaucratic Structure and Personality», in: Social Forces 18 (1940), S. 560 ff. (auch in: Reader in Bureaucracy, ed. by Robert K.

Merton et alii, Glancoe [III.] 1952, S. 361 ff.). Schon Max Weber, Wirtschaft und Gesellschaft (Anm. II/13), II, S. 661 ff., hat darauf hingewiesen, wie sehr gerade bürokratische Organisation und Perfektionsideale des modernen kapitalistischen Wirtschaftsverkehrs mit ihrer Forderung nach beschleunigter, präziser kontinuierlicher Erledigung der Amtsgeschäfte die Entwicklung einer straffen, spezialisierten bürokratischen Organisation des Staates beeinflußt und bedingt haben. Zum Begriff schon Joseph Olszewski, Bürokratie, Würzburg 1904, S. 70.

11 Vgl. Max Weber, Wirtschaft und Gesellschaft (Anm. II/13), II, S. 650 ff.; Franz L. Neumann (Anm. I/32), S. 368; ders., «Approaches to the Study of Political Powers», in: Political Science Quarterly 65 (1950), S. 161 ff.

12 Max Weber, Wirtschaft und Gesellschaft (Anm. II/13), II, S. 652; S. 675; Gablentz, Berufskunde (Anm. VII/4), S. 440.

13 Vgl. die Aufstellungen bei Maus (Anm. VII/1), S. 133 ff.:

«Neutral»:	Deutscher Beamtenbund	827 000
	Reichsbund der höheren Beamten	101 000
	Sonstige	113 000
Christlich-national:	Gesamtverband deutscher Beamtengewerkschaften	390 000
Freiheitlich-national	Ring deutscher Beamtenverbände	56 000
	Allgemeiner Eisenbahnbeamtenverband	82 000
Wirtschaftsfriedlich	Reichsbund deutscher Berufsbeamten	6 000
Demgegenüber		
Freigewerkschaftlich	Allgemeiner Deutscher Gewerkschaftsbund	354 000

Zur Rivalität der Verbände vgl. Hans Völter, «Berufsbeamtentum und ADB», in: Das Beamtentum im neuen Staat, Berlin 1930, S. 19 ff.; Neumann, Behemoth (Anm. I/32), S. 379.

14 Zur Bedeutung der politischen Beamten, besonders der Staatssekretäre, einschränkend Gerhard Lassar. «Reichseigene Verwaltung unter der Weimarer Verfassung», in: Jahrbuch für öffentliches Recht 14 (1926), S. 42, Bredt (Anm. II/18), S. 173 ff.: Köttgen, Berufsbeamtentum (Anm. II/10), S. 152 ff. Statistische Zusammenstellungen des preußischen Innenministeriums weisen aus, daß am 1. Oktober 1929 von 539 politischen Beamten 155 parteilos waren oder der DNVP, 105 der SPD, 113 dem Zentrum, 95 der DVP, 71 der DDP angehörten: Albert Grzesinski, «Republik und Beamter» (Rede auf dem mitteldeutschen Beamtentag des ADB in Magdeburg am 1. Dezember 1929), in: Das Beamtentum im neuen Staat (Anm. VII/13), S. 13. Vgl. Reibnitz (Anm. III/26), S. 172.

15 Neben den allgemeinen Bemerkungen Max Webers zum Problem der Bürokratie und des Bürokratismus und seinen Vorarbeitern in Wirtschaft und Gesellschaft (Anm. II/13), I, S. 126 ff.; II, S. 650 ff., überwiegen die systematisch-formal gehaltenen Arbeiten. Köttgens Schrift (Berufsbeamtentum, Anm. II/10) verfolgt vorwiegend juristische Ziele; er gewinnt grundsätzliche, durch den Vergleich mit der vorangegangenen Monarchie und mit den Verhältnissen in anderen Ländern wertvolle Gesichtspunkte, die sich freilich dem genaueren Zugriff entziehen (z. B. S. 77 oben). Vgl. ferner Nawiasky, Berufsbeamtentum (Anm. II/9), dessen Grundthese (S. 16) die Distanzierung des Berufsbeamten von der Parteipolitik ebenfalls fordert. Eine umfangreiche Bibliographie zum Bürokratieproblem besonders im Übergang zur nationalsozialistischen Periode bietet Kurt Jeserich, Das kommunal-wissenschaftliche Institut der Universität Berlin, Berlin 1936.

16 Dazu Brecht, Beamtentum (Anm. VII/3), S. 55; Neumann, Behemoth (Anm. I/32), S. 371.

17 So weist auch Hans Gerber (Anm. II/70, S. 36 f.) auf die anhaltende Tendenz hin, das Beamtenproblem im Kern als «Gesinnungsproblem» zu sehen.

18 Köttgen, Berufsbeamtentum (Anm. II/10), S. 112; Gerber (Anm. II/70), S. 49 ff., betont dagegen die Kollisionspunkte, die durch die Doppelbeziehung der Beamten zum politischen Funktionskreis gegeben war: als abhängige Beamte und als unabhängige Aktivbürger. Vgl. auch Adolf Merkl, ebd., S. 96 ff. zum Problem der politischen Rechte der Beamten.

19 Deutsche Wirtschaftskunde, Statistisches Reichsamt, Berlin 1930, S. 51: Reichs-, Landes- und Kommunalverwaltungen (mit Lehrern und Geistlichen) 800 000, Reichsbahn 330 000, Reichspost 250 000, übrige Verwaltungen 100 000, Richter (1929; S. 384) 9700.

20 Dazu Kurt Wiedenfeld, Kapitalismus und Beamtentum, Berlin–Leipzig 1932, S. 10 ff.

21 So Köttgen, «Beamtenrecht» (Anm. VII/3), S. 6 ff., mit der Literatur; dagegen Leibholz, Repräsentation (Anm. II/17), S. 72 ff. (Begriff der Repräsentation: S. 25 ff.); ebenso Hermann Heller, Die Souveränität, Berlin–Leipzig 1927, S. 75; Carl Schmitt, Verfassungslehre (Anm. II/50), S. 212 ff.; auch Max Weber, Wirtschaft und Gesellschaft (Anm. II/13), I, S. 170 ff. Die tatsächliche Existenz und große Bedeutung dieser Überzeugung besonders innerhalb der höheren Beamtenschaft ist aber unbestreitbar, so schwierig auch ihre formalrechtliche Begründung angesichts der Abhängigkeit und der Subordinationspflicht des Beamtentums sein mag; daß diese formalrechtliche Abhängigkeit mit der fortschreitenden Schwächung des parlamentarischen Systems zudem praktisch an vielen Stellen durchbrochen wurde, ist o. S. 32 ff. angedeutet worden. Solche «repräsentativen» Vorgänge (in Wirklichkeit der konkrete politische Machtzuwachs des Beamtentums) spielen sich eben nicht auf der juristischen Ebene ab. Dagegen hebt Köttgen («Beamtenrecht», Anm. VII/3, S. 9) im Sinne seiner Auffassung von dem ideell-repräsentativen Charakter des deutschen Beamtentums (und im Interesse der selbstbewußten, eine eigene soziologische und politische Spontaneität stützenden Beamtenideologie) dieses überscharf gegen jedes andere Arbeitnehmerverhältnis ab, ohne die politisch-soziologische Kehrseite dieser Erscheinung genügend zu würdigen. Dagegen besonders Leibholz, Repräsentation (Anm. II/17), S. 138. Gewisse terminologische Möglichkeiten bietet vielleicht die freilich auch nur grobe, die Nuancen verwischende Unterscheidung von persönlichen und institutionellen Organen im modernen Staat, nach der Gerber (Anm. II/70, S. 9 ff.) die verfassungsmäßige Einordnung der Beamten vorgenommen hat; sie kann auch das Nebeneinander (und Ineinander) des rechtlichen und des politischen Funktionsbereiches bezeichnen. Freilich enthält auch fast jeder Verwaltungsakt eben ein Stück Politik.

22 Vgl. jetzt die Kritik an dieser Entwicklung bei Theodor Eschenburg, Der Beamte in Partei und Parlament, Frankfurt a. M. 1952, S. 78–139 («Nachteile und Vorzüge der parteipolitischen Betätigung des Beamten») mit einer umfassenden Gegenüberstellung der Argumente und relevanten Beispielen. Zu den Gefahren und der inneren Problematik dieser Art von Politisierung der Bürokratie, die zwischen dem Beamten im Dienst und im Privatleben unterscheidet, vgl. damals Köttgen, Berufsbeamtentum (Anm. II/10), S. 106 ff.; auch hier sind aber die sozialen Implikationen, die in einem Beiseiteschieben des Grundsatzes der politischen Gleichberechtigung liegen mußten, zu wenig berücksichtigt.

23 Unter dem Gesichtspunkt der gegenwärtigen Verhältnisse ist der «Fragenkom-

plex des passiven Wahlrechts sowie der parteipolitischen Betätigung der Beamten als ein bedeutsames Teilproblem unseres öffentlichen Lebens» am besten behandelt bei Eschenburg, Der Beamte (Anm. VII/22), S. 5 ff.

24 Von den 31 Reichstagsabgeordneten (!) dieses Verbands im Reichstag von 1930–1932 saßen 9 in der Fraktion der NSDAP, 3 in der DNVP, 2 im Christlich-Sozialen Volksdienst, 1 in der Volksrechtspartei, 1 in der Wirtschaftspartei, 2 in der DVP, 6 im Zentrum, 6 in der SPD, 1 in der KPD. Vgl. Grueneberg (Anm. VI/48), S. 203.

25 Vgl. Brecht, Beamtentum (Anm. VII/3), S. 55, der darin eine Störung des Prinzips der Gewaltenteilung sieht. Wichtig für die politische Aktivierung sind die besonderen Erleichterungen (Urlaub, Besoldung, Beförderung usw. nach Art. 39 RV) für parlamentarisch tätige Beamte. Vgl. überhaupt die Diskussion auf der Staatsrechtslehrertagung 1931 (Anm. II/47), S. 111 ff. und S. 115; Willibalt Apelt hielt hier «Entpolitisierung» für unrealistisch und die bürokratische Ansicht, der «Fachbeamte» sei ein besserer Diener des Rechtsstaats als der Parteibeamte, für einseitig und gefährlich. «Entpolitisierung» im Sinne der autoritären Staatsidee vertraten in der Diskussion besonders Otto Koellreuther, Heinrich Herrfahrdt (ebd., S. 117) und Erwin Jakobi (ebd., S. 121 ff.).

26 Vgl. auch Reibnitz (Anm. III/26), S. 155 ff.

27 Neumann, Behemoth (Anm. I/32), S. 371.

28 Dazu Bill Drews, «Probleme der Verwaltungsreform», in: Recht und Staat (Anm. II/3), II, S. 19 ff.

29 Vgl. u. S. 194 ff. Zu der Sonderstellung des Richtertums im Rahmen des Beamtentums: Köttgen, Berufsbeamtentum (Anm. II/10), S. 78 ff. Dagegen betont Gerber (Anm. II/70, S. 8 ff.) die auch die Richter umfassende grundsätzliche Einheitlichkeit des Berufsbeamtentums. Richtiger dürfte ein mittlerer Weg sein, der die vorhandenen graduellen Unterschiede nicht übergeht.

30 Vgl. auch die historischen und politisch-soziologischen Beobachtungen zur politischen Stellung des Beamtentums in der Monarchie von 1870 und in der parlamentarischen Demokratie der Weimarer Republik bei Eschenburg, Der Beamte (Anm. VII/22), S. 39 ff. Besonders wichtig für den angeschnittenen Problemkreis überhaupt jetzt Herbert v. Borch, Obrigkeit und Widerstand, Zur politischen Soziologie des Beamtentums, Tübingen 1954.

31 Zur Geschichte des Berufsbeamtentums vgl. den umfassenden Überblick bei Borch (Anm. VII/30), S. 23 ff.; Maus (Anm. VII/1), S. 9 ff., bes. S. 43 ff.; Gustav Schmoller, Der deutsche Beamtenstaat vom 16. bis 18. Jahrhundert, Leipzig 1894, S. 2 ff.; Finer (Anm. II/5), S. 724 ff.

32 Vgl. Lorenz v. Stein, Die Verwaltungslehre, Teil I, Abtlg. 1, Die vollziehende Gewalt, 2. Auflage, 1889, S. 226: «In der That liegt die wesentliche Selbständigkeit der Beamteten im wesentlichen darin, daß seine individuellen Rechte den Charakter von Standesrechten haben . . .» Ein Blick auf die Zusammensetzung des Beamtentums um die Jahrhundertwende macht dies auch soziologisch deutlich. Man vergleiche die Daten für die Jahre 1895 bis 1911 aus den Akten des preußischen Innenministeriums bei Grzesinski, «Republik und Beamter» (Anm. VII/14), S. 10 ff. (mit Beispielen): in dieser Periode gehörten 34 % sämtlicher höherer Verwaltungsbeamten dem Adel an, wobei dessen Anteil an den politischen Posten nach der Ranghöhe stieg, dagegen bei den Fachbeamten niedriger war. Zu diesem Bild gehört auch, daß der katholische Anteil nicht dem absoluten Bevölkerungsanteil entsprach und daß die höheren Verwaltungsbeamten zu über 70 % aus Offiziers-, Landwirts- und höheren Beamtenfamilien stammten. Vgl.

auch die Aufstellung im Kirchlichen Handbuch XII (1924), S. 404 ff. Danach waren noch 1924 von

18 Staatssekretären	2 katholisch
39 Ministerialdirektoren	10 katholisch
307 Ministerialräten	25 katholisch
159 Oberregierungsräten	19 katholisch
157 Regierungsräten	25 katholisch

von 680 höchsten Reichsbeamten 81 (11,9 %) katholisch, während der Anteil der Katholiken an der Gesamtbevölkerung über 33 % betrug.

33 Köttgen, Berufsbeamtentum (Anm. II/10), S. 87 ff.; vgl. Schmoller, Der deutsche Beamtenstaat (Anm. VII/31), S. 16; Wittmayer, Weimarer Reichsverfassung (Anm. II/2), S. 87 ff.

34 Man vgl. zur Lage unter dem kontinentalen konstitutionellen Regime Robert v. Mohls zeitgenössische Polemik: «Die Staatsgewalt nach ihrem ganzen Begriffe und in vollständiger Fülle steht den erblichen Fürsten aus eigenem angestammten Rechte zu. Namentlich sind die Beamten dazu bestimmt, den vom Staatsoberhaupt ausgehenden Willen zu vollziehen. Die obersten derselben, die Minister, sind die bedingungslose persönliche Wahl des Fürsten und können auch von ihm nach Belieben entfernt werden ... Die Volksvertretung hat nur ein Beschwerderecht und ein Mitwirkungsrecht zu bestimmten Regierungshandlungen ... In diesem Dualismus liegt eine große Gefahr.» Das einzige Mittel zu seiner Überwindung sei die Einführung des parlamentarischen Systems. Robert v. Mohl, Das Repräsentativsystem, seine Mängel und die Heilmittel, Politische Briefe, abgedr. in: Staatsrecht, Völkerrecht und Politik (Anm. II/128), I, S. 393 ff. Vgl. Gerber (Anm II/70), S. 12 ff. Freilich standen dem schon damals Theorien gegenüber, die unter dem Einfluß liberaler Strömungen auf die Überzeugung von der Unabhängigkeit, Eigenverantwortlichkeit, schließlich «Neutralität» des Beamtentums im pluralistischen Parteienstaat hinführten.

35 Eschenburg, Der Beamte (Anm. VII/22), S. 33 mit einem Überblick über die Situation des Beamten in der deutschen konstitutionellen Monarchie.

36 Max Weber, «Beamtenherrschaft und politisches Führertum», in: Gesammelte politische Schriften (Anm. II/13), S. 147 ff. Dazu auch seine Abhandlung: «Parlament und Regierung im neugeordneten Deutschland», ebd., S. 126 ff., die das Unglück der deutschen Politik in der Unterdrückung einer Entwicklung des parlamentarischen Systems sah; dieses sei als «westeuropäisch» diskreditiert und zu der deutschen Staatsidee in Gegensatz gesetzt worden, die im Grunde nichts als die Verherrlichung des Berufsbeamtentums und des beamteten Ministers gewesen sei (S. 134). Überhaupt führt Max Weber die Machtlosigkeit des Parlaments ganz wesentlich auf den reinen Beamtencharakter der Ministerstellungen zurück (S. 165) und fordert demgegenüber eine «durch die effektive Parlamentskontrolle erzwungene Publizität der Verwaltung» als «die Vorbedingung jeder fruchtbaren Parlamentsarbeit und politischen Erziehung der Nation» (S. 174). Ein damals schon proklamierter «parlamentsloser Sozialismus» oder eine «parlamentslose Demokratie» sei nur eine gänzlich reine Form der uns wohlbekannten kontrollfreien Beamtenherrschaft (S. 213 f.).

37 Vgl. Hans Delbrück, Regierung und Volkswille, 1914, S. 183; Eschenburg, Der Beamte (Anm. VII/22), S. 34.

38 Georg Jellinek, Allgemeine Staatslehre, 3. Aufl., Berlin 1929, S. 288 f.; S. 34. Köttgen, Berufsbeamtentum (Anm. II/10), S. 35 ff., betont zu stark das Moment

der «Zufälligkeit» bei der Übereinstimmung zwischen konservativer Parteipolitik und staatlicher bzw. Beamtenpolitik. Zur Problemlage auch Willibalt Apelt in der Diskussion auf der Staatsrechtslehrertagung 1931 (Anm. II/47), S. 114f.

39 Eschenburg, Der Beamte (Anm. VII/22), S. 34. Zur geschichtlichen Entwicklung der soziologisch-politischen Funktion des Beamtentums in Preußen–Deutschland besonders Borch (Anm. VII/30), S. 118ff.

40 Zur besonderen Problematik der «Überparteilichkeit» im Übergang von der Monarchie zur Republik Köttgen, «Beamtenrecht» (Anm. VII/3), S. 10f. Sie wird trotz der augenfälligen Gefahren von der Mehrzahl der theoretischen Betrachter festgehalten: der Mangel einer vorwiegend formal-juristischen Betrachtungsweise gegenüber einem primär soziologisch-politischen Problem wird hier besonders sichtbar. So z. B. Kelsen (Anm. II/9), S. 73; S. 76 (der in dieser zweiten Auflage radikal seinen Standpunkt revidiert hat); ders., Die politischen Parteien im modernen Staat, 1926, S. 78ff.; Nawiasky, Berufsbeamtentum (Anm. II/9). S. 12ff.; Merkl (Anm. VII/18), S. 75ff. So rückt die Kritik an der parlamentarischen, parteienstaatlichen Demokratie in einen Zusammenhang mit der Diskussion über das Berufsbeamtentum, als dessen Hauptaufgabe es nun bezeichnet wurde, Stabilität und Kontinuität der Staatsleitung zu gewährleisten und als neutrales Element gegenüber den parteipolitischen Gewalten, als «Hüter der Verfassung» und «Wahrer der nationalen Verantwortlichkeit» (zusammen mit anderen «unabhängigen und neutralen» Gewalten) zu fungieren: so Carl Schmitt, Hüter der Verfassung (Anm. II/1), S. 149ff.; etwas zurückhaltender Köttgen, Berufsbeamtentum (Anm. II/10), S. 57ff.; S. 93ff.; Zweigert (Anm. II/17), S. 463; Friedrich Giese, Das Berufsbeamtentum im deutschen Volksstaat, Berlin 1929, S. 31; Hermann Heller, «Das Berufsbeamtentum in der Deutschen Demokratie», in: Neue Rundschau 1930, S. 726; S. 752f. Gegen die gefährlichen Konsequenzen einer illusorischen «Entpolitisierung» des Beamtentums Gerber (Anm. II/70), S. 8ff.; S. 29ff.; S. 125f.; die Beamten stehen durchaus in einer Beziehung zu politischen Entscheidungen: sie treiben «sachliche Politik» (im Unterschied zu «Parteipolitik», die nur durch legale politische Vorentscheidungen bestimmt sein darf.

41 Zum Begriff mit besonderer Berücksichtigung der Verhältnisse der Republik: Völter (Anm. VII/13), S. 19ff.; Zweigert (Anm. II/17), S. 460ff. Im Sinne der Überparteilichkeitsideologie: Hermann Hieronimi, Berufsbeamtentum und Politik, Würzburg 1933, S. 1ff.

42 Wilhelm Hasbach, Die moderne Demokratie, 2. Aufl., Jena 1921, S. 197ff.

43 Dazu Köttgen, Berufsbeamtentum (Anm. II/10), S. 189ff. Zu den Verhältnissen in Österreich, die den deutschen am ähnlichsten waren, Merkl (Anm. VII/18), S. 55ff.

44 Dazu Maus (Anm. VII/1), S. 99f. Vgl. die grundsätzlichen Bemerkungen zur Stellung der Bürokratie in der Demokratie bei Neumann, Behemoth (Anm. I/32), S. 78ff.

45 Vgl. auch Eric Josephson, «Irrational Leadership in Formal Organisation», in: Social Forces 31 (1952). S. 109ff. (mit weiterer amerikanischer Forschung).

46 Vgl. Hans Peters, «Ehrenbeamte», in: Handbuch (Anm. I/10), II, S. 100ff., mit der umfangreichen Literatur.

47 Zu diesen Versuchen auch Wittmayer, Weimarer Reichsverfassung (Anm. II/2), S. 82ff.; Kelsen, Vom Wesen und Wert der Demokratie (Anm. II/9), S. 23f.; Schiffer, Die deutsche Justiz (Anm. II/15), S. 31ff.; Grzesinski (Anm. VII/14), S. 12ff.

48 Z. B. besaß Thüringen 1923 fast nur «politische» höhere Beamte, gegen Ende der Weimarer Republik waren sie dort auf ein Mindestmaß reduziert, in Württemberg und Bayern ganz beseitigt. Vgl. Arnold Köttgen. «Sonstige Sonderregelungen der Rechtsverhältnisse von Berufsbeamten», in: Handbuch (Anm. I/10), II. S. 97.

49 Dazu im Sinne des Berufsbeamtentums Zweigert (Anm. II/17), S. 460ff. Dem entspricht die konservative Linie eines Standardwerkes der Kaiserzeit wie der Weimarer Republik: Robert Graf Hue de Grais, Handbuch der Verfassung und Verwaltung, Berlin 1926 (23. Aufl.).

50 In diesem Sinne Heuss. Die neue Demokratie (Anm. II/69), S. 90.

51 Vgl. Stegerwald (Anm. III/125), S. 42ff., der sich schon damals scharf gegen das «Massenberufsbeamtentum» gewendet und statt dessen eine stärkere Verwendung des politischen Beamten sowie eine Überführung vieler Berufsbeamten in den Angestelltenstatus gefordert hat. Ähnlich schon R. Schmidt, «Volksstaat und Obrigkeitsstaat», in: Zeitschrift für Politik 15 (1926), S. 193ff. Dagegen Köttgen, Berufsbeamtentum (Anm. II/10), S. 62ff.; auch Gerber (Anm. II/70), S. 4ff.; Giese Berufsbeamtentum (Anm. VII/40), S. 26.

52 Vgl. Gerber (Anm. II/70), S. 47f.; Köttgen, Berufsbeamtentum (Anm. II/10, S. 42ff.; S. 95ff. (auch zu den dadurch bedingten Schwierigkeiten im Verhältnis Reichstag-Regierung). Ders., «Beamtenrecht» (Anm. VII/3), S. 5; S. 9f.; Zweigert (Anm. II/17). S. 464ff. Besonders Leibholz, Repräsentation (Anm. II/17), S. 81, betont den nicht beamtlichen Charakter des Kabinetts in der parlamentarischen Demokratie. Zur Frage des ministeriellen Pensionsrechts Wilhelm Keil, Erlebnisse eines Sozialdemokraten. Bd. II. Stuttgart 1948, S. 372ff.

53 Max Weber, «Parlament und Regierung im neugeordneten Deutschland» (Anm. VII/36), S. 213f.: vgl. o. Anm. VII/36.

54 Zweigert (Anm. II/17), S. 463ff.; Schiffer, Ein Leben für den Liberalismus (Anm. I/29), S. 237ff.

55 Auch an dem Unterschied zwischen Beamtenrecht und Arbeitsrecht wurde festgehalten (vgl. Nawiasky. Berufsbeamtentum [Anm. II/9], S. 14f.; Giese, Berufsbeamtentum (Anm. VII/40), S. 19ff.; Gerber [Anm. II/70], S. 23ff.), obwohl es an Versuchen zu einer Eingliederung des Beamtenrechts in das Arbeitsrecht besonders von seiten des ADB, etwa in seinem Entwurf eines Beamtengesetzes (Berlin 1926) nicht gefehlt hat. Vgl. Hugo Sinzheimer, Grundsätze des Arbeitsrechts, Jena 1921, S. 6; Lutz Richter, Arbeitsrecht als Rechtsbegriff, Leipzig-Erlangen 1923, S. 26; ders., Grundverhältnisse des Arbeitsrechts, Berlin 1928, S. 17; S. 35: ferner Richters Diskussionsbeitrag in Erwiderung auf die Thesen Gerbers. in: Veröffentlichungen (Anm. II/47), S. 108f.

56 Dazu Eschenburg. Der Beamte (Anm. VII/22), S. 43.

57 Vgl. Gerber (Anm. II/70), S. 3ff.: S. 9f. mit der Literatur.

58 Zum Begriff Friedrich Meinecke, die Idee der Staatsraison in der neuen Geschichte. München-Berlin 1924, bes. S. 23. Zum Problem des Staatszwecks auch Richard Thoma, «Staat» (Anm. II/44), S. 755; mit Betonung der subjektiven und irrationalen Komponente Carl Schmitt, Geistesgeschichtliche Lage (Anm. II/43). S. 56ff.; zusammenfassend Köttgen, Berufsbeamtentum (Anm. II/10), S. 58ff. Vgl. auch Max Weber, Wirtschaft und Gesellschaft (Anm. II/13), II, S. 664.

59 Vgl. dazu die detaillierte Studie von Brecht und Glaser (Anm. II/20), die nicht nur die Verwaltungstechnik in den Ministerien der Weimarer Republik untersucht, sondern besonders auch ihre politische Bedeutung im Übergang von der Demo-

kratie zur Diktatur aufweist und zu der allgemeinen Entwicklung (vor allem in den Vereinigten Staaten) in Beziehung setzt.

60 Fritz Fleiner, Die Institutionen des deutschen Verwaltungsrechts, Freiburg 1928, S. 199.

61 Die Überlegenheit des «Fachmanns» gegenüber den «Dilettanten» wird in der Bürokratie noch gesteigert durch das Mittel der Geheimhaltung. Vgl. Max Weber, Wirtschaft und Gesellschaft (Anm. II/13), II. S. 671 ff. «Bürokratische Verwaltung ist ihrer Tendenz nach stets Verwaltung mit Ausschluß der Öffentlichkeit. Die Bürokratie verbirgt ihr Wissen und Tun vor der Kritik, soweit sie irgend kann.» Hier liegt ein wesentlicher Faktor ihrer Machtstellung.

62 Vgl. die Beispiele bei Reibnitz (Anm. III/26), S. 158 ff. Zum Begriff Alvin Gouldner, «The Problem of Succession and Bureaucracy», in: Studies in Leadership, New York 1950, S. 644 ff.; Arnold Brecht, «Bureaucratic Sabotage», in: Annals of the American Academy of Political Science, Jan. 1937, S. 48 ff.

63 Vgl. Neumann, Behemoth (Anm. I/32), S. 371 f. Zur Organisation der deutschen Ministerien unter diesem Gesichtspunkt besonders Brecht-Glaser (Anm. II/20), S. 6 ff.

64 Dazu Maus (Anm. VII/1), S. 77 ff.

65 Vgl. den gleichnamigen Artikel von Hermann Martin in: Die Justiz 5 (1929), S. 404 ff., und die Bemerkungen und Vorschläge von Schiffer, Die deutsche Justiz (Anm. II/15), S. 152 ff. zur Verwaltungsreform (S. 186 ff. zur Justizreform).

66 So wurden 1933 teilweise ein Viertel und mehr der Verwaltungsbeamten in den höheren Stellen vieler Behörden entfernt und vor allem maßgebende Posten wie Personalreferenten, Oberpräsidenten, Regierungspräsidenten und Landräte mit genehmeren Elementen besetzt, die alten Polizeibeamten vielfach in die vergrößerte Reichswehr gesteckt und an ihrer Stelle SA-Männer eingestellt: vgl. Brecht, Beamtentum (Anm. VII/3), S. 3; Rudolf Diels, Lucifer ante portas, Es spricht der erste Chef der Gestapo, Stuttgart 1950, S. 172, behauptet gar, die Nationalsozialisten seien eine verschwindende Minderheit in der Beamtenschaft Preußens gewesen. Dagegen zieht Neumann, Behemoth (Anm. I/32), S. 380, aus der Zahl der Entlassungen negative Schlüsse hinsichtlich der politischen Einstellung des Beamtentums; dort auch weitere Zahlen zur einseitig nationalsozialistischen Reorganisation des Beamtentums.

67 Vgl. Hermann L. Brill, «Kämpfe um den Rechtsstaat», in: Die Justiz 6 (1930), S. 98 ff. Dazu jetzt auch die Erinnerungen des thüring. DVP-Abgeordneten Georg Witzmann, Thüringen von 1918–1933, Meisenheim 1958, S. 153 f.

68 Ebd.

69 Zum rechtlichen Problem des Beamtentums (Disziplinarrecht) und seine Gefahren (Mißbrauch der Dienstaufsicht zu politischem Einfluß und Abhängigkeit) Köttgen, Berufsbeamtentum (Anm. II/10), S. 35 ff. Ein Beispiel für die damit verbundenen Schwierigkeiten, besonders angesichts der Aktivität der NSDAP, bietet das Disziplinarverfahren des Badischen Ministeriums für Kultus und Unterricht gegen einen aktiv in der NSDAP tätigen Lehrer, das schon 1930 die Gefahr für das «neutrale Beamtentum deutlich macht. Dazu die Gutachten von Anschütz und Glockner, «Die politische Betätigung des Beamten», Sonderdruck der Badischen Schulzeitung. Nr. 50/51/52 (1930): wichtig auch als grundsätzliche zeitgenössische Auseinandersetzung mit dem Problem der Legalität der NSDAP und ihres Einflusses auf das Berufsbeamtentum. Die Verbote einer aktiven Tätigkeit von Lehrern für die NSDAP und die KPD in Preußen (Juni 1930) und Baden

(Juli 1930) wurden aber nicht konsequent durchgeführt. Sie wurden auch ständig als verfassungswidrig angefochten (so im Organ des rechtsstehenden DBB, Der Beamtenbund, 1930, Nr. 51).

70 Vgl. etwa Wittmayer, Weimarer Reichsverfassung (Anm. II/2), S. 353: «Das ist der große, wahre und echte Zwiespalt, der die Demokratisierung und Parlamentarisierung Deutschlands und nicht allein Deutschlands durchzieht, und um so schwerer wiegt, als der Berufsbeamte sich nicht bloß halb und halb als Fremdkörper darstellt, sondern auch seine eigenartige, wenn schon nicht fremde Seele mitbringt, die sich von der herrschaftlich gebliebenen Form des Dienstes und der im großen und ganzen unveränderten Technik und Arbeitsweise erhält, die für die Form des öffentlichen Rechts, für die Sprache der Gesetzgebung, für Form und Ausdruck der Verwaltung bestimmend bleibt. In dieser Fremdseele lebt und weht daher vielleicht noch immer die Vorstellung von einer selbständigen, von aller Zerklüftung unabhängigen Bestimmbarkeit des allgemeinen Wohls und damit die Neigung, die eigenen aus früheren Staatszeiten und Staatsformen übernommenen Anschauungen zum Range eines absoluten Staatsideals zu erheben, was kurz gesagt lediglich darauf hinauslaufen muß, sich mit den Staat schlechthin zu identifizieren.»

71 Max Weber, «Deutschlands künftige Staatsform», in: Gesammelte polilitische Schriften (Anm. II/13), S. 371; vgl. auch «Beamtenherrschaft und politisches Führertum», ebda., S. 139ff. Ähnlich Heller, «Das Berufsbeamtentum» (Anm. VII/40), S. 723: «Heute ist die Unentbehrlichkeit des Berufsbeamtentums in der deutschen Demokratie unbestritten.»

72 Dazu sehr optimistisch Thoma. «Der Begriff der modernen Demokratie in seinem Verhältnis zum Staatsbegriff» (Anm. II/122), II, S. 58.

73 Wittmayer, Weimarer Reichsverfassung (Anm. II/2), S. 90.

74 Zweigert (Anm. II/17), S. 462ff.

75 Vgl. jetzt auch Eschenburg, Der Beamte (Anm. VII/22), S. 134ff. («Die Vorzüge der politischen Betätigung des Beamten).

76 Ein Beispiel dafür ist die Schrift des der SPD nahestehenden ADB: Organisationsfrage der Beamten und Sozialdemokratische Partei, Berlin 1930 (mit Polemik gegen den rechtsstehenden DBB).

77 Von den Abgeordneten des Reichstags, die dem Beamtenstand angehörten (beinahe ein Drittel), stellte gerade die DNVP die relative Mehrheit; vgl. Braun (Anm. I/23), S. 232.

78 Beispiele bei Eschenburg, Der Beamte (Anm. VII/22), S. 47f.

79 Vgl. die Beispiele bei Severing (Anm. I/16), I, S. 353; S. 288.

80 Schiffer, Die deutsche Justiz (Anm. II/15), S. 41. Hans-Karl Behrend, «Zur Personalpolitik des preußischen Ministeriums des Innern», in: Jb. f. d. Gesch. Mittel- und Ostdeutschlands VI (1957), S. 173ff.; Eberhardt Pikart, «Preußische Beamtenpolitik 1918–1933», in: Vierteljahrsh. f. Zeitgesch. 6 (1958), S. 199ff.

81 Darüber ausführlich Eschenburg, Der Beamte (Anm. VII/22), bes. S. 139ff.

82 Vgl. Glum, Das parlamentarische Regierungssystem (Anm. II/4), S. 376.

83 Zum Problem der Demokratisierung der Bürokratie Max Weber, Wirtschaft und Gesellschaft (Anm. II/13), II, S. 667f.

84 Vgl. auch die Diskussion bei Köttgen, «Beamtenrecht (Anm. VII/3), S. 18f., im Sinne einer gemäßigt autoritären korporativen Lösung.

85 Einzige Ausnahme ist der wirkungsvolle Widerstand der Ministerialbürokratie gegen den Kapp-Putsch: vgl. Borch (Anm. VII/30), S. 214ff. Für die Haltung

unterer Beamter ist dagegen die Episode aufschlußreich, die Salomon (Anm. VI/70. S. 311) mit dem üblichen zynischen Selbstbewußtsein aus seiner Gefängniszeit Ende 1929 über die damalige Stimmung und politische Einstellung der Gefängnisbeamten erzählt. Der Wandel in der Dienstauffassung habe die Art ihres Sympathisierens mit den Gegnern ihres Staates, selbst mit Kommunisten, gezeigt; dagegen hätten sie sich offen über die «kriminell gestrauchelten Stützen des Weimarer Systems» wie die im gleichen Gefängnis untergebrachten Angeklagten des Sklarek-Prozesses lustig gemacht. Der Oberwachtmeister fand Salomons politische Ansichten «goldrichtig» und sein Bombenlegen am Reichstag «prima»; er habe bloß die schlechte Ausführung bedauert, die nicht die ganze «Quasselbude» samt Inhalt hochgejagt hätte!

86 Max Weber, Wirtschaft und Gesellschaft (Anm. II/13), II, S. 670.

87 Vgl. auch Hatto Gynther Bölling. «Die Krise der Bürokratie», in: Die Tat 24, Heft 7 (Oktober 1932), S. 536 ff.

88 Vgl. Neumann, Behemoth (Anm. I/32). S. 368 ff.; Finer (Anm. II/5), S. 808 ff.

89 Die umfassendste Begründung dieses Gedankens damals bei Werner Weber, «Parlamentarische Zusammenarbeit», in: Archiv des öffentlichen Rechts. NF 19 (1930), S. 161 ff.

90 In diesem Sinn Nawiasky, Die Stellung des Berufsbeamtentums (Anm. II/9), S. 16; Köttgen, Berufsbeamtentum (Anm. II/10), S. 265 f. auch Braun (Anm. I/23), S. 232; jetzt vor allem Eschenburg, Der Beamte (Anm. VII/22), S. 34 ff.; S. 41 ff.; S. 50 ff.

91 Köttgen, Berufsbeamtentum (Anm. II/10), S. 244 ff.

92 Der in seiner Verfassungslehre wie im Hüter der Verfassung für Inkompatibilität eintritt.

93 Werner Weber (Anm. VII/89), S. 220 ff.; aber von sozialdemokratischer Seite auch Helfer, «Das Berufsbeamtentum» (Anm. VII/10), S. 721 ff. Für die Richter Schiffer, Die deutsche Justiz (Anm. II/15), S. 57.

94 Der Begriff bei Max Weber, Wirtschaft und Gesellschaft (Anm. II/13), S. 669 f. Zum Beharrungsvermögen der bürokratischen Prozedur unter demokratischen wie unter totalitären Verhältnissen Brecht-Glaser (Anm. II/20), S. 19 ff., und die allgemeinen Bemerkungen zu dem «übertragbaren Wert» der Verwaltungstechnik bei Charles Edward Merriam, Prologue to Politics, 1939, S. 79 f.

95 Apelt in: Veröffentlichungen 7 (Anm. II/47), S. 115; vgl. noch Brecht, «Bureaucratie Sabotage» (Anm. VII/62), S. 48 ff., und Borch (Anm. VII/30), S. 6 ff.; S. 164 ff., der die Widerstandspflicht gerade aus der einzigartigen Machtstellung der Bürokratie herleitet.

96 Vgl. Eschenburg, Der Beamte (Anm. VII/22), S. 38; S. 58 f.

97 Aus der Fülle der Zeugnisse republikanischer Kritik seien vor allem hervorgehoben: Ernst Fraenkel, Zur Soziologie der Klassenjustiz, Berlin 1927; Kirchheimer (Anm. II/1); Acht Jahre politische Justiz, Das Zuchthaus – die politische Waffe. Eine Denkschrift der deutschen Liga für Menschenrechte e. V., Berlin 1927 (mit Bibliographie); Emil Julius Gumbel, Vier Jahre politischer Mord, Berlin 1922; Denkschrift des Reichsjustizministers zu: Vier Jahre politischer Mord, hrsg. von E. J. Gumbel, Berlin 1924. Dazu neben vielen anderen besonders die zahlreichen Artikel in: Die Justiz, Zeitschrift für Erneuerung des Rechtswesens; Das Tagebuch, Wochenschrift, hrsg. von Stefan Großmann und Leopold Schwarzenschild; Die Weltbühne, hrsg. von Carl v. Ossietzky und Kurt Tucholsky. An Gegenschriften von republikfeindlicher Seite sind vor allem zu nennen: Gottfried

Zarnow (Pseud.), Gefesselte Justiz, Politische Bilder aus deutscher Gegenwart, 2 Bde., München 1931/32; Rüdiger Graf v. d. Goltz, Tribut-Justiz. Ein Buch um die deutsche Freiheit, Berlin 1932.

98 Rudolf Laun, «Der Staatsrechtslehrer und die Politik», in: Archiv für öffentliches Recht 43 (1922), S. 195: «Ebenso sehen wir heute, daß der Vorwurf der Parteipolitik mit gleichem Recht von jedem gegen jeden erhoben werden kann. Die Sozialdemokratie beschuldigt Richter und Beamte der Klassenjustiz wegen derselben Tätigkeit, die den Anhängern der Rechten als objektiv und ‹über den Parteien stehend› erscheint, umgekehrt bezichtigt ebenso die Rechte die Funktionäre der Linken der ‹Parteipolitik› auch dann, wenn sie nichts anderes tun, als was vor 1918 die konservative Bürokratie getan hat, nämlich für die Aufrechterhaltung der gegebenen Machtverteilung wirken. Am sonderbarsten ist wohl der irrige Gebrauch, den man mit dem Schlagwort ‹Entpolitisierung› treibt. Man fordert z. B. Entpolitisierung der Verwaltung, meint aber in Wahrheit Besetzung der Verwaltungsstellen mit den Anhängern einer ganz bestimmten positiven politischen Anschauung und keineswegs Übertragung dieser Ämter an neutrale Individuen.» Vgl. Helmuth Mende, «Die Rechtsverhältnisse der übrigen Amtsträger des Reichs und der Länder», in: Handbuch (Anm. I/10), II, S. 85, auch als Beispiel für die in der Zunft vorherrschende Forderung nach «parteipolitischer Unabhängigkeit» der Justiz. Zur Problematik allgemein auch Max Weber, Wirtschaft und Gesellschaft (Anm. II/13), II, S. 653 f.

99 Zu diesem Problem jetzt auch die Bemerkungen von Wolfgang Abendroth, «Das Problem der politischen Wissenschaft», in: Gewerkschaftliche Monatshefte I (1950), S. 224.

100 Köttgen, Berufsbeamtentum (Anm. II/10), S. 18; vgl. Schiffer, Die deutsche Justiz (Anm. II/15).

101 Ebda., S. 130 ff.

102 Vgl. Max Weber, Wirtschaft und Gesellschaft (Anm. II/13), II, S. 631.

103 Vgl. dazu Neumann, Behemoth (Anm. I/32), S. 20 ff.; Gablentz, Berufskunde (Anm. VII/4), S. 404. Zu verweisen ist auch auf die zusammenfassende Behandlung bei Philipp Loewenfeld. Das Strafrecht als politische Waffe. Berlin 1933.

104 Geblentz, Berufskunde (Anm. VII/4), S. 400 ff.

105 Dazu grundsätzlich und mit Einzelheiten über verfassungsrechtliche Aspekte, politische Implikationen, konkrete Praxis und konstitutionelle Projekte in Reich und Ländern sowie im Ausland Ernst v. Hippel, «Das richterliche Prüfungsrecht», in: Handbuch (Anm. I/10), II, S. 546 ff. Der Verfasser steht selbst positiv zum Prüfungsrecht und stellt besonders die Argumente pro und ihre zahlreichen Vertreter zusammen, ohne bei der Würdigung der Argumente die politischen Gefahren genügend zu berücksichtigen. Aus den umfangreichen Literaturangaben ist immerhin ein Bild der Fronten zu gewinnen (S. 554 f.). Vgl. Max Layer und Ernst v. Hippel, «Überprüfung von Verwaltungsakten durch die ordentlichen Gerichte, in: Veröffentlichungen 5 (1929), S. 124 ff.; S. 178 ff.; S. 203 ff. (Diskussionen); auch Rossitter (Anm. II/92), S. 70 (besonders in Beziehung auf den Artikel 48), und die vergleichende Übersicht bei Finer (Anm. II/5), S. 144 ff. («Government by Judges»); bes. S. 153 f. Jetzt (mit historischen Beispielen und Vergleichen der Anwendung auch in Österreich und den Vereinigten Staaten): Hans Spanner, Die richterliche Prüfung von Gesetzen und Verordnungen, Wien 1951, bes. S. 4 ff.; S. 22 ff. (der Verfasser gehört zur Kelsenschen Richtung).

106 Vgl. Merkl in der Diskussion der Staatsrechtslehrertagung 1928 (Veröffentli-

chungen 5, vorige Anm.), S. 219 f., und besonders Richard Thoma, «Das richterliche Prüfungsrecht», in: Archiv für öffentliches Recht 43 (1922), S. 667 ff. Vgl. ders.: «Zur Frage des richterlichen Prüfungsrechts», in: Deutsche Juristenzeitung 1924, Sp. 729 f., 1925, Sp. 573 f.; R. D. Masters, «The Relation of International Law to the Law of Germany», in: Political Science Quartely 45 (1930), S. 390 ff.

107 Vgl. die Kontroverse von Heinrich Triepel und Hans Kelsen, «Wesen und Entwicklung der Staatsgerichtsbarkeit», in: Veröffentlichungen 5 (Anm. VII/105), S. 3 ff.; S. 30 ff.; S. 88 ff. (Diskussion). Ihr politischer Charakter zeigt sich am deutlichsten in der Ausdehnung des gerichtlichen Verfahrens auf Ministeranklage und im Verfassungsstreitverfahren (ebda., S. 17 ff.); vgl. Thoma, ebda., S. 107 ff. Dazu jetzt auch Martin Drath, «Die Grenzen der Verfassungsgerichtsbarkeit», in: Veröffentlichungen 9 (1951), S. 17 ff. Weiterhin Ernst Friesenhahn, «Die Staatsgerichtsbarkeit, in: Handbuch (Anm. I/10), II, S. 523 ff. mit der Kontroversliteratur (Verfasser gehörte zu den Autoren des konservativen Ring: vgl. seinen scharfen Angriff gegen den Staatsgerichtshof in Ring 4. Heft 35, August 1931, S. 659 ff.). Ferner Franz W. Jerusalem, Die Staatsgerichtsbarkeit, Tübingen 1930. Über die personellen und politischen Probleme jetzt auch die Erinnerungen von Gustav Radbruch, Der innere Weg, Stuttgart 1951, S. 162 ff.: dort weitere Bemerkungen über die politische Stellung und Beeinflussung der Justiz besonders in den ersten Jahren der Republik.

108 Entsprechende Formulierungen besonders bei Schmitt, Hüter der Verfassung (Anm. II/I), S. 22 ff.; S. 52 f.; S. 70.

109 Ebda., S. 31; S. 26 ff.; S. 37 ff.; S. 50 ff.

110 Vgl. Tiggls, Die Stellung des Richters im modernen Staat, Berlin 1935, S. 147.

111 Zur Beeinflusssung der Justiz und Einseitigkeit des Strafmaßes vgl. die Statistiken bei Emil Julius Gumbel, Laßt Köpfe rollen, Faschistische Morde 1924–1931, Berlin 1931; ders., Vier Jahre politischer Mord (Anm. VII/97), S. 73 ff. mit einer Soziologie der politischen Morde (S. 87 ff.); ders., «Strafvollzugsstatistik», in: Die Justiz 5 (1929), S. 690 ff.

112 Weiteres Material bei Alfred Delmar. «Richterliche Unabhängigkeit und politische Justiz», in: Die Justiz 4 (1928), S. 464 ff.; S. 657 ff.; S. 595 mit einer eingehenden Diskussion der politischen Bedeutung der hier geschilderten Prozesse. Vgl. Schiffer, Die deutsche Justiz (Anm. II/15), S. 13 ff. Weitere Literatur in: The Wiener Library (Anm. II/102), S. 52 ff.

113 Zur heißumkämpften Richterwahl Schiffer, Die deutsche Justiz (Anm. II/15), S. 31 ff.

114 Man vgl. die laufenden Beobachtungen in der Zeitschrift Die Justiz, besonders auch im Zusammenhang mit der Kontroverse über das Volksbegehren zum Young-Plan: Die Justiz 5 (1929), S. 124 ff.; S. 222 ff.; dazu auch Severing. Lebensweg (Anm. I/16), II S. 190. Vgl. Erwin Bumke, Ausgewählte Entscheidungen der Staatsgerichtsbarkeit I, S. 31 ff., und die Bemerkungen von Schiffer, Die deutsche Justiz (Anm. II/15). S. 52 ff. über die außerdienstliche Aktivität der Richter und (S. 132 ff.) über die obrigkeitsstaatliche Tradition der Rechtshypertrophie.

115 Vgl. die liberale Frankfurter Zeitung v. 18. Oktober 1923 (besonders als Kritik an Stresemanns nicht ganz unparteiischer Politik der außerordentlichen Maßnahmen). Am stärksten ist die Kritik natürlich auf seiten der SPD: dazu Watkins (Anm. II/92), S. 46 ff.; S. 36 ff. (über die bezeichnende Zurückhaltung bei Maßnahmen nach Art. 48, sobald sie sich gegen die Rechtsradikalen richteten). Zu der

Kritik an den Exekutionsorganen nach Art. 48, besonders an der Reichswehr, vgl. u. S. 265 ff.; auch Rossitter (Anm. II/92, S. 40.

116 Vgl. die «Landesverratsstatistik» von Emil Julius Gumbel in: Menschenrechte 3 (1928), S. 1–8, sowie die Kriterien von Ossietzky, Hiller und Tucholsky in der Weltbühne.

117 Emil Julius Gumbel, Verräter verfallen der Feme, Berlin 1929, S. 386 ff.; ders., «Feme-Literatur», in: Die Justiz 4 (1928), S. 532–546.

118 Zum Leipziger Prozeß (1930) John W. Wheeler-Bennet, The Nemesis of Power, The German Army in Politities 1918–1945, London 1953, S. 213 ff.; vgl. K. D. Bracher, «Auflösung einer Demokratie» (Anm. I/39), S. 80 ff., sowie u. S. 282 f.

119 Vgl. u. Teil II, S. 432 ff., sowie Gustav Radbruch in: Die Justiz 6 (1932), S. 187; Loewenfeld (Anm. VII/103), S. 36.

120 Vgl. Schiffer, Die deutsche Justiz (Anm. II/15), S. 11 ff.; S. 60 ff. über die «Vertrauenskrise zwischen Volk und Justiz» (mit Einzelheiten).

121 Ein Gegenstück zu den zitierten Schriften von Gumbel sind die Bücher von Zarnow (Gefesselte Justiz, Anm. VII/97), Friedrich Grimm (zur Femebewegung) oder Rüdiger Graf v. d. Goltz, dem Verteidiger Goebbels gegen Hindenburg (Tribut-Justiz, Anm. VII/97).

122 Vgl. Friedensburg (Anm. I/23), S. 183 f.; S. 252. Ein Beispiel für viele ist Ernst v. Salomons frivoler Bericht über die Stimmung in den Geheimbünden anläßlich des Rathenau-Mords: Die Geächteten, Berlin 1933, S. 267 ff.; Der Fragebogen (Anm. VI/70), S. 129 ff.

123 Vgl. besonders: Preußen contra Reich vor dem Staatsgerichtshof, Stenogrammbericht der Verhandlungen vor dem Staatsgerichtshof in Leipzig vom 10.–14. und vom 17. Oktober 1932, hrsg. und eingeleitet von A. Brecht, Berlin 1933, S. 513 ff. u. a.. Dazu ausführlich u. Teil II, S. 638.

124 Vgl. Justus W. Hedemann, Die Flucht in die Generalklauseln, Eine Gefahr für Recht und Staat, Tübingen 1933, S. 3 ff.; Neumann, Behemoth (Anm. I/32), S. 446 ff. zur sozialen Begründung dieser Tendenz.

125 So Carl Schmitt, 1930, zitiert bei Hedemann (Anm. VII/124), S. 46.

126 Koellreuther, zitiert ebd., S. 47.

127 Zu dieser Problematik Neumann, Behemoth (Anm. I/32), S. 440 ff.

128 Hedemann (Anm. VII/124), S. 51 f.; vgl. S. 73 ff. und Neumann, Behemoth (Anm. I/32), S. 443 ff.

2. Bracher: Die Auflösung der Republik

129 Julius Leber, Ein Mann geht seinen Weg. Schriften, Reden und Briefe, hrsg. von seinen Freunden, Berlin-Schöneberg-Frankfurt/M. 1952, S. 187 ff. Genauere Nachweise zu diesem resumierenden Abschnitt bei Bracher, Die Auflösung . . . (Anm. Einl/25).

130 Arnold Brecht, Vorspiel von Schweigen. Das Ende der deutschen Republik, Wien 1948, S. 170 ff.; so auch wieder: ders., «Die Auflösung der Weimarer Republik und die politische Wissenschaft», in: Zeitschrift für Politik 2 (1955), S. 296 f.

131 Max Weber, «Parlament und Regierung im neugeordneten Deutschland», in: ders., Gesammelte Politische Schriften, München 1921, S. 184 (Auszeichnung i. Orig.).

132 Martini (Anm. Einl./37).

133 So im Anschluß an Werner Conze («Die Krise des Parteienstaats in Deutschland 1929/30» in: HZ 178 [1954], S. 63 ff.) jetzt auch Waldemar Besson, Württemberg

und die deutsche Staatskrise 1928–1933, Stuttgart 1959, S. 139ff. Bessons allgemeiner Vorwurf, der Verf. der Auflösung der Weimarer Republik (Anm. Einl/25) sei auf die These von der «Notwendigkeit der Entwicklung» zur Katastrophe hin festgelegt (Besson, S. 10ff.; S. 358ff.), ist gerade auch in diesem Punkt (wie bei Behandlung der Schlußphase der Republik) unzutreffend. Dem Nachweis der bis zuletzt vorhandenen Alternativen, auf den der Verf. entschiedenen Wert legt, setzt vielmehr Besson seinerseits die zweifelhafte Behauptung von der Unausweichlichkeit der Brüning-Lösung entgegen; er übersieht (vgl. Besson, S. 160f.) mit seiner auch begrifflich fragwürdigen Konfrontierung von Demokratie und «Staat», von Politik und «Sachlichkeit» die brüske Form der Hindenburg-Brüningschen Regierungsbildung vom März 1930 wie die – eben politische – Bedeutung der Reichstagsauflösung vom Juli 1930. Insbesondere auf die nebulose Kategorie der «Sachlichkeit», mit der Besson durchgehend gegen den Gesichtspunkt der politischen, der demokratischen und parlamentarischen Prozedur polemisiert, scheint mir der Vorwurf der unzureichend spezifizierenden Begriffsbildung (Besson, S. 19 und anderwärts) mit größerem Recht zuzutreffen als auf den in der Auflösung der Weimarer Republik unternommenen Versuch, die Entwicklung der Weimarer Republik an dem Begriff der parlamentarischen Demokratie, doch wohl dem Verfassungs- und Strukturgesetz dieses Staatswesens, zu messen. Unbeschadet seiner Berufung auf deutsche Autoritäten der «historischen Methode», die freilich auch nur eine (oft nur theoretisch postulierte) Richtung der Geschichtsschreibung repräsentieren, verläßt auch Besson selbst in durchaus gelungenen Strukturanalysen an vielen Punkten den «klassischen» Weg der individualisierenden, spezifizierenden Darstellung (so auch, wenn er S. 362 feststellt, ihre Intentionen stellten die Ära Brüning schon auf eine «prinzipiell antidemokratische Ebene»; oder wenn er an gleicher Stelle die These anerkennt, «die im Präsidialstaat eine wichtige Voraussetzung der nationalsozialistischen Revolution sieht). Im Anschluß an Friedrich Meinecke betont er dann selbst, daß die Problematik des modernen Staates nur in der Zusammenschau von Individuellem und Generellem «zugleich» erfaßt werden könne (S. 18f.). Warum dann ein Zusammenwirken von Geschichte und politischer Wissenschaft oder Soziologie, eine Verbindung von spezifizierender und typologisierender Methode nicht möglich sein soll, wie Besson in Verkennung großer Beispiele ausländischer und auch deutscher Wissenschaft (Max Weber, Otto Hintze) und der Tendenz der modernen Sozialwissenschaft einschließlich der Historie behauptet (S. 11), ist nicht ganz einzusehen. Vgl. jetzt die Rezension von Hans Herzfeld in: Neue Politische Literatur 5 (1960), H. 5, S. 435ff.

134 Brecht, Vorspiel ... (Anm. I/2), S. 61.

3. Jasper: Wer schützt die Republik?

135 Siehe oben S. 72ff. und öfters.

136 Vgl. Th. Eschenburg, Improvisierte Demokratie, S. 43f., E. Pikart, Preußische Beamtenpolitik 1918–1933. In: Vjhh. 6 (1958), S. 121. Bracher, a. a. O., S. 180ff.

137 Art. 129, I und 130, 2 RV.

138 Vgl. dazu die Äußerungen Otto Brauns in seinen Memoiren, daß man die Rücksichtnahme auf die wirtschaftliche Existenz und die demokratische Anständigkeit in der Beamtenpolitik durchaus für einen Fehler halten könne. Aber sie sei damals das durch die Umstände Gebotene gewesen. a. a. O., S. 42.

139 Vgl. Justiz VI (1930/31), S. 376ff. Acht Jahre, a. a. O., S. 114f. Sehr beachtlich

eine Bemerkung des Finanzministers Schall in einer Sitzung des württembergischen Staatsministeriums: «Wenn die Durchführung des Beamtengesetzes die gleiche wäre, wie früher unter der Monarchie, wäre es zweifellos bisher häufig zu Disziplinierungen von Beamten gekommen, die gegen die Republik aufgetreten seien.» Protokoll der Sitzung vom 2. 10. 1922 (WStA E 131 O 1/2 Bd. II, 4).

140 Braun, a. a. O., S. 258 f.

141 Sten, Ber. 426, S. 3300, 3313, 3329 und 438, Nr. 1384.

142 Justiz V (1929/30), S. 176 ff.

143 Lammers-Simons, Die Rechtsprechung des Staatsgerichtshofs für das Deutsche Reich. Band II (1929), S. 72 ff.

144 Kabinettsbeschluß der Reichsregierung vom 6. 3. 1930 über die Behandlung der Beamten, die sich am Volksbegehren beteiligt hatten. Von Severing allen Ländern am 20. 3. 1930 mitgeteilt. (WStA E 131 O 1/2 Band II).

145 Oberverwaltungsgerichtsrat Kroner in Justiz V (1929/30), S. 273.

146 Sten. Ber. 356, S. 8580 ff.

147 Protokoll der Sitzung des württembergischen Staatsministeriums vom 12. 12. 1924, Schreiben des württembergischen Staatspräsidenten an das thüringische Staatsministerium vom gleichen Tage (WStA E 131 D 6/4), ferner Protokoll der Sitzung des württembergischen Staatsministeriums vom 14. 11. 1923 (WStA E 131 S 16/2 Bd. I). Vgl. im Anhang Dokument 4, S. 310.

148 Severing, a. a. O., II., S. 19.

149 Vgl. dazu K. Haentzschel, Darf der Beamte einer revolutionären Partei angehören? In: Reichsverwaltungsblatt und preußisches Verwaltungsblatt 51 (1930), S. 511 ff.

150 Vgl. Koellreutter in Schmidt-Festgabe, S. 122 ff.

151 S. Neumann, Die deutschen Parteien. Berlin 1932, S. 108 ff.

152 Im Sinne dieser Kritik Haentzschel, a. a. O., S. 511 und Koellreuter, Schmidt-Festgabe, S. 123.

153 Protokoll der Sitzung des württembergischen Staatsministeriums vom 14. 11. 1923 (WStA E 131 S 16/2 Bd. I). Abgedruckt im Anhang Dokument 4, S. 310.

154 Vgl. Severing, a. a. O., II., S. 229 ff. und vor allem sehr eingehend die beiden Aufsätze von Koellreutter und Haentzschel über den «Konflikt Reich-Thüringen in der Frage der Polizeikostenzuschüsse». Mit zahlreichen Dokumenten in: Archiv des öffentlichen Rechts NF 20 (1931), S. 68–102 und 384–411.

155 Sten. Ber. 428, S. 5491.

156 Die Denkschrift ist ausführlich zitiert bei Koellreutter im Archiv des öfftl. Rechts, S. 83. Zur Haltung der Reichswehr ein Brief Schleichers an Severing vom 14. 3. 1930 (Severing-Nachlaß, 1930, I) und Braun, a. a. O., S. 327.

157 Severing, a. a. O., II., S. 233.

158 Braun, a. a. O., S. 327.

159 Haentzschel in: Reichsverwaltungsblatt, S. 513 und 667–670.

160 Schmidt-Festgabe, S. 120 ff.

161 Typisch vertreten gegen Koellreutter von Haentzschel in: AöR 1931, S. 385.

162 Schmidt-Festgabe, S. 133 f. und 137.

163 Ebd., S. 138.

164 Vgl. dazu das Stimmungsbild, das Radbruch von der Beamtenschaft des Reichsjustizministeriums entwarf. Das Lieblingswort des Ministeriums sei «Sachlichkeit» gewesen und diese haben zuweilen dem «Juste Milieu» d. h. etwa den Anschauungen der DVP entsprochen, der wohl die meisten Herren nahe gestanden hätten.

Radbruch selbst fühlte sich als Fachminister hier als Jurist unter Juristen. Innerer Weg, S. 106 f.

165 Vermächtnis II, S. 310. Schon 1924 hatte ein deutschnationales Ministerialrat von Hergt verlangt, im Falle eines Koalitionseintrittes der DNVP die Behörden zu «durchforschen». Er berichtete weiterhin, daß dem «Sozi und eingefleischten Republikaner Brecht viel an politischem Einfluß, vor allem der Fonds zum Schutz der Republik entzogen» sei. Reichsinnenminister Jarres und sein Staatssekretär Zweigert stünden «innerlich rechts», seien aber «weich». (Brief des Geh. Reg.–Rats und Min.–Rats Dr. Nieders an Hergt vom 8. 4. 1924. – Die Kenntnis dieses Briefes verdankt der Verfasser Herrn Dr. phil. P. Reiß). Brecht, ein Mitverfasser des RSG, war einer der wenigen Fachbeamten, der «positiv und ausgesprochen auf seiten der republikanischen Verfassung» stand. Er gehörte aber keiner politischen Partei an, das seinem Ideal eines Beamten im demokratischen Staat widersprach. A. Brecht, Vorspiel zum Schweigen. Wien 1948, S. 17 und 20.

166 Braun, a. a. O., S. 223.

167 Severing, a. a. O., II., S. 151.

168 Sten. Ber. 425, S. 2213.

169 Protokoll der 126. Sitzung des Haushaltsausschusses des Reichstages vom 1. 3. 1926 (WStA E 131 W 1/3 [1926]).

170 Geßler, a. a. O., S. 390. Külz unterlief im Reichstag einmal der bezeichnende lapsus linguae, daß er sich als «derzeitigen Republikaner» apostrophierte.

171 Vgl. dazu ausführlich W. Sauer, in: Bracher, a. a. O., S. 257 ff., ferner oben S. 30 f.

172 Protokolle der Sitzungen des württembergischen Staatsministeriums vom 24. 6., 3. und 8. 7. 1922 (WStA E 131 B I/16 [1922]).

173 Protokoll der Sitzung des württembergischen Staatsministeriums vom 2. 10. 1922 (ebd.) und vom 3. 10. 1922 (WStA E 131 O I/2 Bd. II, 4).

174 Vgl. K. Bilfinger, Der Fall Hildenbrand. In: AöR 8 (1925), S. 174 ff. Der Fall erregte großes Aufsehen. Staatspräsident Bazille stützte sein Vorgehen nicht zuletzt auf die selbständige Abstimmung Hildenbrands bei der Verabschiedung des RSG, die seinerzeit von der Regierung geduldet worden war.

175 Vgl. Anschütz-Thoma II., S. 97 und Bracher, a. a. O., S. 182 f. Für Thüringen auch Witzmann, a. a. O., S. 80 f. und DGK 1924 I., S. 236 ff. Für Sachsen: Der Deutsche, Berlin vom 6. 7. 1923.

176 Sten. Ber. 375, Nr. 4085.

177 Witzmann, a. a. O., 113 ff.

178 Vgl. dazu F. K. Kaul, Justiz wird zum Verbrechen. Das Pitaval der Weimarer Republik, Berlin o. J. (1954), S. 193 ff.

179 DGK 1924 I., S. 344 ff.

180 Man hat Grund zur Annahme, daß etwa in Baden, Hessen, Hamburg und Sachsen eine ähnliche Politik getrieben wurde. Für den vorliegenden Zusammenhang mag aber die Beschränkung auf Preußen genügen. Die Grundproblematik war in den anderen Ländern dieselbe. Außerdem ist für Preußen die Quellenlage mit den Memoiren von Severing und Braun besonders günstig, so daß hier auch schon eine Spezialuntersuchung zur Beamtenpolitik vorliegt, auf die sich unsere Darstellung stützen kann. Vgl. Pikart, a. a. O.

181 Vorwärts 5. 8. 1922 und Severing, a. a. O., I., S. 280–291 und II., S. 352 ff. Pikart, a. a. O. S. 131.

182 Statt vieler Braun, a. a. O., S. 22 f.

183 Über den zahlenmäßigen Anteil der Außenseiter in der preußischen Beamtenschaft, vgl. Pikart, a. a. O., S. 124 ff.

184 Vgl. Braun, a. a. O., S. 41, Severing, a. a. O., I., S. 284 und Noske, Erlebtes S. 199.

185 Vgl. dazu besonders Th. Eschenburg, Der Beamte in Partei und Parlament. Frankfurt/Main 1952, S. 46 ff.

186 Severing, a. a. O., I. S. 286.

187 «Wir staatstreuen Beamten sehen uns schon schutzlos dem Übermut staatsfeindlicher Kreise preisgegeben, daher wagen es sehr viele Beamte überhaupt gar nicht mehr, sich zum Staat zu bekennen.» Das war die Stimmung auf dem demokratischen Beamtentag in Eisenach. Brief des Gymnisialdirektors Trittel (DDP) an Severing vom 9. 7. 1924 (Severing-Nachlaß, 1924).

188 Justiz V (1929/30), S. 602 ff., und 606 und 401 ff.

4. Matthias: Der Untergang der alten Sozialdemokratie

Mit freundlicher Genehmigung des Autors entnommen aus: Vierteljahreshefte für Zeitgeschichte, 4 (1956), S. 250–286.

Der speziellet Interessierte sei darauf hingewiesen, daß Erich Matthias – ohne freilich die Substanz der hier abgedruckten Ausführungen modifizieren oder differenzieren zu müssen – den Untergang der SPD auf erweiterter Quellengrundlage ausführlicher dargestellt hat in: Erich Matthias und Rudolf Morsey, Das Ende der Parteien, Düsseldorf 1960, S. 101–202. Dort sind ferner auf den Seiten 203–278 zahlreiche hierher gehörige Dokumente abgedruckt. Infolge des zeitlich weiter gespannten Rahmens sind dort neu behandelt die Tolerierungspolitik der SPD gegenüber dem Kabinett Brüning und die Versuche, insbesondere des preußischen Ministerpräsidenten Braun, durch Bildung einer Großen Koalition nach den Septemberwahlen 1930 und durch Personalunionen zwischen dem Reichs- und dem Preußenkabinett einen Ausweg aus der Krise zu finden. Vgl. dazu ferner Erich Matthias, Die Sozialdemokratie und die Macht im Staate, in: Der Weg in die Diktatur 1918–1933, München 1963, S. 71–93 (Anm. d. Hg.).

5. Morsey: Das zerriebene Zentrum

189 So z. B. der Berliner Generalvikar und Domprobst Steinmann in der Germania vom 6. Oktober 1933.

190 Der an den Verhandlungen im Vatikan beteiligte Ministerialdirektor Rudolf Buttmann nannte das Reichskonkordat eine «Brücke», über die für alle aus dem Zentrum herausstrebenden Katholiken der Weg zu einem «rückhaltlosen Eintreten» für den neuen Staat führe; in: Zeit und Volk 1, 1933, H. 20.

191 Die Erinnerung an das wenig rühmliche Ende der Partei hat mit dazu beigetragen, 1945 das Wiedererstehen des Zentrums zu verhindern. Die Behauptung eines früheren Zentrumsmannes in Koblenz, Peter Reichensperger (26. Januar 1946 an Wilhelm Hamacher): «Das Zentrum hatte trotz allem unter Brüning einen glänzenden Abschluß gefunden» (vgl. Hans Georg Wieck, Christliche und Freie Demokraten in Hessen, Rheinland-Pfalz, Baden und Württemberg 1945/46. Düsseldorf 1959, S. 84), steht allein. Die Gegenposition vertritt Edgar Alexander, der von einer «politischen Diskreditierung der Zentrumspartei unter Kaas und Brüning» spricht; Adenauer und das neue Deutschland. Recklinghausen 1956, S. 40.

192 Vgl. Josef Joos, Die politische Ideenwelt des Zentrums, Karlsruhe 1928, S. 30.

193 In einer Sitzung des Vorstandes der Reichstagsfraktion am 19. November 1932 beklagte es Prälat Kaas, daß die Preußenpolitik «nicht immer» ein Teil der Einheit der Partei gewesen sei und viele der «heutigen Schwierigkeiten» auf «Fehlgriffe» der Politik der Landtagsfraktion zurückgeführt werden müßten. Mitteilung eines Abgeordneten.

194 Vgl. Joos: «Unser Parlamentarismus und unser Parteiwesen widerstreiten sich»; Die politische Ideenwelt, S. 37. Die KVZ Nr. 375 vom 11. August 1931 schrieb: «Die Zeit des Parteienstaates ist endgültig vorüber.»

195 In einer aus dem Oktober 1932 stammenden Aufzeichnung Groeners heißt es: «Es war mir wohlbekannt, daß der Kanzler gestürzt werden sollte. Der Reichspräsident hatte im Laufe des Winters zweimal mir gegenüber geäußert, daß Dr. Brüning seiner Vorstellung von einem Reichskanzler nicht ganz entspreche.» Nachlaß Groener 224.

196 So etwa bei Karl Bachem in einer Niederschrift vom 27. Juni 1933: «Die Zentrumspartei geht also unter, weil sie der brutalen Gewalt der nationalsozialistischen Regierung keine Gewalt entgegensetzen kann und darf.» Nachlaß Bachem 84.

197 Der aktive Widerstand gegen den Nationalsozialismus, den Politiker, Abgeordnete und Angehörige der früheren Zentrumspartei in den Jahren 1933 bis 1945 leisteten und den Männer wie Bolz, Gerig und Letterhaus mit dem Tode bezahlten, während andere in der Emigration weilten (wie Brüning, Wirth, Dessauer, Schauff, Spiecker) oder durch die Gefängnisse und Konzentrationslager des Dritten Reiches gingen (Arnold, Ersing, Kaiser, Eßer, Hermes, Hirtsiefer, Imbusch, Joos, Pünder, H. J. Schmitt, Ulitzka u. a.), sei an dieser Stelle nur erwähnt.

198 Vor der Juliwahl 1932 schrieb Georg Schreiber: «In ihm (Brüning) ist deutsche Politik ... zur Sendung des Führers geworden»; Brüning–Hitler–Schleicher. Köln 1932, S. 10.

199 Vgl. Schreiber a. a. O., S. 15: «In unserer Weltanschauung ist der Autoritätsgedanke so tief verankert ..., daß wir gegen unsere eigenen Grundauffassungen handeln würden, wenn wir mithülfen, in diesen Zeiten innenpolitischer Wirrnis Autoritäten zu zertrümmern.» – Ernst-Wolfgang Böckenförde spricht von einer «inneren Affinität der Kirche zu autoritären Regimen, sofern sie der Ansicht ist, daß diese auf christlicher Grundlage stehen»; Das Ethos moderner Demokratie und die Kirche, in: Hochland 50, 1957/58, S. 18.

200 Vgl. S. 285 Anm. 15. Von den 73 Abgeordneten der Reichstagsfraktion 1933, von denen 5 bereits dem Reichstag vor 1914 angehört hatten, davon 1 seit 1905, zählten 11 (darunter 1 Frau) zwischen 30–40 Jahre, 20 (2) zwischen 40–50, 35 (2) zwischen 50–60, 6 zwischen 60–70 Jahre. Zehn Jahre früher (1924) war die Mehrzahl der Zentrumsabgeordneten noch unter 50 Jahre alt gewesen. (Zum Vergleich: Von den 288 Abg. der NSDAP gehörten 1933 genau die Hälfte zur Altersgruppe zwischen 30–40 Jahren).

201 Vgl. Edgar Alexander. Der Mythus Hitler. Zürich 1937, S. 192.

202 a. a. O.

203 Der Typus und die Bedeutung der Geistlichen, insbesondere der Prälaten, innerhalb des Zentrums wäre – wie Ernst Deuerlein gesprächsweise erwähnte – einer näheren Untersuchung wert.

204 Vier Tage nach dem Untergang des Zentrums, am 9. Juli 1933, schrieb der Vorsitzende des Zentralkomitees der deutschen Katholiken, Alois Fürst zu Lö-

wenstein, an Bachem: «Wer hätte gedacht, daß Ihrem Geschichtswerk ein so trauriges Schlußkapitel geschrieben würde!» Nachlaß Bachem 84.

6. Runge: Das Schicksal der demokratischen Beamten

205 ‹Berliner Tageblatt›, Nr. 145, 25. 3. 1930, Abendausgabe. Noske, Erlebtes S. 293. Zur Auslegung des Artikels 36 der Weimarer Verfassung, vgl. Graf zu Dohna in: HbDtStR, Bd. 1, S. 442.

206 Severing. LT 24. 3. 1931, Sp. 19493.

207 Bericht des RPen Friedensburg vom 10. 10. 1931 und Randnotiz des Staatssekretärs Abegg. HA Rep. 77, LRÄ, spec. Nr. 4895.

208 Severing, Lebensweg, Bd. 2, S. 277 ff. Vgl. auch Anm. 210, 217.

209 Offener Brief des RPen von Harnack an Bracht. ‹Vorwärts›, Abendausgabe, 25. 7. 1932. ISG Nl Grz. Nr. 2138.

210 VjhfZG, 9. Jg., 1961, S. 430, Dok. Nr. 3.

211 Severing, op cit. Bd. 2, S. 359 f. StM Prot. Auszug vom 27. 7. 1932. HA Rep. 90, Nr. 1000 und Rep. 77, LRÄ, spec. Nr. 4811 (Eschwege).

212 Liste aller abgesetzten Beamten, in: ISG Nl Braun und Nl Grz. Nr. 2128.

213 GS 1932, S. 255. Behrend, JbGMO, Bd. 6, S. 209.

214 ‹Deutsche Allgemeine Zeitung›, 9. 10. 1932. ISG Nl Grz. Nr. 2138.

215 ‹Kreuzzeitung›, 24. 8. 1932, ISG Nl Grz. Nr. 2138; 48 LRe wurden aufgrund von § 9 der Verordnung vom 26. 2. 1919 (Umbildung von Staatsbehörden), weitere 12 auf Grund von § 3 der gleichen Verordnung (polit. Erwägungen) z. D. gestellt. Behrend, op. cit. S. 209.

216 Darunter zwei Fachbeamte aus den Westprovinzen. HA Rep. 77, LRÄ, spec. Nr. 4872, 5635.

217 Z. B. LR Treibert (Fritzlar), Friedensburg, Kasseler Jahre, in: Dülfer, op. cit. S. 424. Ferner die LRe Kopf (Hadeln), vgl. Vogelsang, op. cit. S. 33 f. und Kranold (Sprottau), ‹Berliner Tageblatt›, Nr. 452, 23. 9. 1932. ISG Nl. Grz. Nr. 2138.

218 Bescheid vom 16. 8. 1932. HA Rep. 77, LRÄ, spec. Nr. 4811.

219 Vgl. Anm. 212 und ‹Vossische Zeitung›, 12. 11. 1932. ISG Nl Grz. Nr. 2138.

220 Vgl. Anm. 212.

221 ‹Vorwärts›, 6. 10. 1932. ISG Nl Grz. Nr. 2128.

222 Abg. Steuer LT 22. 9. 1932, Sp. 1621. Abg. Bork, ‹Der Tag›, 6. 9. 1932. ISG Nl Grz. Nr. 2138.

223 Noske, op cit. S. 292, 310. Friedensburg, Kasseler Jahre, in: Dülfer, op. cit. S. 438.

224 Aufzeichnungen vom 7. 7. 1933. Matthias-Morsey, Ende der Parteien, S. 444, Dok. Nr. 23.

225 Matthias-Morsey, op. cit. S. 347, 350. OP Gronowski wurde am 17. Februar (lt. Morsey am 20. Febr.) beurlaubt, nachdem er sich geweigert hatte, einen Wahlaufruf katholischer Verbände durch Verbote von Zentrumsblättern zu unterdrücken. Joos, So sah ich sie, S. 36.

226 Stockhausen, Reichskanzlei, S. 254.

227 Darunter die RPen v. Sybel (Koblenz), v. Ruperti (Allenstein), Rose (Stade) und v. Velsen (Hannover). OP v. Halfern trat Ende 1933 freiwillig zurück. Matthias–Morsey, op. cit. S. 640 f, Dok. Nr. 11, 12. Manuskript Grzesinski vom 5. 3. 1933. ISG Mi Grzesinskis Nr. 2132. Branig, Die Oberpräsidenten von Pommern. Baltische Studien. Neue Folge Bd. 46, 1959.

228 Die großen Personalschübe wurden auf StM-Sitzungen und Chefbesprechungen vom 11. 2., 22. 2., 6. 3., 15. 3., 25. 3. beschlossen. HA Rep. 90, Nr. 1000 und Rep.

77, LRÄ, spec. Nr. 4828 (Hanau) und 4650 (Oberlahn). Vgl. auch Sauer-Bracher-Schulz, Machtergreifung, S. 490.

229 Nach Angaben im ‹Deutschen Führerlexikon› von 1934.

230 Nach eigenen Zählungen auf Grund der LR-Akten des MdI.

231 Schütze, Nationalsozialistische Beamtenpolitik, S. 55. Behrend, op. cit. S. 210.

232 RGBl. 1933, S. 175.

233 Schütze, op. cit. S. 51.

234 LT 14. 6. 1922, Sp. 10634.

235 LT 15. 10. 1925, Sp. 4385 f.

236 LT 23. 3. 1927, Sp. 18355, Ähnlich: Riedel (DDP). LT 24. 3. 1927, Sp. 18444 und LT 17. 2. 1928, Sp. 24339.

237 Heine, Die Beamten der Republik, Sozialistische Monatshefte, Bd. 63, 1926, S. 610ff. Leber, Ein Mann geht seinen Weg, S. 137. Auch der Staatssekretär im Reichsinnenministerium, Zweigert, der als Anhänger der Rechtsparteien galt, drückte 1929 seine Verachtung für den Begriff der «Loyalität», dieses «von lauem Schleim triefende Wort», aus. Er könne und werde nie verstehen, wie ein Beamter «zwar im Dienst den neuen Staat vertreten, achten und beschützen müsse, ihn aber außerhalb des Dienstes herabsetzen, untergraben und bekämpfen» dürfe. Zweigert, Der Beamte im neuen Deutschland, in: Volk und Reich der Deutschen, hrsg. von Bernhard Harms, S. 472 f.

238 S. o. S. 146 f.

239 Wie aus Berichten des LRs von Melsungen (Reg. Bez. Kassel), Dr. Arnold Schuster (DDP), hervorgeht, übten die Versammlungen der NSDAP auf Beamte eine starke Anziehungskraft aus. Selbst Behördenleiter nahmen an ihnen teil und stärkten nach Ansicht Schusters damit ihren nationalsozialistisch organisierten oder mit der NSDAP sympathisierenden Untergebenden den Rücken. Schuster hielt es vor allem für einen «ganz unmöglichen Zustand, daß Reichs- und Staatsbeamte derartige Versammlungen leiten dürfen und sich damit die Ausführungen des Versammlungsredners zu eigen machen, die ganz offensichtlich unter dem Leitgedanken stehen, unser heutiges Staatssystem in den Schmutz zu ziehen . . .» Bericht vom 21. 11. 1928; ähnlich der Bericht vom 8. 5. 1929. Als Schuster in einem weiteren Bericht vom 30. 9. 1929 anregte, gegen einen Beamten, der eine NSDAP-Versammlung geleitet hatte, disziplinarisch einzuschreiten, schrieb Reg. VizeP Gehrke zurück, eine solche Maßnahme käme mit Rücksicht auf Art. 118 der Reichsverfassung nicht in Frage. Die Beamtenpflichten in dieser Hinsicht seien stark umstritten und würden «selbst für Beamte der preußischen Verwaltungen in der Regel reichlich weitgehend ausgelegt». Eine Einwirkung auf Reichsbehörden verspreche keinerlei Erfolg. Schreiben vom 24. Nov. 1928. RP Friedensburg teilte am 2. Okt. 1929 dem LR mit, eine Einwirkung auf Reichs- und Staatsbeamte, den Veranstaltungen der NSDAP fernzubleiben, sei «aus naheliegenden grundsätzlichen Erwägungen nicht möglich» und werde auch dem von LR erstrebten Ziele nicht dienen. StA Marb, Best. 165, Nr. 4776, 4778.

240 So z. B. die LRe Winkelmann (Büren), Röhrig (Halle), Wegeler (Mayen), Sarrazin (Melsungen), v. Trott zu Solz (Schlüchtern), Ulrici (Oberwesterwald). Auch dem LR Schulze-Pelkum (Hamm) wurde zunächst eine Stelle als Reg. Rat angeboten; erst als er ablehnte, stellte ihn das StM z. D. HA Rep. 77, LRÄ, spec. Nr. 5217, 5220, 4439, 4890, 4848, 4857, 5658.

241 Der Abg. v. Eynern (DVP), ein früherer OVG-Rat, der durch seine Freundschaft mit dem Staatssekretär Meister einen guten Einblick in die Personalverhältnisse

der inneren Verwaltung hatte, empfahl 1927 dem Minister Grzesinski, er möge einmal in die Bezirksbehörden gehen und sich dort «die vielen, fleißigen Reg. Räte ansehen, die immer noch in Gruppe X oder XI sitzen und es erleben müssen, wenn immer andere Leute zufällig wegen großer Tüchtigkeit die Gruppe XII bekommen.» Hier herrsche Verbitterung, man habe das Gefühl, aller Fleiß nütze nichts, wer das «richtige Parteibuch» habe, werde stets vorgezogen. LT 25. 3. 1927, Sp. 18511 f.

242 S. o. S. 147.

243 Bracher, Auflösung, S. 146 f.

244 Vgl. die Angriffe der Abg. Heilmann und Kuttner auf die Staatsrechtslehrer Helfritz und Bornhak. LT 28. 3. 1928, Sp. 26297, LT 3. 3. 1928, Sp. 24770.

245 LT 13. 10. 1925.

246 Erdmann, Die Geschichte der Weimarer Republik als Problem der Wissenschaft, VjhfZG, 3. Jg., 1955, S. 17.

247 Aufzeichnungen des Min. Rats Pritsch über die Konferenz der OPen und RPen am 23. 9. 1931. BA P 135/4184. Vgl. Anhang, Dok. Nr. 17. Auch PP Weyer (Oberhausen) erklärte am 3. 10. 1931 auf einer Besprechung der rheinischen RPen und PPen, sein festes Vertrauen in die Zuverlässigkeit der Schupo habe seit dem 9. August 1931 etwas gelitten», denn von seinen Polizeioffizieren seien sechs zum Volksentscheid gegangen. StA Kobl, Abt. 403, Nr. 16913.

248 So LR v. Stockhausen (Lüdinghausen). Stockhausen, Reichskanzlei, S. 253. Wann die LRe Groener (Warendorf) und v. Breitenbach (Limburg) vom Zentrum zur DNVP übergingen, geht aus den Quellen nicht eindeutig hervor. Bei Groener dürfte der Übertritt mit ziemlicher Sicherheit in die Zeit vor dem 20. Juli 1932 zu datieren sein, bei v. Breitenbach läßt sich dies nur annehmen. Vgl. Anm. 125. Zum Gesinnungswandel mancher Ministerialbeamter nach dem Beginn der Kanzlerschaft Papens vgl. Severing, op. cit. Bd. 2, S. 339 f.

249 So LR Schulz (Tecklenburg). Vgl. Anm. 280. Zum 25jährigen Dienstjubiläum des LRs Jansen (Brilon) schrieb die Westfälische Landeszeitung «Rote Erde» in Nr. 269 am 1. 10. 1934, seinem politischen Weitblick verdankten «viele alte Kameraden der Bewegung, daß sie nicht mit den Gefängnismauern Bekanntschaft machten». J. wurde erst 1936 auf Betreiben der NSDAP-Gauleitung Westfalen-Süd aus dem Amte entfernt, weil er für den Fall von Auseinandersetzungen mit der kath. Kirche als «unzuverlässig» galt. Schreiben des Gauleiters vom 23. 7. 1935. HA Rep. 77, LRÄ, spec. Nr. 4408.

250 Vgl. Rundfunkrede Brachts nach der Wiedergabe durch die DAZ, 10. 9. 1932. ISG Nl Grz. Nr. 2138.

251 Unter den neuernannten Amtsträgern befand sich auch eine Reihe von Männern, die sie nach ihrer Z.-D.-Stellung aus dem Staatsdienst zurückgezogen hatten, darunter der neue OP von Ostpreußen, Wilhelm Kutscher. S. o. S. 61, 135.

Quellen- und Copyrightvermerke

Karl Dietrich Bracher, Die Panik des Mittelstandes. Aus: Die deutsche Diktatur. Entstehung, Struktur, Folgen des Nationalsozialismus. S. 171–173, 178–179.
© Kiepenheuer & Witsch, Köln–Berlin 1969

Karl Dietrich Bracher, Die enthaltsame Bürokratie. Aus: Die Auflösung der Weimarer Republik. Eine Studie zum Problem des Machtverfalls in der Demokratie. 3. Auflage, S. 174–198.
© Ring-Verlag, Villingen 1960

Karl Dietrich Bracher, Die Auflösung der Republik. Aus: Die Auflösung der Republik, in: Karl Dietrich Bracher, Wolfgang Sauer, Gerhard Schulz: Die nationalsozialistische Machtergreifung. Studien zur Errichtung des totalitären Herrschaftssystems in Deutschland 1933/34. S. 31–42.
© Westdeutscher Verlag, Köln–Opladen 1960

Wilhelm Hoegner, Staatsbürokratie – ein Fremdkörper der Republik. Aus: Der politische Radikalismus in Deutschland 1919–1933. S. 65–67, 114–118.
© Olzog-Verlag, München–Wien 1966

Wilhelm Hoegner, Justiz gegen die Republik. Aus: Der politische Radikalismus in Deutschland 1919–1933. S. 124–125, 133–134, 147–148, 152–153.
© Olzog-Verlag, München–Wien 1966

Gabriele Hoffmann, Gewerkschaft, SPD und Berufsbeamtentum. Aus: Sozialdemokratie und Berufsbeamtentum. Zur Frage nach Wandel und Kontinuität im Verhältnis der Sozialdemokratie zum Berufsbeamtentum in der Weimarer Zeit. S. 104–106, 107–109, 115–116. Phil. Diss.
© Helmut Buske Verlag, Hamburg 1973

Gotthard Jasper, Die gescheiterte politische Bildung. Aus: Der Schutz der Republik. Studien zur staatlichen Sicherung der Demokratie in der Weimarer Republik 1922–1930. S. 270–273, 274–276.
© J. C. B. Mohr (Paul Siebeck), Tübingen 1963

Gotthard Jasper, Wer schützt die Republik? Aus: Der Schutz der Republik. Studien zur staatlichen Sicherung der Demokratie in der Weimarer Republik 1922–1930. S. 211–227, 288–292.
© J. C. B. Mohr (Paul Siebeck), Tübingen 1963

Erich Matthias, Der Untergang der alten Sozialdemokratie. Aus: Der Untergang der alten Sozialdemokratie 1933; in: Gotthard Jasper (Hg.), Von Weimar zu Hitler. S. 281–284.
© Kiepenheuer & Witsch, Köln–Berlin 1968

Rudolf Morsey, Das zerriebene Zentrum. Aus: Die deutsche Zentrumspartei, in: Erich Matthias/Rudolf Morsey (Hg.): Das Ende der Parteien 1933. S. 411–417.
© Droste Verlag, Düsseldorf 1960

Wolfgang Runge, Die alte Oberklasse – die neue Beamtenschaft. Aus: Politik und Beamtentum im Parteienstaat. Die Demokratisierung der politischen Beamten in Preußen zwischen 1918 und 1933. S. 41–43, 44–47, 98–99, 100–101, 102–109, 118–122, 134–136, 169–174, 176–177.
© Ernst Klett Verlag, Stuttgart 1965

Wolfgang Runge, Die neue Oberklasse. Aus: Politik und Beamtentum im Parteienstaat. Die Demokratisierung der politischen Beamten in Preußen zwischen 1918 und 1933. S. 144–146, 180–192, 200–204, 204–207, 208–211,218, 222–226, 229.

© Ernst Klett Verlag, Stuttgart 1965
Wolfgang Runge, Das Schicksal der demokratischen Beamten. Aus: Politik und Beamtentum im Parteienstaat. Die Demokratisierung der politischen Beamten in Preußen zwischen 1918 und 1933. S. 154–155, 237–241, 244–249.
© Ernst Klett Verlag, Stuttgart 1965
Die Beiträge von Alfred Grosser, Freimut Duve und Wolfgang Kopitzsch wurden eigens für diesen Band geschrieben.
© Rowohlt Taschenbuch Verlag, Reinbek 1976

Die Autoren

Karl Dietrich Bracher, geb. 1922. Studium an der Universität Tübingen. 1948 Promotion. 1949–50 Studien an der Harvard University. 1950–58 Assistent und Abteilungsleiter am Institut für Politische Wissenschaft in Berlin. Ab 1954 Lehrbeauftragter an der Hochschule für Politik. 1955–58 Privatdozent, Wiss. Rat und Professor an der freien Universität Berlin. Seit 1959 Professor und Direktor am Seminar für Politische Wissenschaften und Zeitgeschichte der Universität Bonn. Veröffentlichungen u. a.: Die Auflösung der Weimarer Republik (1955); Die nationalsozialistische Machtergreifung (mit W. Sauer und G. Schulz, 1960); Deutschland, zwischen Demokratie und Diktatur (1964); Die deutsche Diktatur (1968); Das deutsche Dilemma – Leidenswege der politischen Emanzipation (1972).

Freimut Duve, geb. 1936. Herausgeber der Taschenbuchreihe rororo aktuell.

Alfred Grosser, geb. 1925. Seit 1956 Studien- und Forschungsdirektor der Fondation Nationale Sciences Politiques. Erhielt 1975 den Friedenspreis des deutschen Buchhandels. Veröff. u. a.: Gegen den Strom. Aufklärung als Friedenspolitik (1975).

Wilhelm Hoegner, geb. 1887. Studium an den Universitäten München, Berlin und Erlangen. 1911 Promotion. 1920–33 Staatsanwalt und Richter in München. 1924–32 MdL in Bayern. 1930–33 MdR. 1933–45 Emigration zunächst in Österreich, dann in der Schweiz. 1945–46 Ministerpräsident in Bayern. 1946–47 Justizminister und stellv. Ministerpräsident. Seit 1946 Honorarprofessor für Bayer. Verfassungsrecht. 1948–50 Staatsrat, Generalstaatsanwalt am Bayer. Obersten Landesgericht. 1950–54 Innenminister und stellv. Ministerpräsident. 1954–57 Ministerpräsident. 1958–62 Fraktionsvorsitzender der SPD im Bayer. Landtag. Veröffentlichungen u. a.: Die verratene Republik (1958); Der schwierige Außenseiter (Erinnerungen, 1965); Der politische Radikalismus (Auszüge aus Die verratene Republik, 1966).

Gabriele Hoffmann, geb. 1942. Studium an der Universität Hamburg. 1970 Promotion. Veröffentlichungen: Sozialdemokratie und Berufsbeamtentum (Phil. Diss., 1973).

Wolfgang Kopitzsch, geb. 1949. Studium der Geschichte, Erziehungswissenschaft und Politologie an der Universität Hamburg. 1974 Staatsexamen für das Lehramt an Volks- und Realschulen. Seitdem Arbeit an einer Dissertation über den Geschichtsunterricht in der Provinz Schleswig-Holstein 1864–1918.

Gotthard Jasper, geb. 1934. Studium der Geschichte, Altphilologie und Geographie; Vorstand des Instituts für politische Wissenschaft sowie ordentlicher Professor am Fachbereich Philosophie, Geschichte und Sozialwissenschaften an der Univers. Erlangen. Veröff.: Der Schutz der Republik (1963); Das Leitbild der modernen Demokratie (zus. mit W. Besson, 1971).

Erich Matthias, geb. 1921. Studium in Göttingen und München. 1951 Promotion. Seit 1956 Leiter der Forschungsstelle der Kommission für Geschichte des Parlamentariums und der politischen Parteien in Bonn. 1961–65 Professor an der Universität Marburg. Seit 1965 Professor an der Universität Mannheim. Veröff. u. a.: Sozialdemokratie und Nation (1952); Die Parteien (mit R. Morsey, 1960); Die Regierung des Prinzen Max von Baden (mit R. Morsey, 1962); Die Reichstagsfraktion der deutschen Sozialdemokratie (m. E. Pikart, 1966); Das Kriegstagebuch des Reichtagsabgeordneten Eduard David (mit S. Miller, 1966).

Rudolf Morsey, geb. 1927. Studium an der Universität Münster. 1965 Habilitation. Seit 1965 Lehrtätigkeit an der Universität Bonn. 1966 Professor an der Universität Würzburg. 1970 Professor an der Hochschule für Verwaltungswissenschaft Speyer. Seit 1968 Präsident der Kommission für Geschichte des Parlamentarismus und der politischen Parteien. Veröffentlichungen u. a.: Die oberste Reichsverwaltung unter Bismarck (1957); Das Ende der Parteien (mit E. Matthias, 1960); Die deutsche Zentrumspartei 1917–33 (1966); Die Protokolle der Reichstagsfraktion und des Fraktionsvorstandes der Deutschen Zentrumspartei 1926–33 (1969); Brüning und Adenauer (1972).

Wolfgang Runge, Veröff.: Politik und Beamtentum im Parteienstaat. In: Industrielle Welt, Bd. 5, hg. von Werner Conze (1965).